Comentários à Lei do
SISTEMA ELETRÔNICO
dos REGISTROS PÚBLICOS
LEI 14.382, DE 27 DE JUNHO DE 2022

O GEN | Grupo Editorial Nacional – maior plataforma editorial brasileira no segmento científico, técnico e profissional – publica conteúdos nas áreas de concursos, ciências jurídicas, humanas, exatas, da saúde e sociais aplicadas, além de prover serviços direcionados à educação continuada.

As editoras que integram o GEN, das mais respeitadas no mercado editorial, construíram catálogos inigualáveis, com obras decisivas para a formação acadêmica e o aperfeiçoamento de várias gerações de profissionais e estudantes, tendo se tornado sinônimo de qualidade e seriedade.

A missão do GEN e dos núcleos de conteúdo que o compõem é prover a melhor informação científica e distribuí-la de maneira flexível e conveniente, a preços justos, gerando benefícios e servindo a autores, docentes, livreiros, funcionários, colaboradores e acionistas.

Nosso comportamento ético incondicional e nossa responsabilidade social e ambiental são reforçados pela natureza educacional de nossa atividade e dão sustentabilidade ao crescimento contínuo e à rentabilidade do grupo.

Christiano **Cassettari**
Leonardo **Brandelli**

Comentários à Lei do
SISTEMA ELETRÔNICO
dos REGISTROS PÚBLICOS
LEI 14.382, DE 27 DE JUNHO DE 2022

■ Os autores deste livro e a editora empenharam seus melhores esforços para assegurar que as informações e os procedimentos apresentados no texto estejam em acordo com os padrões aceitos à época da publicação, e todos os dados foram atualizados pelos autores até a data de fechamento do livro. Entretanto, tendo em conta a evolução das ciências, as atualizações legislativas, as mudanças regulamentares governamentais e o constante fluxo de novas informações sobre os temas que constam do livro, recomendamos enfaticamente que os leitores consultem sempre outras fontes fidedignas, de modo a se certificarem de que as informações contidas no texto estão corretas e de que não houve alterações nas recomendações ou na legislação regulamentadora.

■ Fechamento desta edição: 01.03.2023

■ Os autores e a editora se empenharam para citar adequadamente e dar o devido crédito a todos os detentores de direitos autorais de qualquer material utilizado neste livro, dispondo-se a possíveis acertos posteriores caso, inadvertida e involuntariamente, a identificação de algum deles tenha sido omitida.

■ **Atendimento ao cliente:** (11) 5080-0751 | faleconosco@grupogen.com.br

■ Direitos exclusivos para a língua portuguesa
Copyright © 2023 *by*
Editora Forense Ltda.
Uma editora integrante do GEN | Grupo Editorial Nacional
Travessa do Ouvidor, 11 – Térreo e 6º andar
Rio de Janeiro – RJ – 20040-040
www.grupogen.com.br

■ Reservados todos os direitos. É proibida a duplicação ou reprodução deste volume, no todo ou em parte, em quaisquer formas ou por quaisquer meios (eletrônico, mecânico, gravação, fotocópia, distribuição pela Internet ou outros), sem permissão, por escrito, da Editora Atlas Ltda.

■ Capa: Daniel Kanai

■ **CIP – BRASIL. CATALOGAÇÃO NA FONTE.**
SINDICATO NACIONAL DOS EDITORES DE LIVROS, RJ.

C337c
Cassettari, Christiano

Comentários à lei do sistema eletrônico dos registros públicos: Lei 14.382, de 27 de junho de 2022 / Christiano Cassettari, Leonardo Brandelli. – 1. ed. – Rio de Janeiro: Forense, 2023.

ISBN 978-65-5964-806-1

1. Brasil. [Lei 14.382 (2022)]. 2. Registros públicos – Inovações tecnológicas – Brasil. I. Brandelli, Leonardo. II. Título.

23-82718   CDU: 347(81)

Meri Gleice Rodrigues de Souza – Bibliotecária – CRB-7/6439

SOBRE OS AUTORES

Christiano Cassettari

Pós-Doutor em Direito Civil pela USP. Doutor em Direito Civil pela USP. Mestre em Direito Civil pela PUC-SP. Registrador Civil das Pessoas Naturais em Salvador – BA. Professor e Coordenador de pós-graduação do Curso Damásio.

Instagram: @profcassettari

Leonardo Brandelli

Pós-Doutor em Direito pela Universidad de Salamanca (Espanha). Doutor em Direito pela UFRGS. Mestre em Direito Privado pela UFRGS. Professor de Direito Civil na Escola Paulista de Direito. Registrador de Imóveis, Civil de Pessoas Jurídicas e de Títulos e Documentos no Estado de São Paulo.

Instagram: @brandellileonardo

SUMÁRIO

LEI Nº 14.382, DE 27 DE JUNHO DE 2022

Capítulo I – Disposições Gerais 1
    Art. 1º – *Christiano Cassettari* 1
    Art. 2º – *Christiano Cassettari* 2

Capítulo II – Do Sistema Eletrônico de Registros Públicos 2
    Seção I – Dos Objetivos e das Responsabilidades 2
        Art. 3º – *Christiano Cassettari* 2
        Art. 4º – *Christiano Cassettari* 5
    Seção II – Do Fundo para a Implementação e Custeio do Sistema Eletrônico dos Registros Públicos 7
        Art. 5º – *Leonardo Brandelli* 7
    Seção III – Dos Extratos Eletrônicos para Registro ou Averbação 9
        Art. 6º – *Leonardo Brandelli* 9
    Seção IV – Da Competência da Corregedoria Nacional de Justiça 13
        Art. 7º – *Christiano Cassettari* 13
        Art. 8º – *Christiano Cassettari* 15
    Seção V – Do Acesso a Bases de Dados de Identificação 16
        Art. 9º – *Christiano Cassettari* 16

Capítulo III – Da Alteração da Legislação Correlata 17
    Art. 10 – Alterações da Lei 4.591/1964 17
    Leonardo Brandelli (arts. 31-E; 32; 33; 43; 44; 50 e 68)
    Art. 11 – Alterações da Lei 6.015/1973 48
    Christiano Cassettari (arts. 1º; 7º-A; 9º; 14; 17; 19, §§ 1º, 2º, 5º, 6º, 7º, 8º; 29; 30; 33; 46; 54; 55; 56; 57; 67; 69; 70-A e 94-A)
    Leonardo Brandelli (arts. 19, §§ 9º, 10, 11, 12; 116; 121; 127-A; 129; 130; 132; 161; 167; 169; 176; 188; 194; 198; 205; 206-A; 213; 216-A; 216-B; 221; 237-A; 246; 251-A e 290-A)
    Art. 12 – Alterações da Lei 6.766/1979 198
    Leonardo Brandelli (arts. 18 e 19)

Art. 13 – Alterações da Lei 8.935/1994 204
Leonardo Brandelli (arts. 7º e 30)
Art. 14 – Alterações da Lei 10.406/2002 (Código Civil) 208
Christiano Cassettari (arts. 48-A; 206-A; 1.142; 1.160 e 1.161)
Leonardo Brandelli (arts. 1.358-A e 1.510-E)
Art. 15 – Alterações da Lei 11.977/2009 215
Christiano Cassettari (arts. 37 e 38)
Art. 16 – Alterações da Lei 13.097/2015 216
Leonardo Brandelli (art. 54)
Art. 17 – Alterações da Lei 13.465/2017 226
Leonardo Brandelli (art. 76)

Capítulo IV – Disposições Transitórias e Finais 227
Art. 18 – *Christiano Cassettari* 227
Art. 19 – *Leonardo Brandelli* 228
Art. 20 – *Christiano Cassettari* 228
Art. 21 – *Christiano Cassettari* 236

LEI Nº 14.382, DE 27 DE JUNHO DE 2022

Dispõe sobre o Sistema Eletrônico dos Registros Públicos (Serp); altera as Leis nºs 4.591, de 16 de dezembro de 1964, 6.015, de 31 de dezembro de 1973 (Lei de Registros Públicos), 6.766, de 19 de dezembro de 1979, 8.935, de 18 de novembro de 1994, 10.406, de 10 de janeiro de 2002 (Código Civil), 11.977, de 7 de julho de 2009, 13.097, de 19 de janeiro de 2015, e 13.465, de 11 de julho de 2017; e revoga a Lei nº 9.042, de 9 de maio de 1995, e dispositivos das Leis nºs 4.864, de 29 de novembro de 1965, 8.212, de 24 de julho de 1991, 12.441, de 11 de julho de 2011, 12.810, de 15 de maio de 2013, e 14.195, de 26 de agosto de 2021.

O Presidente da República Faço saber que o Congresso Nacional decreta e eu sanciono a seguinte Lei:

CAPÍTULO I
Disposições Gerais

Art. 1º Esta Lei dispõe sobre o Sistema Eletrônico dos Registros Públicos (Serp), de que trata o art. 37 da Lei nº 11.977, de 7 de julho de 2009, bem como moderniza e simplifica os procedimentos relativos aos registros públicos de atos e negócios jurídicos, de que trata a Lei nº 6.015, de 31 de dezembro de 1973 (Lei de Registros Públicos), e de incorporações imobiliárias, de que trata a Lei nº 4.591, de 16 de dezembro de 1964.

 COMENTÁRIO

Por *Christiano Cassettari*

O art. 1º da Lei 14.382/2022, inserido no capítulo dedicado às disposições gerais, estabelece que esta dispõe sobre o Sistema Eletrônico dos Registros Públicos (Serp), de que trata o art. 37 da Lei 11.977, de 07/07/2009, que normatiza o Programa Minha Casa, Minha Vida – PMCMV e a regularização fundiária de assentamentos localizados em áreas urbanas. Assim, a lei começa seu calvário de equívocos, pois deixa claro que foi criada e pensada apenas para o Registro de Imóveis, especialidade para a qual a sociedade demandou a criação de tais regras.

Numa "forçação de barra" imensa, as mesmas regras foram estendidas às demais especialidades registrais, porém muitas delas são impossíveis de serem aplicadas em certos e determinados tipos de serventias, criando enormes problemas, tudo para que se unificasse não apenas a central do registro imobiliário brasileiro, mas de todas as especialidades, tendo como tutor o Poder Judiciário nacional, que não é o responsável pelo investimento financeiro para que isso pudesse se concretizar na prática.

Art. 2º Esta Lei aplica-se:
I – às relações jurídicas que envolvam oficiais dos registros públicos; e
II – aos usuários dos serviços de registros públicos.

 COMENTÁRIO

Por *Christiano Cassettari*

O art. 2º da Lei 14.382/2022 vem deixar claro que a aplicação da mesma se dará não apenas quanto às relações jurídicas que envolvam oficiais de registros públicos, mas também aos usuários desse serviço, pois a ideia foi estabelecer regras que promovam uma simbiose entre sociedade e cartórios, como já foi promovida pela Lei 13.460/17 (Código de Defesa do Usuário de Serviços Públicos).

CAPÍTULO II
DO SISTEMA ELETRÔNICO DE REGISTROS PÚBLICOS

Seção I
Dos Objetivos e das Responsabilidades

Art. 3º O Serp tem o objetivo de viabilizar:
I – o registro público eletrônico dos atos e negócios jurídicos;
II – a interconexão das serventias dos registros públicos;
III – a interoperabilidade das bases de dados entre as serventias dos registros públicos e entre as serventias dos registros públicos e o Serp;
IV – o atendimento remoto aos usuários de todas as serventias dos registros públicos, por meio da internet;
V – a recepção e o envio de documentos e títulos, a expedição de certidões e a prestação de informações, em formato eletrônico, inclusive de forma centralizada, para distribuição posterior às serventias dos registros públicos competentes;

VI – a visualização eletrônica dos atos transcritos, registrados ou averbados nas serventias dos registros públicos;

VII – o intercâmbio de documentos eletrônicos e de informações entre as serventias dos registros públicos e:

a) os entes públicos, inclusive por meio do Sistema Integrado de Recuperação de Ativos (Sira), de que trata o Capítulo V da Lei nº 14.195, de 26 de agosto de 2021; e

b) os usuários em geral, inclusive as instituições financeiras e as demais instituições autorizadas a funcionar pelo Banco Central do Brasil e os tabeliães;

VIII – o armazenamento de documentos eletrônicos para dar suporte aos atos registrais;

IX – a divulgação de índices e de indicadores estatísticos apurados a partir de dados fornecidos pelos oficiais dos registros públicos, observado o disposto no inciso VII do *caput* do art. 7º desta Lei;

X – a consulta:

a) às indisponibilidades de bens decretadas pelo Poder Judiciário ou por entes públicos;

b) às restrições e aos gravames de origem legal, convencional ou processual incidentes sobre bens móveis e imóveis registrados ou averbados nos registros públicos; e

c) aos atos em que a pessoa pesquisada conste como[1]:

1. devedora de título protestado e não pago;

2. garantidora real;

3. cedente convencional de crédito; ou

4. titular de direito sobre bem objeto de constrição processual ou administrativa; e

XI – outros serviços, nos termos estabelecidos pela Corregedoria Nacional de Justiça do Conselho Nacional de Justiça.

§ 1º Os oficiais dos registros públicos de que trata a Lei nº 6.015, de 31 de dezembro de 1973 (Lei de Registros Públicos), integram o Serp.

§ 2º A consulta a que se refere o inciso X do *caput* deste artigo será realizada com base em indicador pessoal ou, quando compreender bem especificamente identificável, mediante critérios relativos ao bem objeto de busca.

§ 3º O Serp deverá:

I – observar os padrões e os requisitos de documentos, de conexão e de funcionamento estabelecidos pela Corregedoria Nacional de Justiça do Conselho Nacional de Justiça; e

---

[1] Ver art. 15 do Prov. nº 139/2023 da CNJ.

II – garantir a segurança da informação e a continuidade da prestação do serviço dos registros públicos.

§ 4º O Serp terá operador nacional, sob a forma de pessoa jurídica de direito privado, na forma prevista nos incisos I ou III do *caput* do art. 44 da Lei nº 10.406, de 10 de janeiro de 2002 (Código Civil), na modalidade de entidade civil sem fins lucrativos, nos termos estabelecidos pela Corregedoria Nacional de Justiça do Conselho Nacional de Justiça[2].

 COMENTÁRIO

Por *Christiano Cassettari*

O art. 3º da Lei 14.382/2022 começa a normatizar os objetivos e as responsabilidades do Sistema Eletrônico dos Registros Públicos (Serp). Entre os objetivos, de forma mais simples, destacamos que a Serp pretende viabilizar:

1) o registro público eletrônico dos atos e negócios jurídicos, bem como a visualização eletrônica dos atos transcritos, registrados ou averbados nas serventias dos registros públicos, a recepção e o envio de documentos e títulos, a expedição de certidões e a prestação de informações, em formato eletrônico, inclusive de forma centralizada, para distribuição posterior às serventias dos registros públicos competentes;

2) a ligação/conexão das serventias dos registros públicos entre o usuário e as serventias de todas as especialidades (central única) de todo o País, por meio da internet;

3) o intercâmbio de documentos eletrônicos e de informações entre as serventias dos registros públicos e os entes públicos, os usuários em geral, inclusive entre as instituições financeiras e as demais instituições autorizadas a funcionar pelo Banco Central do Brasil e os tabeliães;

4) o armazenamento de documentos eletrônicos para dar suporte aos atos registrais;

---

[2] A Corregedoria Nacional de Justiça regulamentou o Serp por meio do Provimento nº 139/2023. Definiu-se que a implantação, a manutenção e o funcionamento do Serp serão promovidos pelo Operador Nacional do Sistema Eletrônico de Registros Públicos (Onserp), o qual, por sua vez, será integrado pelo Operador Nacional do Sistema de Registro Eletrônico de Imóveis (ONR), pelo Operador Nacional do Registro Civil de Pessoas Naturais (ON-RCPN) e pelo Operador Nacional do Registro de Títulos e Documentos e Civil das Pessoas Jurídicas (ON-RTDPJ).

5) a divulgação de índices e de indicadores estatísticos apurados a partir de dados fornecidos pelos oficiais dos registros públicos;

6) as consultas às indisponibilidades de bens decretadas pelo Poder Judiciário ou por entes públicos, às restrições e aos gravames de origem legal, convencional ou processual, incidentes sobre bens móveis e imóveis registrados ou averbados nos registros públicos, e aos atos em que a pessoa pesquisada conste como devedora de título protestado e não pago, garantidora real, cedente convencional de crédito, ou titular de direito sobre bem objeto de constrição processual ou administrativa;

7) outros serviços, nos termos estabelecidos pela Corregedoria Nacional de Justiça do Conselho Nacional de Justiça.

Os parágrafos desse art. 3º estabelecem, em complementação, algumas regras importantes.

A primeira define que os integrantes do Serp são os oficiais dos registros públicos de que trata a Lei 6.015, de 31 de dezembro de 1973 (Lei de Registros Públicos – LRP), sem identificar expressamente quais são. Sendo assim, estamos diante de uma norma aberta, pois, se a citada lei criar novos ofícios e oficiais de registros públicos, estes nascerão como agentes integrantes da central.

A segunda, por sua vez, determina que as consultas às indisponibilidades de bens decretadas pelo Poder Judiciário ou por entes públicos, às restrições e aos gravames de origem legal, convencional ou processual incidentes sobre bens móveis e imóveis registrados ou averbados nos registros públicos, e aos atos em que a pessoa pesquisada conste como devedora de título protestado e não pago, garantidora real, cedente convencional de crédito, ou titular de direito sobre bem objeto de constrição processual ou administrativa, serão realizadas com base em indicador pessoal ou, quando compreenderem bem especificamente identificável, mediante critérios relativos ao bem objeto de busca.

Já a terceira dispõe que caberá ao Serp observar os padrões e os requisitos de documentos, de conexão e de funcionamento estabelecidos pela Corregedoria Nacional de Justiça do Conselho Nacional de Justiça, e garantir a segurança da informação e a continuidade da prestação do serviço dos registros públicos.

Por fim, o Serp terá um operador nacional, sob a forma de pessoa jurídica de direito privado, conforme previsto nos incisos I ou III do *caput* do art. 44 da Lei 10.406, de 10 de janeiro de 2002 (Código Civil), na modalidade de entidade civil sem fins lucrativos, nos termos estabelecidos pela Corregedoria Nacional de Justiça do Conselho Nacional de Justiça.

Art. 4º Compete aos oficiais dos registros públicos promover a implantação e o funcionamento adequado do Serp, com a disponibilização das informações necessárias, nos termos estabelecidos pela Corregedoria Nacional de Justiça do Conselho Nacional de Justiça, especialmente das informações relativas:

I – às garantias de origem legal, convencional ou processual, aos contratos de arrendamento mercantil financeiro e às cessões convencionais de crédito, constituídos no âmbito da sua competência; e

II – aos dados necessários à produção de índices e de indicadores estatísticos.

§ 1º É obrigatória a adesão ao Serp dos oficiais dos registros públicos de que trata a Lei nº 6.015, de 31 de dezembro de 1973 (Lei de Registros Públicos), ou dos responsáveis interinos pelo expediente.[3]

§ 2º O descumprimento do disposto neste artigo ensejará a aplicação das penas previstas no art. 32 da Lei nº 8.935, de 18 de novembro de 1994, nos termos estabelecidos pela Corregedoria Nacional de Justiça do Conselho Nacional de Justiça.

 COMENTÁRIO

Por *Christiano Cassettari*

O art. 4º da Lei 14.382/2022 determina aos Oficiais de Registros Públicos (de todas as especialidades envolvidas na central) que promovam a implantação e o funcionamento adequado do Serp, disponibilizando informações de seus acervos. De nada adianta criar uma central nacional, se a mesma não estiver abastecida com os dados dos registros das serventias. Ela seria inócua, ineficiente, não atingiria seu objetivo. O gargalo dos registradores e das centrais eletrônicas é o passivo, pois os atos praticados há alguns anos já estão informatizados em todo o País, e é fácil transferir o banco de dados para a central.

O problema está nos atos pretéritos, feitos em outras administrações que não do gestor atual, sem lhe entregar um banco de dados informatizados. Com isso, o atual delegatário é que "ganha" a indigesta obrigação de ter todo o seu acervo em sistema. Contudo, quanto mais antigo for o cartório, mais trabalho terá o Oficial.

Devemos lembrar que, nos maiores estados, a informatização do acervo já começou há mais tempo que em outros estados, que, largando atrás, demorarão mais para colocar todos os registros antigos (passivo) na central.

---

[3] O art. 1º do Prov. nº 139/2023 da CNJ estabelece que o Serp será integrado tecnologicamente e de forma obrigatória por todos os Oficiais de Registro, responsáveis interinos e interventores, que deverão disponibilizar as informações necessárias à implantação e ao funcionamento do Serp.

O interessante desse artigo é que ele é a prova cabal de que o Serp foi pensado e idealizado para o Registro de Imóveis, e as demais especialidades vieram a reboque (carona) da norma, sofrendo a incidência das mesmas regras, que não se amoldam facilmente às demais especialidades.

A prova disso é que a norma coloca, no primeiro inciso, algo que considera mais importante, especial, que precisa, obrigatoriamente, estar na central, e é relativo às garantias de origem legal, convencional ou processual, aos contratos de arrendamento mercantil financeiro e às cessões convencionais de crédito, constituídos no âmbito da sua competência.

Já, com relação aos dados necessários à produção de índices e de indicadores estatísticos, a norma os impõe a todas as especialidades de cartórios extrajudiciais, umas mais, outras menos, o que indica uma imensa falta de homogeneidade da regra imposta.

Os dois parágrafos do artigo tratam da obrigatoriedade de adesão (e não facultatividade) por parte dos oficiais (**titulares e interinos**) dos registros públicos de que trata a LRP, e da punição em caso de descumprimento a esse mandamento, que são as penas previstas no art. 32 da Lei 8.935, de 18 de novembro de 1994.

O que causa estranheza é permitir a aplicação dessas penas, nos termos estabelecidos pela Corregedoria Nacional de Justiça do Conselho Nacional de Justiça. Mas, afinal, o que seria "nos termos estabelecidos pelo CNJ"? Só o tempo dirá, mas esperamos que não seja a aplicação da lei conforme entende "melhor" o Poder Judiciário, pois a estrita legalidade e todas as garantias constitucionais devem ser observadas também nos casos de punições.

Seção II
Do Fundo para a Implementação e
Custeio do Sistema Eletrônico dos Registros Públicos

Art. 5º Fica criado o Fundo para a Implementação e Custeio do Sistema Eletrônico dos Registros Públicos (Fics), subvencionado pelos oficiais dos registros públicos, respeitado o disposto no § 9º do art. 76 da Lei nº 13.465, de 11 de julho de 2017.

§ 1º Caberá à Corregedoria Nacional de Justiça do Conselho Nacional de Justiça:

I – disciplinar a instituição da receita do Fics;

II – estabelecer as cotas de participação dos oficiais dos registros públicos;

III – fiscalizar o recolhimento das cotas de participação dos oficiais dos registros públicos; e

IV – supervisionar a aplicação dos recursos e as despesas incorridas.

§ 2º Os oficiais dos registros públicos ficam dispensados de participar da subvenção do Fics na hipótese de desenvolverem e utilizarem sistemas e plataformas interoperáveis necessários para a integração plena dos serviços de suas delegações ao Serp, nos termos estabelecidos pela Corregedoria Nacional de Justiça do Conselho Nacional de Justiça.

 COMENTÁRIO

Por *Leonardo Brandelli*

O art. 5º da lei estabelece a criação do Fundo para a Implementação e Custeio do Sistema Eletrônico dos Registros Públicos (Fics), cujo intuito é o de implementar e custear o Serp, o qual será subvencionado pelos Oficiais de Registro.

O Serp, evidentemente, terá um custo de implantação e manutenção, o qual precisa ser pago por alguém. Nesse sentido, cria a lei um fundo com tal finalidade – o fundo para implementação e custeio do Sistema Eletrônico dos Registros Públicos, estabelecendo que serão os próprios Oficiais de Registro que manterão o fundo.

Nesse sentido, a CNJ estabeleceu, no art. 7º do Prov. nº 139/2023, que o Fundo para Implementação e Custeio do Sistema Eletrônico de Registros Públicos (FIC-ONSERP) será subvencionado indiretamente pelos Oficiais de Registro, responsáveis interinos ou interventores, mediante repasses de parte das rendas dos fundos dos operadores nacionais (FIC-RCPN, FIC-RTDPJ e FIC-SREI), estes subvencionados diretamente pelos Oficiais.

Quais serão as quotas de participação de cada Oficial brasileiro, como se dará o pagamento, e como deverá se dar a aplicação dos recursos são questões não definidas pela lei, que optou por atribuir à Corregedoria Nacional de Justiça poderes para dar respostas a elas.

Nos termos da Lei, cabe à dita Corregedoria disciplinar a instituição da receita do Fics; estabelecer as cotas de participação dos oficiais dos registros públicos; fiscalizar o recolhimento das cotas de participação dos oficiais dos registros públicos; e supervisionar a aplicação dos recursos e as despesas incorridas.

Nesse sentido, estabeleceu a CNJ, no tocante às cotas de contribuição dos Oficiais, que, em relação ao FIC/SREI, ficam mantidas as regras previstas no Prov. nº 115/2021 e, em relação ao FIC-RCPN e ao FIC-RTDPJ, serão as cotas definidas em processo administrativo.

Interessante questão se põe quando o *caput* do artigo, ora em comento, estabelece que o fundo será subvencionado pelos Oficiais de Registro, "respeitado o disposto no § 9º do art. 76 da Lei 13.465, de 11 de julho de 2017". O que estará a dizer a lei?

O art. 76, § 9º, da Lei 13.465/2017 trata do Sistema de Registro Eletrônico de Imóveis, estabelecendo que "fica criado o fundo para a implementação e custeio do SREI, que será gerido pelo ONR e subvencionado pelas unidades do serviço de registro de imóveis dos Estados e do Distrito Federal referidas no § 5º deste artigo".

Parece que a nova lei quis, expressamente, alertar para o fato de que a nova contribuição não deverá prejudicar a já existente contribuição de manutenção do Operador Nacional do Sistema de Registro Eletrônico de Imóveis (ONR), mas, ao contrário, deverá respeitá-la. É o que justifica o art. 9º do Prov. nº 139/2023, que manteve em vigor as regras relativas ao FIC/SREI, gerido pelo ONR, estabelecidas no Prov. nº 115/2021.

Por fim, o § 2º desse art. 5º, estabelece a possibilidade de os Oficiais de Registro não contribuírem para o fundo criado pelo artigo, o qual é, salvo essa exceção, compulsório.

Trata-se a exceção de hipótese em que o Oficial utilizará estrutura própria para integrar-se ao Serp, razão pela qual não deverá participar do rateio da mesma forma que os demais Oficiais. Se o Oficial desenvolver e utilizar sistemas e plataformas interoperáveis necessários para a integração plena dos serviços de sua delegação ao Serp, ficará dispensado de participar da subvenção do Fundo.

Todavia, se a dispensa for total ou parcial, mesmo que a utilização de estrutura própria para integração ao Serp não dispense a instalação e o custeio deste, deverá haver regulamentação pela Corregedoria Nacional de Justiça.

Seção III
Dos Extratos Eletrônicos para Registro ou Averbação

Art. 6º Os oficiais dos registros públicos, quando cabível, receberão dos interessados, por meio do Serp, os extratos eletrônicos para registro ou averbação de fatos, de atos e de negócios jurídicos, nos termos do inciso VIII do *caput* do art. 7º desta Lei.

§ 1º Na hipótese de que trata o *caput* deste artigo:

I – o oficial:

a) qualificará o título pelos elementos, pelas cláusulas e pelas condições constantes do extrato eletrônico; e

b) disponibilizará ao requerente as informações relativas à certificação do registro em formato eletrônico;

II – o requerente poderá, a seu critério, solicitar o arquivamento da íntegra do instrumento contratual que deu origem ao extrato eletrônico relativo a bens móveis;

III – os extratos eletrônicos relativos a bens imóveis deverão, obrigatoriamente, ser acompanhados do arquivamento da íntegra do instrumento contratual, em cópia simples, exceto se apresentados por tabelião de notas, hipótese em que este arquivará o instrumento contratual em pasta própria;

IV – os extratos eletrônicos relativos a bens imóveis produzidos pelas instituições financeiras que atuem com crédito imobiliário autorizadas a celebrar instrumentos particulares com caráter de escritura pública poderão ser apresentados ao registro eletrônico de imóveis e as referidas instituições financeiras arquivarão o instrumento contratual em pasta própria. (Incluído pela Medida Provisória nº 1.162, de 2023)

§ 2º No caso de extratos eletrônicos para registro ou averbação de atos e negócios jurídicos relativos a bens imóveis, ficará dispensada a atualização prévia da matrícula quanto aos dados objetivos ou subjetivos previstos no art. 176 da Lei nº 6.015, de 31 de dezembro de 1973 (Lei de Registros Públicos), exceto dos dados imprescindíveis para comprovar a subsunção do objeto e das partes aos dados constantes do título apresentado, ressalvado o seguinte:

I – não poderá ser criada nova unidade imobiliária por fusão ou desmembramento sem observância da especialidade; e

II – subordinar-se-á a dispensa de atualização à correspondência dos dados descritivos do imóvel e dos titulares entre o título e a matrícula.

§ 3º Será dispensada, no âmbito do registro de imóveis, a apresentação da escritura de pacto antenupcial, desde que os dados de seu registro e o regime de bens sejam indicados no extrato eletrônico de que trata o *caput* deste artigo, com a informação sobre a existência ou não de cláusulas especiais.

§ 4º O instrumento contratual a que se referem os incisos II e III do § 1º deste artigo será apresentado por meio de documento eletrônico ou digitalizado, nos termos do inciso VIII do *caput* do art. 3º desta Lei, acompanhado de declaração, assinada eletronicamente, de que seu conteúdo corresponde ao original firmado pelas partes.

 COMENTÁRIO

Por *Leonardo Brandelli*

O presente art. 6º institui a possibilidade de o registro *lato sensu* ser feito com base em um extrato eletrônico que contenha os elementos principais da situação jurídica a ser publicizada.

O extrato eletrônico é uma espécie de ato intermediário entre o instrumento, que contém o ato jurídico que gera a situação jurídica a ser publicizada, e o Registro Público. É título registral que contém apenas os elementos essenciais constantes do ato jurídico instrumentalizado, deste extraídos e levados para arquivo eletrônico contendo os requisitos a serem definidos pela Corregedoria Nacional de Justiça.

Em contratos, por exemplo, de compra e venda, mútuo, e alienação fiduciária em garantia, instrumentalizados pela forma particular, o extrato conterá os elementos desses contratos que sejam necessários para o registro.

É com base nos elementos constantes do extrato, e não nos elementos constantes do instrumento que contém o ato jurídico, que o Oficial fará a qualificação registral, a qual será, portanto, mais limitada e menos segura.

O instrumento que contém o ato jurídico, e que motivará o extrato, poderá ser juntado e arquivado no Registro a requerimento do apresentante do título, e a seu critério, caso se refira a bens móveis, devendo, obrigatoriamente, ser acompanhado do arquivamento da íntegra do instrumento contratual, em cópia simples, caso se refira a bens imóveis, ou por instituição financeira autorizada a celebrar instrumentos particulares com caráter de escritura pública e que atue com crédito imobiliário, casos em que estes arquivarão o instrumento contratual em pasta própria.

Tais instrumentos, nos termos do § 4º, deverão ser apresentados por meio de documento eletrônico nato digital, ou digitalizado, acompanhados de declaração, esta assinada eletronicamente, de que seu conteúdo corresponde ao original firmado pelas partes. Dito de outra forma, admite-se o arquivamento de cópia inautêntica, desde que acompanhada de declaração do apresentante afirmando a correspondência com o original.

A apresentação e o arquivamento do instrumento que contém o ato jurídico a ser publicizado, ensejador do extrato, não altera a qualificação registral, a qual, nos termos da lei, deve ser levada a cabo com base no extrato, e não no instrumento juntado.

A qualificação registral de um extrato será simplificada, limitando-se aos elementos constantes do extrato, de modo que será ela, basicamente, uma qualificação de especialidade e continuidade, restando, ainda assim, a especialidade mitigada pela previsão dos §§ 2º e 3º.

A qualificação material do ato jurídico restará debilitada quando o Oficial não qualificar mais o ato jurídico, o qual poderá conter elementos que sequer chegaram ao seu conhecimento, limitando-se a qualificação material ao que estiver contido no extrato, o que pode conduzir a um prejuízo sistêmico-registral importante.

Em primeiro lugar, situações jurídicas de cunho real ou pessoal com eficácia real podem deixar de ser publicizadas, apesar de existirem no instrumento do ato jurídico, porque não constam no extrato. Quem decidirá o que deve ser publicizado não será o Oficial de Registro, como seria de se esperar, mas a pessoa que faz o extrato, nem sempre profissional do Direito, de modo que poderá criar, eventualmente, situações de não publicidade de situações jurídicas publicizáveis, conduzindo a uma não oponibilidade que poderá ensejar complexidades jurídicas desnecessárias.

Em segundo lugar, a qualificação registral restará debilitada quando o Oficial não mais qualificar o instrumento que contém o ato jurídico, mas qualificar o extrato que contém o que a pessoa que o fez julga ser essencial ao registro, de modo que a publicidade registral assim feita poderá comprometer o sistema de registro de direitos existente, o qual é fortemente amparado em uma sólida qualificação registral prévia, a fim de que possa garantir os direitos publicizados e, com isso, reduzir custos de transação.

A inconveniência poderá ser minimizada se bem conduzida a regulamentação da matéria, a ser efetivada pela Corregedoria Nacional de Justiça, nos termos do art. 7º, VIII, da presente lei, e se a jurisprudência conformar-se com a inoponibilidade de situações jurídicas eventualmente constantes em contratos, mas não publicizadas porque não constaram dos extratos.

A realização unilateral de um extrato em que se escolhe o que será qualificado pelo Oficial Registrador, uma vez que debilita a qualificação registral, reforça a importância da feitura do extrato, o que deverá ser muito bem ponderado, sopesado, e regulamentado, pelo órgão correcional máximo do Poder Judiciário.

No que diz respeito ao Registro de Imóveis, temos, no Brasil, um sistema registral de direitos, com a existência da tutela do terceiro adquirente de boa-fé,[4] o que exige ainda mais atenção na regulamentação do extrato registral.

Um sistema registral de direitos é aquele que persegue a tutela da segurança jurídica dinâmica, ou segurança do tráfico, tendo, para tanto, o condão de garantir juridicamente as situações jurídicas publicizadas, o que o faz por meio de uma forte qualificação jurídico-registral prévia, a fim de extirpar do sistema aquelas que não estejam de acordo com o ordenamento jurídico, bem como por meio da total proteção do terceiro adquirente de boa-fé, que confiou na informação estatal-registral e que, portanto, deve ser prestigiado em sua confiança.

A contaminação do sistema com situações jurídicas capengas, porque a qualificação registral foi apenas parcial e amparada no conteúdo de um extrato, pode levar a uma situação de maior lacuna ou maior inconsistência nas informações registrais, em que talvez seja preciso utilizar com maior frequência o princípio registral da fé pública, a fim de tutelar o terceiro adquirente, levando a uma maior tensão de interesses contrapostos, estressando o sistema registral. A forte qualificação registral prévia tem o condão de, além de reduzir custos de transação, levar ao mínimo o uso da fé pública registral, o que constitui situação ótima. O enfraquecimento da qualificação prévia e a eventual maior utilização da fé pública registral tendem a enfraquecer o sistema, com consequências pouco desejáveis, de modo que a

---

[4] Veja-se, a respeito: BRANDELLI, Leonardo. *Registro de imóveis*: eficácia material. Rio de Janeiro: Forense, 2016.

tarefa de bem calibrar os extratos, no labor regulamentar, é tarefa extremamente importante que definirá, talvez, os rumos do sistema registral brasileiro.

A utilização de extratos facilita o registro eletrônico, o qual pode se tornar mais facilmente automatizado e rápido, mas põe em risco a extensão da qualificação registral, e, por conseguinte, o próprio sistema registral, com consequências jurídicas e econômicas que não devem ser menosprezadas, porque levam ao aumento da insegurança jurídica e dos custos de transação. O justo equilíbrio entre os interesses não é simples de ser alcançado, mas deve ser buscado de maneira serena e ponderada.

Seção IV
Da Competência da Corregedoria Nacional de Justiça

Art. 7º Caberá à Corregedoria Nacional de Justiça do Conselho Nacional de Justiça disciplinar o disposto nos arts. 37 a 41 e 45 da Lei nº 11.977, de 7 de julho de 2009, e o disposto nesta Lei, em especial os seguintes aspectos:

I – os sistemas eletrônicos integrados ao Serp, por tipo de registro público ou de serviço prestado;

II – o cronograma de implantação do Serp e do registro público eletrônico dos atos jurídicos em todo o País, que poderá considerar as diferenças regionais e as características de cada registro público;

III – os padrões tecnológicos de escrituração, indexação, publicidade, segurança, redundância e conservação de atos registrais, de recepção e comprovação da autoria e da integridade de documentos em formato eletrônico, a serem atendidos pelo Serp e pelas serventias dos registros públicos, observada a legislação;

IV – a forma de certificação eletrônica da data e da hora do protocolo dos títulos para assegurar a integridade da informação e a ordem de prioridade das garantias sobre bens móveis e imóveis constituídas nos registros públicos;

V – a forma de integração do Sistema de Registro Eletrônico de Imóveis (SREI), de que trata o art. 76 da Lei nº 13.465, de 11 de julho de 2017, ao Serp;

VI – a forma de integração da Central Nacional de Registro de Títulos e Documentos, prevista no § 2º do art. 3º da Lei nº 13.775, de 20 de dezembro de 2018, ao Serp;

VII – os índices e os indicadores estatísticos que serão produzidos por meio do Serp, nos termos do inciso II do *caput* do art. 4º desta Lei, a forma de sua divulgação e o cronograma de implantação da obrigatoriedade de fornecimento de dados ao Serp;

VIII – a definição do extrato eletrônico previsto no art. 6º desta Lei e os tipos de documentos que poderão ser recepcionados dessa forma;

IX – o formato eletrônico de que trata a alínea b do inciso I do § 1º do art. 6º desta Lei; e

X – outros serviços a serem prestados por meio do Serp, nos termos do inciso XI do *caput* do art. 3º desta Lei.

 COMENTÁRIO

Por *Christiano Cassettari*

O art. 7º da Lei 14.382/2022 deu para a Corregedoria Nacional de Justiça do Conselho Nacional de Justiça poder para disciplinar o disposto nos arts. 37 a 41 e 45 da Lei 11.977, de 7 de julho de 2009, bem como o disposto na Lei 14.382/2022, por mero ato administrativo, deixando claro que ela será a grande gestora do Serp, investida dos poderes necessários para disciplinar o que for necessário para atingir esse fim.

Permitiu, ainda, agora expressamente, que a Corregedoria Nacional de Justiça do Conselho Nacional de Justiça, tenha poder também para disciplinar os seguintes aspectos:

a) os sistemas eletrônicos integrados ao Serp, por tipo de registro público ou de serviço prestado;

b) o cronograma de implantação do Serp e do registro público eletrônico dos atos jurídicos em todo o País, que poderá considerar as diferenças regionais e as características de cada registro público;

c) os padrões tecnológicos de escrituração, indexação, publicidade, segurança, redundância e conservação de atos registrais, de recepção e comprovação da autoria e da integridade de documentos em formato eletrônico, a serem atendidos pelo Serp e pelas serventias dos registros públicos, observada a legislação;

d) a forma de certificação eletrônica da data e da hora do protocolo dos títulos para assegurar a integridade da informação e a ordem de prioridade das garantias sobre bens móveis e imóveis constituídas nos registros públicos;

e) a forma de integração do Sistema de Registro Eletrônico de Imóveis (SREI), de que trata o art. 76 da Lei 13.465, de 11 de julho de 2017, ao Serp;

f) a forma de integração da Central Nacional de Registro de Títulos e Documentos, prevista no § 2º do art. 3º da Lei 13.775, de 20 de dezembro de 2018, ao Serp;

g) os índices e os indicadores estatísticos que serão produzidos por meio do Serp, nos termos do inciso II do *caput* do art. 4º dessa lei, a forma de sua divulgação e o cronograma de implantação da obrigatoriedade de fornecimento de dados ao Serp;

h) a definição do extrato eletrônico previsto no art. 6º dessa lei e os tipos de documentos que poderão ser recepcionados dessa forma;

i) o formato eletrônico e outros serviços a serem prestados por meio do Serp.

Olhando os itens anteriores, verifica-se que o legislador se preocupou com os prazos que cada estado, de acordo com suas especificidades e seus problemas, deverá estar com seus acervos integrados na totalidade ao Serp, bem como a forma pela qual cada central, de cada especialidade, irá migrar seus sistemas para o Serp, a forma de operação do sistema, o formato de documentos e a produção de extratos, além do acesso a índices e consultas. A lei deu, à Corregedoria Nacional de Justiça do CNJ, totais poderes para resolver tais questões por normas administrativas.

Art. 8º A Corregedoria Nacional de Justiça do Conselho Nacional de Justiça poderá definir, em relação aos atos e negócios jurídicos relativos a bens móveis, os tipos de documentos que serão, prioritariamente, recepcionados por extrato eletrônico.

Por *Christiano Cassettari*

O art. 8º da Lei 14.382/2022 estabelece que a Corregedoria Nacional de Justiça do CNJ possui totais poderes para determinar os tipos de documentos que o Serp recepcionará, prioritariamente, por extrato eletrônico, quando se relacionar aos atos e aos negócios jurídicos relativos a bens móveis, que são, geralmente, de competência do Registro de Títulos e Documentos, tais como:

a) os contratos de locação de prédios, sem prejuízo do disposto do art. 167, I, nº 3, da Lei 6.015/1973;

b) as cartas de fiança, em geral, feitas por instrumento particular, seja qual for a natureza do compromisso por elas abonado;

c) os contratos de locação de serviços não atribuídos a outras repartições;

d) os contratos de compra e venda em prestações, com reserva de domínio ou não, qualquer que seja a forma de que se revistam, e os contratos de alienação ou de promessas de venda referentes a bens móveis;

e) todos os documentos de procedência estrangeira, acompanhados das respectivas traduções, para produzirem efeitos em repartições da União, dos Estados, do Distrito Federal, dos Territórios e dos Municípios ou em qualquer instância, juízo ou tribunal;

f) as quitações, os recibos e os contratos de compra e venda de automóveis, bem como o penhor destes, qualquer que seja a forma que revistam;

g) os atos administrativos expedidos para cumprimento de decisões judiciais, sem trânsito em julgado, pelas quais for determinada a entrega, pelas alfândegas e mesas de renda, de bens e mercadorias procedentes do exterior.

h) os instrumentos de sub-rogação e de dação em pagamento;

i) a cessão de direitos e de créditos, a reserva de domínio e a alienação fiduciária de bens móveis;

j) as constrições judiciais ou administrativas sobre bens móveis corpóreos e sobre direitos de crédito;

k) os instrumentos particulares, para a prova das obrigações convencionais de qualquer valor;

l) o contrato que estabeleça o penhor comum sobre coisas móveis;

m) o instrumento da caução de títulos de crédito pessoal e da dívida pública federal, estadual ou municipal, ou de Bolsa ao portador;

n) o contrato de parceria agrícola ou pecuária;

o) o mandado judicial de renovação do contrato de arrendamento para sua vigência, quer entre as partes contratantes, quer em face de terceiros (art. 19, § 2º do Decreto 24.150, de 20/04/1934).

Cumpre lembrar que o rol apresentado anteriormente é exemplificativo, pois o art. 127, VII, da Lei 6.015/1973 permite também o registro facultativo, de quaisquer documentos, para sua conservação, que terá a finalidade de arquivamento do conteúdo e data, não gerará efeitos em relação a terceiros e não poderá servir como instrumento para cobrança de dívidas, mesmo que de forma velada, nem para protesto, notificação extrajudicial, medida judicial ou negativação nos serviços de proteção ao crédito ou congêneres.

Seção V
Do Acesso a Bases de Dados de Identificação

Art. 9º Para verificação da identidade dos usuários dos registros públicos, as bases de dados de identificação civil, inclusive de identificação biométrica, dos institutos de identificação civil, das bases cadastrais da União, inclusive do Cadastro de Pessoas Físicas da Secretaria Especial da Receita Federal do Brasil do Ministério da Economia e da Justiça Eleitoral, poderão ser acessadas, a critério dos responsáveis pelas referidas bases de dados, desde que previamente pactuado, por tabeliães e oficiais dos registros públicos, observado o disposto nas Leis nºs 13.709, de 14 de agosto de 2018 (Lei Geral de Proteção de Dados Pessoais), e 13.444, de 11 de maio de 2017.

 COMENTÁRIO

Por *Christiano Cassettari*

O art. 9º da Lei 14.382/2022 cria a possibilidade de os Oficiais de Registros Públicos e Tabeliães consultarem as diversas bases de dados de identificação civil da União, para praticarem os atos com mais segurança jurídica na verificação da identidade dos usuários.

Como exemplo, temos as bases de dados da Polícia Federal (órgão responsável pela emissão de Passaportes), do Ministério do Trabalho (responsável pela emissão das Carteiras de Trabalho), do sistema *gov.br* (que ampliou consideravelmente sua base de dados após a criação do ConecteSUS, para impressão da Carteira de Vacinação contra a covid-19, bem com é utilizado para acesso ao eSocial, usado por muitos atualmente), da Previdência Social/INSS (cujo banco de dados é abastecido pelos Cartórios de RCPN do País), isso sem contar os dados da Receita Federal (órgão do CPF e do CNPJ) e do Tribunal Superior Eleitoral, que realizou recadastramento e biometria em boa parte da população brasileira.

Contudo, há uma "pegadinha" na redação do artigo que menciona que o acesso poderá (e não deverá) ser efetuado "a critério dos responsáveis pelas referidas bases de dados", o que pode tornar o dispositivo letra morta dependendo de como for interpretado.

A crítica que se faz é que, quando os Oficiais de Serventias Extrajudiciais precisam fornecer dados aos órgãos governamentais, nas normas, constam sempre o verbo "dever", prazos e punições severas em caso de não cumprimento, mas, quando a situação se dá na mão inversa (esses órgãos permitindo o acesso aos cartórios das informações), as dificuldades impostas são imensas.

Torcemos para que a Corregedoria Nacional de Justiça possa intervir para esse intercâmbio de informações ocorrer e se concretizar na prática.

CAPÍTULO III
Da Alteração da Legislação Correlata

Art. 10. A Lei nº 4.591, de 16 de dezembro de 1964, passa a vigorar com as seguintes alterações:

"Art. 31-E. (...)

§ 1º Na hipótese prevista no inciso I do *caput* deste artigo, uma vez averbada a construção, o registro de cada contrato de compra e venda ou de promessa de venda, acompanhado do respectivo termo de quitação da instituição financiadora da construção, importará a extinção automática do patrimônio de afetação em relação à respectiva unidade, sem necessidade de averbação específica.

§ 2º Por ocasião da extinção integral das obrigações do incorporador perante a instituição financiadora do empreendimento e após a averbação da construção, a afetação das unidades não negociadas será cancelada mediante averbação, sem conteúdo financeiro, do respectivo termo de quitação na matrícula matriz do empreendimento ou nas respectivas matrículas das unidades imobiliárias eventualmente abertas.

§ 3º A extinção no patrimônio de afetação nas hipóteses do inciso I do *caput* e do § 1º deste artigo não implica a extinção do regime de tributação instituído pelo art. 1º da Lei nº 10.931, de 2 de agosto de 2004.

§ 4º Após a denúncia da incorporação, proceder-se-á ao cancelamento do patrimônio de afetação, mediante o cumprimento das obrigações previstas neste artigo, no art. 34 desta Lei e nas demais disposições legais."

COMENTÁRIO

Por *Leonardo Brandelli*

O art. 31-E da Lei 4.591/1964 trata da extinção do patrimônio de afetação instituído em um empreendimento submetido ao regime de incorporação imobiliária.

Consiste o patrimônio de afetação em uma segregação patrimonial, de caráter fiduciário, cujo escopo é o de proteger os adquirentes das futuras unidades autônomas, garantindo o cumprimento das obrigações do incorporador imobiliário.

Visto que a incorporação imobiliária implica a mobilização de fatores produtivos voltados à consecução de um condomínio edilício, o qual começa a ser negociado antes ou durante sua construção, há, naturalmente, um risco para o adquirente, consistente na possibilidade de inadimplemento do incorporador, em especial da obrigação de concluir a obra e entregar as unidades adredemente alienadas.

Esse risco é minimizado pela exigência legal, para o registro da incorporação, de uma série de documentos previstos no art. 32 do diploma legal ora em comento, cujo fim é o de atestar, entre outros aspectos, a idoneidade econômica e comercial do empreendedor.

Todavia, como se trata de um risco alto para o consumidor, uma vez que os bens em questão, imóveis, são de alto valor, e dada a eventualidade da maioria dos consumidores e a opacidade jurídica dos direitos imobiliários, a lei prevê a possibilidade de, para além das garantias gerais existentes, com intuito de aumentar a garantia de cumprimento das obrigações do incorporador, instituir a afetação do patrimônio da incorporação, colocando o patrimônio auferido pelo incorporador (terreno, acessões, valores provenientes de vendas de futuras unidades autônomas etc.), em razão da incorporação, à disposição dos débitos gerados pela incorporação, exclusivamente. Tal patrimônio não responderá, em regra, por obrigações que não sejam decorrentes da incorporação.

Trata-se de um patrimônio especial, o qual, muito embora integre o patrimônio geral do incorporador, fica especialmente segregado, destinado a garantir a atividade incorporativa, até que esta se encerre, não se comunicando, assim, para nenhum fim, com o patrimônio geral do incorporador ou com outros patrimônios de afetação de outras incorporações imobiliárias do mesmo incorporador.

O patrimônio decorrente da incorporação ficará a ela afetado até a conclusão do empreendimento.

A instituição do patrimônio de afetação é uma faculdade do incorporador, e não uma obrigação, de modo que depende de manifestação de vontade nesse sentido.

Tal possibilidade decorre do art. 31-A da Lei 4.591/1964, o qual dispõe que:

> A critério do incorporador, a incorporação poderá ser submetida ao regime da afetação, pelo qual o terreno e as acessões objeto de incorporação imobiliária, bem como os demais bens e direitos a ela vinculados, manter-se-ão apartados do patrimônio do incorporador e constituirão patrimônio de afetação, destinado à consecução da incorporação correspondente e à entrega das unidades imobiliárias aos respectivos adquirentes.

O mesmo artigo complementa, em seu § 1º, que "O patrimônio de afetação não se comunica com os demais bens, direitos e obrigações do patrimônio geral do incorporador ou de outros patrimônios de afetação por ele constituídos e só responde por dívidas e obrigações vinculadas à incorporação respectiva".

A alteração legal ora promovida pela Lei 14.433/2022 trata da extinção do patrimônio de afetação. Foram acrescentados os §§ 1º a 4º ao conteúdo já existente do art. 31-E:

> Art. 31-E. O patrimônio de afetação extinguir-se-á pela:
>
> I – averbação da construção, registro dos títulos de domínio ou de direito de aquisição em nome dos respectivos adquirentes e, quando for o caso, extinção das obrigações do incorporador perante a instituição financiadora do empreendimento;
>
> II – revogação em razão de denúncia da incorporação, depois de restituídas aos adquirentes as quantias por eles pagas (art. 36), ou de outras hipóteses previstas em lei; e
>
> III – liquidação deliberada pela assembleia geral nos termos do art. 31-F, § 1º.

Os novéis parágrafos primeiro e segundo trataram da extinção do patrimônio de afetação nas hipóteses do inciso I, regulamentando-as. O § 1º trata da extinção em relação às unidades alienadas aos consumidores, ao passo que o § 2º regulamenta a matéria a respeito do estoque mantido pelo incorporador ao final da incorporação.

Em relação ao § 1º, repete o inciso I, asseverando que haverá o cancelamento do patrimônio de afetação quando houver a conclusão do empreendimento com a sua instituição jurídica, bem como a averbação da construção, juntamente com o registro da alienação ou compromisso de alienação, além da prova de quitação da instituição financiadora em relação àquela unidades, quando for o caso.

Apesar de o parágrafo referir-se a compra e venda ou promessa de compra e venda, em verdade qualquer ato jurídico de alienação ou de compromisso de alienação servirá para os fins aqui tratados.

A novidade regulamentar surge na dispensa, pelo parágrafo, da averbação de cancelamento para a hipótese, asseverando que a extinção será automática, sem a necessidade de averbação. Confunde-se a extinção material de um direito com o seu cancelamento publicitário, contrariando-se inadvertidamente o art. 252 da LRP. Trata-se de solução capenga e tecnicamente imprecisa, que anuvia a publicidade registral.

No que diz respeito ao § 2º, o tratamento anterior da situação era indireto, por meio da disposição do inciso I, e, parece, exigia a transmissão do direito sobre a unidade para um consumidor. A transmissão do direito para o consumidor implicava prova segura para o cancelamento da afetação, porque esta passava a incidir sobre o produto da alienação, ainda que restassem obrigações do incorporador a serem adimplidas.

Todavia, decorria do citado inciso I, bem como da própria natureza jurídica do instituto, que a entrega do empreendimento, mediante a averbação da construção e instituição do condomínio edilício, juntamente com o adimplemento das obrigações da incorporação, implicava extinção do patrimônio de afetação em relação às unidades de estoque, em virtude da extinção das obrigações a serem garantidas. A dificuldade residia na prova do adimplemento das obrigações do incorporador, as quais ultrapassam as obrigações assumidas com o agente financiador do empreendimento, de modo que a aceitação da prova de quitação desta última não implicaria, por si só, extinção da afetação patrimonial. Assim, acabava se dando a averbação da extinção do patrimônio de afetação quando da alienação da unidade.

Agora, pela inserção do § 2º, pretende-se estabelecer que, em relação ao patrimônio de estoque do incorporador, será possível realizar a averbação de cancelamento da afetação desde que tenha havido a "extinção integral das obrigações do incorporador perante a instituição financiadora do empreendimento", bem como a averbação da construção e o registro da instituição condominial.

Em primeiro lugar, é de se apontar que o texto legal fala que bastaria, para a averbação do cancelamento, juntamente com a quitação das obrigações do agente financiador, apenas a averbação da construção, o que não é correto, visto que é obrigação do incorporador não apenas averbar a construção mas também registrar a instituição condominial, de modo que esse registro é igualmente necessário para que possa haver o cancelamento do patrimônio de afetação.[5]

Todavia, quanto à primeira exigência, a de que haja a "extinção integral das obrigações do incorporador perante a instituição financiadora do empreendimento", há aí um embate lógico com o instituto da afetação patrimonial, a ser resolvido hermeneuticamente.

É que a afetação patrimonial submete todas as obrigações do incorporador, e não apenas, em relação aos consumidores, as obrigações de entregar a construção e efetivar a instituição condominial, e, em relação ao agente instituidor, a obrigação de restituir o mútuo tomado.

Desse modo, a quitação das obrigações perante a instituição financiadora da atividade empreendedora, bem como da obrigação de entregar o empreendimento, física e juridicamente, não extinguirá o patrimônio de afetação se houver outras obrigações ainda pendentes, como a obrigação de pagar algum fornecedor ou de quitar algum débito trabalhista.

Há, portanto, um conflito lógico a resolver, visto que há a autorização para a realização da averbação de cancelamento em situações em que o patrimônio de afetação pode não estar extinto. Pretendeu-se resolver, por inovação legal, um problema pontual do incorporador, mas criou-se, com isso, um problema talvez maior, que poderá trazer novos dissabores ao empreendedor.

Parece que o cancelamento legalmente autorizado é formal e não implica o cancelamento material, apesar de gerar uma presunção nesse sentido, por força do art. 252 da LRP, de maneira que qualquer credor do incorporador pode reverter o cancelamento formal, repristinando a afetação patrimonial, mediante determinação judicial nesse sentido. Ademais, o cancelamento indevido da garantia, quando houver ainda obrigações relativas à incorporação imobiliária, pode gerar para o empreendedor o dever de indenizar eventuais danos daí gerados.

Não parece, à primeira vista, que a solução legalmente encontrada seja adequada e melhor do que a situação que havia, a qual parecia mais acertada porque conferia um porto seguro de extinção da afetação (a transmissão da unidade), embora deixasse desabrigadas certas situações pontuais, cuja solução poderia ser buscada concretamente.

A solução atual adota solução insegura, que não parece refletir a realidade dos empreendimentos e que, em vez de solucionar algo, poderá trazer discussões maiores e mais profundas.

---

[5] Veja-se os comentários ao art. 32 da Lei 4.591/1964, a seguir.

Em outros tempos, de uma cultura jurídica (e geral) mais refinada, tender-se-ia a buscar a solução por meio de construções doutrinárias e jurisprudências, paulatinas, como produto da experiência, e não pelo toque de condão da lei. Hodiernamente, diante de certa vulgarização doutrinal e de uma jurisprudência errática, buscam-se (como parece ser o caso) soluções pontuais e imediatas na lei (sempre em maior quantidade e em grande parte com desprendimento sistêmico), esquecendo-se, no entanto, de que há, sobre o texto legal, sempre, um trabalho hermenêutico posterior.

O ato registral de cancelamento do patrimônio de afetação no caso do § 2º é, como se disse, o de averbação, o qual será feito na chamada *matrícula mãe* do empreendimento, ou nas matrículas das unidades autônomas, se já abertas,[6] e, para fins de emolumentos, trata-se de ato sem conteúdo financeiro, e assim deverá ser enquadrado nas tabelas emolumentares estaduais.

Em relação às hipóteses previstas nos §§ 1º e 2º, nos termos do § 3º do dispositivo ora em comento, tem-se que a extinção do patrimônio de afetação não implicará a extinção do regime de tributação especial instituído pelo art. 1º da Lei 10.931/2004 se ainda perdurarem direitos de crédito ou obrigações do incorporador junto aos adquirentes dos imóveis que compõem a incorporação.

Em relação ao acrescentado § 4º, parece totalmente desnecessário, uma vez que não acrescenta nada ao já existente inciso II do art. 31-E. Diz a mesma coisa com outras palavras, de modo que parece ser exemplo de que, ao contrário do que apregoam as regras de hermenêutica, por vezes pode haver palavras inúteis na lei.

Art. 10. (...)
"Art. 32. O incorporador somente poderá alienar ou onerar as frações ideais de terrenos e acessões que corresponderão às futuras unidades autônomas após o registro, no registro de imóveis competente, do memorial de incorporação composto pelos seguintes documentos:"

COMENTÁRIO

Por *Leonardo Brandelli*

A redação do *caput* do art. 32, anterior à MP 1.085/2021, era a seguinte: "O incorporador somente poderá negociar sobre unidades autônomas após ter arquivado, no cartório competente de Registro de Imóveis, os seguintes documentos".

---

[6] Veja-se comentários ao art. 237-A, § 4º.

A nova redação do *caput*, dada pela lei ora em comento, melhorou a precisão terminológica do dispositivo legal, mas nada inovou em conteúdo.

Em primeiro lugar, trocou-se o termo *negociar* por *alienar ou onerar*, o que, do ponto de vista jurídico, torna mais precisa a limitação imposta pela lei.

Segundamente, pretendeu-se esclarecer que o que se aliena ou onera não é propriamente a unidade autônoma, mas a fração ideal correspondente às futuras unidades e às futuras acessões. Ratifica-se, aqui, o fato de possibilitar, à incorporação imobiliária, a alienação de frações ideais sobre o terreno e eventuais acessões já erigidas, as quais estão vinculadas às futuras unidades autônomas, que passarão a existir após a instituição do condomínio horizontal.

A incorporação segue consistindo na negociação de frações ideais de terreno, vinculadas a futuras unidades autônomas, antes ou durante a construção do empreendimento imobiliário. Consiste na mobilização de capital para a confecção de um condomínio edilício, o qual se pretende ofertar ao público consumidor antes mesmo de sua conclusão, mediante certas cautelas protetivas determinadas pelo ordenamento jurídico.

Por fim, a nova redação esclareceu – o que não era dito e gerava alguma discussão doutrinal – que o memorial da incorporação (i) é necessário e (ii) consiste no conjunto de documentos exigidos no próprio art. 32.

A necessidade de registro no Registro de Imóveis para a publicidade da incorporação imobiliária e para a possibilidade de alienação/oneração das futuras unidades permanece intacta. O registro da incorporação imobiliária é compulsório para que se possam alienar futuras unidades autônomas antes ou durante a construção, dado o caráter tutelar dos adquirentes.

O registro da incorporação imobiliária tem por escopo principal a proteção dos adquirentes de futuras unidades autônomas.

O registro especial de incorporação exige do empreendedor a apresentação de uma série de documentos com o intuito de demonstrar sua capacidade econômica e até mesmo moral, a fim de dar aos adquirentes indicações com certa precisão a respeito da sua capacidade de conduzir seriamente o empreendimento até o final, cumprindo as obrigações assumidas.

Nesse sentido, entre os documentos exigidos, há os de verificação e informação aos adquirentes a respeito de ser o incorporador devedor de impostos ou de prestações privadas, réu civil e criminal etc.

Há ainda, no escopo de proteção ao adquirente, documentos cujo fim é o estabelecimento preciso do empreendimento, de modo que se tenha certeza do que se está a comprar, não podendo haver modificação sem o assentimento do adquirente.

Existe, inclusive, o registro da incorporação imobiliária à pretensão de garantir a tutela urbanística e ambiental, mediante a apresentação das pertinentes aprovações ao empreendimento.

Por tudo isso é que a lei veda a alienação de futuras unidades autônomas sem que haja o registro prévio da incorporação no Registro de Imóveis que tenha atribuição territorial para tanto.

É o registro da incorporação que fornece a garantia de que o empreendimento obedece aos requisitos urbanísticos e ambientais devidos para o caso, e que garante, dentro do possível, os adquirentes a respeito da seriedade do empreendimento e do empreendedor, de modo que possam fazer os investimentos pretendidos.

Dada a importância do registro da incorporação, há sanções civis e penais para aquele que aliene futuras unidades autônomas de condomínio edilício sem que haja prévio registro da incorporação imobiliária no Registro de Imóveis competente.

É obrigação do incorporador proceder ao registro da incorporação (art. 32 da Lei 4.591/1964), e o descumprimento de tal obrigação gera o dever de indenizar os danos causados, além de arcar com eventuais sanções pelo descumprimento, em especial a pesada multa prevista no art. 35, § 5º, da Lei 4.591/1964. No entanto, mais do que as pesadas penas civis impostas, trata-se de situação tipificada criminalmente, consistente em contravenção relativa à economia popular, prevista no art. 66 da Lei 4.591/1964.

O ato registral de incorporação consiste em um registro *stricto sensu*, o qual não tem efeito constitutivo, mas, sim, declarativo.[7]

Ao contrário da instituição condominial, que consiste em uma mutação no direito de propriedade, na esfera real, portanto, a qual não existe sem a publicidade registral, e, por isso, com ela nasce, consiste a incorporação imobiliária em um instituto jurídico obrigacional, que existe mesmo fora da esfera registral (embora de maneira irregular e sujeita a punições previstas em lei), atribuindo-lhe o registro oponibilidade *erga omnes*.

Nos termos do art. 29 da Lei 4.591/1964, a atividade empreendedora de alienação de futuras unidades autônomas é, antes de mais nada, obrigacional, de modo que a publicidade não integra a essencialidade de seu suporte fático.

É a obrigação que assume o incorporador de instituir condomínio edilício mediante a construção de edificações com unidades autônomas destinadas à venda que podem ser vendidas antes da construção.[8]

Sendo, pois, o ato jurídico de incorporação um ato obrigacional, que não transmite, constitui, modifica ou extingue direitos reais, embora haja exigência de

---

[7] Em sentido contrário, de que o registro é constitutivo da pré-horizontalidade: MEZZARI, Mario Pazutti. *Condomínio e incorporação no registro de imóveis*. 5. ed. Porto Alegre: Livraria do Advogado, 2020. p. 112.

[8] SILVA, José Marcelo Tossi. *Incorporação imobiliária*. São Paulo: Atlas, 2010. p. 27.

seu registro para que possa haver venda de futuras unidades, pelos motivos anteriormente vistos no item anterior, o registro terá eficácia declaratória, isto é, nada constituirá (exceto a eficácia real do ato, que não é direito real, propriamente), apenas publicizando o que já existe e lhe conferindo oponibilidade *erga omnes* que decorre da sua cognoscibilidade.

O registro da incorporação imobiliária tem, ademais, o efeito de permitir que registros que ordinariamente não poderiam ser feitos possam sê-lo.

É o caso dos registros de vendas ou promessa de vendas, por exemplo, de futuras unidades autônomas que ainda não existem e que, não fosse o instituto da incorporação e seu intuito de proteção dos adquirentes, não poderiam ser registrados por afronta à continuidade objetiva.

Art. 10. (...)
"Art. 32. (...)
i) instrumento de divisão do terreno em frações ideais autônomas que contenham a sua discriminação e a descrição, a caracterização e a destinação das futuras unidades e partes comuns que a elas acederão;"

 COMENTÁRIO

Por *Leonardo Brandelli*

A redação anterior da alínea consistia em "discriminação das frações ideais de terreno com as unidades autônomas que a elas corresponderão".

A questão primordial, aqui, consiste em saber se o acréscimo do termo *instrumento de divisão do terreno em frações ideais autônomas* implica a criação, já, do condomínio edilício, ou a criação de outra espécie condominial. Consiste em saber, enfim, se o acréscimo implica alguma alteração no regime de incorporação imobiliária, ao menos no que toca à sua natureza jurídica.

Parece-nos que não. Parece que há aí um jogo de palavras, que quer nos fazer rodar, juridicamente, 360 graus, retornando ao ponto de partida.

A lei fala em dividir o terreno em frações ideais discriminadas e com a descrição das futuras unidades que a ela acederão.

O que significaria dividir e discriminar as frações ideias correspondentes às futuras unidades autônomas? Significaria discriminá-las no solo, tornando a coisa já dividida? Evidentemente que não. Nem mesmo após a instituição condominial esse tipo de divisão ocorrerá, visto que o terreno é uno e é o liame que vincula as unidades autônomas. Haveria, portanto, uma impossibilidade lógica na aplicação dessa solução, de modo que a interpretação não pode ser essa.

A divisão seria, então, a mera discriminação da existência das frações, que seguem como frações, a fim de apenas estipular as futuras unidades que a elas corresponderão? Efetivamente, essa é a interpretação que nos perece correta, o que equivale a dizer que a alteração de palavras do comando legal não alterou em absolutamente nada a natureza jurídica e os efeitos da incorporação imobiliária. Talvez a intenção do legislador, sempre disposto a ofender a lógica e as leis físicas, pudesse ser outra, mas sendo esse o caso, não terá aptidão para lograr o intento.

A questão, aliás, não é nova, e já foi magistralmente analisada pelo brilhante Pontes de Miranda, como melhor se verá, a seguir, nos comentários ao § 1º-A do presente artigo.

Art. 10. (...)
"Art. 32. (...)
j) minuta de convenção de condomínio que disciplinará o uso das futuras unidades e partes comuns do conjunto imobiliário;"

 COMENTÁRIO

Por *Leonardo Brandelli*

A minuta da convenção condominial era e continua a ser exigida para o registro da incorporação imobiliária.

Melhora-se a redação da alínea, a fim de adaptá-la às novas modalidades condominiais, sem, todavia, alterar o seu conteúdo material.

Art. 10. (...)
"Art. 32. (...)
o) (revogada);"

 COMENTÁRIO

Por *Leonardo Brandelli*

A revirada alínea *o* estipulava que deveria ser apresentado ao Oficial de Registro, por ocasião do registro da incorporação imobiliária, o "atestado de idoneidade financeira, fornecido por estabelecimento de crédito que opere no País há mais de cinco anos".

Já tardiamente foi extirpada tal exigência, que não tinha efeito prático algum hodiernamente e consistia em uma formalidade vazia que não trazia qualquer aumento de segurança aos consumidores, mas trazia dissabores aos incorporadores.

Art. 10. (...)
"Art. 32. (...)
§ 1º-A. O registro do memorial de incorporação sujeita as frações do terreno e as respectivas acessões a regime condominial especial, investe o incorporador e os futuros adquirentes na faculdade de sua livre disposição ou oneração e independe de anuência dos demais condôminos."

 COMENTÁRIO

Por *Leonardo Brandelli*

A segunda parte do inserto § 1º-A é absolutamente desnecessária. A livre disposição das frações ideais vinculadas às futuras acessões é atributo que tem o proprietário ou o titular de certos direitos, salvo restrição legal, e não é ele investido pela incorporação imobiliária, embora esta possa possibilitar o exercício do atributo, com eficácia real (com eficácia meramente obrigacional, poderia mesmo sem a existência da incorporação imobiliária).

Essa possibilidade de disposição e oneração sem necessidade de anuência dos demais condôminos é dada e pacificada há muito tempo, tanto em relação às unidades condominiais existentes quanto às futuras, em regime de incorporação, sendo despicienda a expressa previsão legal, a qual, no máximo, apenas explicita o que já é.

No que tange à primeira parte do parágrafo, há que se perquirir se esse "condomínio especial" é algo novo, ou se se trata da situação condominial *sui generis* que decorre da própria incorporação, desde sempre.

A *divisão* em frações, referida na alínea *i* anterior, implica a instituição de um condomínio especial? Será ele edilício, a fim de exigir já um registro de instituição condominial especial?

Nem há divisão jurídica do imóvel em frações (que seriam localizadas, nesse caso), nem há instituição de um condomínio edilício especial, de frações, diferente do condomínio edilício que virá ao final. E nem mesmo há já, de maneira antecipada, o nascimento do próprio condomínio edilício, que nascerá ao final da incorporação.

O regime de incorporação imobiliária implica o nascimento de um condomínio comum, uma vez que há, a pessoas diversas, a alienação de frações ideais vinculadas a futuras unidades autônomas. Surge aí um condomínio de frações ideais, um condomínio comum, portanto, mas com regras especiais decorrentes da natureza jurídica da incorporação imobiliária. Trata-se de um condomínio *sui generis*, e, nesse sentido está o vocábulo *especial* referido no § 1º-A.

Trata-se, assim, de mero esclarecimento legal do que já existe, não havendo alguma inovação. Não há o surgimento de algum condomínio edilício especial intermediário, ou mesmo um surgimento antecipado do próprio condomínio edilício almejado ao final. Tampouco há a divisão jurídica do imóvel em frações ideias – as quais, para que houvesse a divisão, deveriam ser localizadas e, assim, deixariam de ser frações ideais.

Conforme visto anteriormente, o que poderia significar dividir e discriminar as frações ideias correspondentes às futuras unidades autônomas? Significaria a sua discriminação no solo, tornando a coisa já dividida? Evidentemente que não pode ser isso. Nem mesmo após a instituição condominial esse tipo de divisão ocorrerá. O terreno, nesse caso, é uno e é o liame que vincula as unidades autônomas. Haveria, portanto, uma impossibilidade lógica e jurídica na aplicação dessa solução, de modo que a interpretação não pode ser essa.

Seria, então, a divisão a mera discriminação da existência das frações, que seguem como frações, a fim de apenas estipular as futuras unidades que a elas corresponderão? De fato, essa é a interpretação que nos perece acertada, o que equivale a dizer que a alteração de palavras do comando legal não mudou em nada a natureza jurídica e os efeitos da incorporação imobiliária. A divisão, aqui, não é – nem poderia ser – propriamente divisão jurídica; é explicitação da futura divisão que haverá, a seu tempo, com a instituição condominial.

Segundo Pontes de Miranda, o período de incorporação imobiliária está inserto no período que chama de *pré-comunal*, ou *pré-divisional*, em que se tem em comum o terreno, por meio de frações ideais, mas no qual não houve ainda a divisão jurídica do imóvel, o que somente poderá ocorrer ao final, com a instituição condominial. HáS, na incorporação, a iniciativa de conduzir um empreendimento para o condomínio edilício; há o germe da divisão, mas divisão não há, nem pode haver antes de o empreendimento estar pronto e fisicamente dividido, ocasião em que a vontade de dividir poderá ser exarada e surtir efeitos. Até então, somente a promessa dela poderá haver.[9]

Nem mesmo por ficção se poderia dividir as frações ideais[10] no momento da incorporação, porque (i) o terreno compõe a parte indivisa do condomínio e não

---

[9] PONTES DE MIRANDA, F. C. *Tratado de direito privado*. 3. ed. Rio de Janeiro: Borsoi, 1971. t. XII. p. 214-215.

[10] O que talvez erroneamente pudesse ser imaginado possível diante da atual redação do art. 32, § 1º-A, da Lei 4.591/1964. Não é disso que se trata. O parágrafo está apenas a dizer que a incorporação está voltada para a consecução de um condomínio edilício e não poderá dela

será dividido nem no final – quanto mais no início – e (ii) não é juridicamente possível efetuar qualquer divisão e vinculação entre parte divisa e indivisa antes que as partes divisas existam materialmente e estejam nesse plano divididas. O contrário implicaria jungir algo a nada; algo que existe com o inexistente.

A existência física divisa das unidades condominiais é, a um só tempo, requisito necessário para a instituição condominial, mas insuficiente, porque além dela, deverá haver a divisão jurídica, proporcionada por uma nova manifestação de vontade, em ato jurídico diverso do da incorporação: o da instituição condominial.[11]

Com a incorporação imobiliária, o incorporador manifesta a vontade possível, a de erigir um empreendimento que consistirá em um condomínio edilício, a fim de poder vender futuras unidades antes ou durante a construção e auferir, com isso, lucro, assumindo, assim, a obrigação de, ao final, instituir o condomínio prometido, isto é, promover a sua divisão jurídica, por meio do ato de instituição condominial.

Durante o período pré-comunal da incorporação, o que há é um condomínio comum, uma copropriedade, uma comunhão indivisa.[12]

Do ponto de vista jurídico, a vontade de incorporar é essencialmente diversa da vontade de instituir condomínio. Esta poderá existir sem aquela. Aquela não substitui ou se confunde com esta.

A vontade manifestada pelo incorporador cria para si uma série de obrigações típicas, decorrentes da lei, em especial a de instituir condomínio edilício ao final, isto é, após terminada a existência física da coisa a ser submetida a regime condominial. Tal obrigação engloba a necessidade de obter o "habite-se" junto à autoridade administrativa, averbar a construção junto ao registro imobiliário, manifestar pela via adequada vontade de instituir condomínio, registrar a instituição do condomínio edilício, registrar a convenção condominial e entregar juridicamente aos adquirentes as unidades alienadas.

---

se desviar, mas, ao contrário, deverá nela desaguar, afinal, quando concluído fisicamente o empreendimento, ocasião em que poderá haver a divisão jurídica, mediante registro de instituição condominial, em adimplemento da obrigação assumida pelo empreendedor. Ratifica-se antigo posicionamento quase que pacífico. Nem a vontade é de dividir na incorporação, nem a divisão jurídica é possível, dada a inexistência de divisão material. Veja-se, a respeito: PONTES DE MIRANDA, F. C. *Tratado de direito privado*. 3. ed. Rio de Janeiro: Borsoi, 1971. t. XII; CAMBLER, E. A. *Incorporação imobiliária*: ensaio de uma teoria geral. São Paulo: Ed. RT, 1993; SILVA, José Marcelo Tossi. *Incorporação imobiliária*. São Paulo: Atlas, 2010.

[11] CAMBLER, E. A. *Incorporação imobiliária*: ensaio de uma teoria geral. São Paulo: Ed. RT, 1993. p. 23 e 141.

[12] Veja-se: CAMBLER, E. A. *Incorporação imobiliária*: ensaio de uma teoria geral. São Paulo: Ed. RT, 1993. p. 142; SILVA, José Marcelo Tossi. *Incorporação imobiliária*. São Paulo: Atlas, 2010. p. 99.

Art. 10. (...)
"Art. 32. (...)
§ 6º Os oficiais do registro de imóveis terão 10 (dez) dias úteis para apresentar, por escrito, todas as exigências que julgarem necessárias ao registro e, satisfeitas as referidas exigências, terão o prazo de 10 (dez) dias úteis para fornecer certidão e devolver a segunda via autenticada da documentação, quando apresentada por meio físico, com exceção dos documentos públicos, e caberá ao oficial, em caso de divergência, suscitar a dúvida, segundo as normas processuais aplicáveis."

COMENTÁRIO

Por *Leonardo Brandelli*

O § 2º do art. 237-A da Lei 6.015/1973 estabelece que, "Nos registros decorrentes de processo de parcelamento do solo ou de incorporação imobiliária, o registrador deverá observar o prazo máximo de 15 (quinze) dias para o fornecimento do número do registro ao interessado ou a indicação das pendências a serem satisfeitas para sua efetivação".

O texto anterior do parágrafo ora em comento asseverava que:

> Os Oficiais de Registro de Imóveis terão 15 dias para apresentar, por escrito, todas as exigências que julgarem necessárias ao arquivamento, e, satisfeitas as referidas exigências, terão o prazo de 15 dias para fornecer certidão, relacionando a documentação apresentada, e devolver, autenticadas, as segundas vias da mencionada documentação, com exceção dos documentos públicos. Em casos de divergência, o Oficial levantará a dúvida segundo as normas processuais aplicáveis.

A atual redação apenas altera o prazo legal que tem o oficial para qualificar e registrar ou fazer exigências e prevê a possibilidade de apresentação eletrônica dos documentos, caso em que não haverá autenticação de segunda via, como pode ocorrer na apresentação física.

Os 15 dias corridos, anteriormente previstos como sendo o prazo do Oficial de Registro, foram alterados para 10 dias úteis, de modo que tem o Oficial esse prazo para fazer a qualificação jurídica da documentação apresentada, referente à incorporação imobiliária. Nesses 10 dias, em caso de qualificação negativa, deverá ser feita a nota de exigências e ser colocada a documentação à disposição do apresentante para retirada, a fim de que saneie os vícios no prazo restante de validade da prenotação. Caso a qualificação seja positiva, no prazo de 10 dias úteis, deverá ser feito o registro, as certidões e as autenticações, além de ser a documentação colocada à disposição do apresentante para retirada.

Tendo havido qualificação negativa com a efetivação de nota de exigência, e havendo a reentrada do título durante a validade da mesma prenotação, terá o Oficial novos 10 dias úteis para realizar nova qualificação jurídica, procedendo da mesma forma explicitada no parágrafo anterior, conforme seja a qualificação registral positiva ou negativa.

Em caso de qualificação registral negativa, em havendo discordância da parte em relação às exigências do Oficial, ou, ainda que delas não discorde, não havendo possibilidade de cumpri-las, poderá requerer ao Oficial que suscite a dúvida ao juízo competente, nos termos do art. 198 da Lei 6.015/1973.

Tendo havido qualificação positiva, e sendo feito o registro da incorporação com arquivamento da documentação, o Oficial autenticará a segunda via dos documentos (com exceção dos documentos públicos), se houver e se forem físicos, ou dará certidão da documentação, em caso de serem os documentos eletrônicos ou, sendo físicos, se não houver a segunda via.

Art. 10. (...)
"Art. 32. (...)
§ 14. Quando demonstrar de modo suficiente o estado do processo e a repercussão econômica do litígio, a certidão esclarecedora de ação cível ou penal poderá ser substituída por impressão do andamento do processo digital."

 COMENTÁRIO

Por *Leonardo Brandelli*

O registro especial da incorporação imobiliária, por causa de seu escopo de tutela dos adquirentes, bem como tutela urbanística e ambiental, exige a apresentação ao Registro de Imóveis de uma série de documentos previstos pelo ordenamento jurídico, a maior parte deles prevista no art. 32 da Lei 4.591/1964.

A obrigatoriedade do registro prévio tem por escopo a proteção dos adquirentes e de interesses supraindividuais, mediante a apresentação de uma série de documentos exigidos pela lei, que deverão ser apresentados ao Registro Imobiliário, com conteúdo hábil.

Tem-se, como regra, que o rol de documentos necessários é o estabelecido pelo art. 32 da Lei 4.591/1964. Todavia, o rol de documentos previstos nesse artigo não é exaustivo, haja vista que outros há, previstos em leis esparsas, como na Anotação de Responsabilidade Técnica – ART (Lei 6.496/1977), ou na mesma Lei 4.591/1964, mas em outros artigos, como o contrato-padrão (art. 67).

Entre tais documentos, encontram-se as certidões de feitos judiciais.

Devem integrar o memorial de incorporação as certidões dos distribuidores cíveis e criminais da Justiça Federal, inclusive trabalhista, e da Justiça estadual.

Tais certidões cíveis e criminais deverão compreender o período de 10 (dez) anos.[13]

Todas as certidões deverão referir-se aos alienantes do terreno (proprietários e compromissários compradores, se houver, inclusive seus cônjuges) e ao incorporador.

Dessa forma, se o incorporador não for o proprietário, na hipótese, por exemplo, de ser o corretor, as certidões deverão se referir a ele, bem como ao proprietário.

As certidões devem ser expedidas na Comarca da situação do imóvel, bem como na do domicílio das partes (proprietário, titular de direitos reais autorizadores da promoção da incorporação – se diverso do proprietário –, e incorporador).

Expirado o prazo, deverão ser renovadas, salvo se o prazo expirar depois da prenotação da documentação no Registro Imobiliário e o título estiver apto para registro dentro do prazo de validade da prenotação.

Sempre que das certidões constar a distribuição de ações, deverá ser exigida certidão complementar, esclarecedora de seu desfecho ou estado atual – a chamada certidão de objeto e pé, salvo quando se tratar de ação que, pela sua própria natureza, desde logo aferida da certidão do distribuidor, não tenha qualquer repercussão econômica, ou, de outra parte, relação com o imóvel objeto da incorporação.

A certidão esclarecedora, quando exigível, poderá ser substituída por impressão do andamento do processo digital, desde que essa impressão demonstre de modo suficiente o estado do processo e a repercussão econômica do litígio, de maneira que o Oficial de Registro possa, com segurança, decidir se há ou não repercussão negativa que ponha em risco os consumidores do empreendimento a ser registrado. Caso não haja tal segurança, a certidão esclarecedora não poderá ser substituída.

Essa é a inovação da lei, trazida pelo parágrafo ora em comento, em âmbito nacional, embora já houvesse previsões permissivas em normas estaduais, como no estado de São Paulo, onde era já admitida a substituição da certidão complementar por cópias autenticadas do processo ou por *print* do andamento da ação,[14] permissão essa mais abrangente do que a prevista na lei federal.

Embora o art. 32, *b*, da Lei 4.591/1964 utilize impropriamente a expressão "certidões negativas", as certidões não deverão ser necessariamente negativas. Poderão ser aceitas certidões positivas, desde que as ocorrências nelas constantes

---

[13] Item 210.1 do Capítulo XX das NSCGJSP.
[14] Item 210.4 do Capítulo XX das NSCGJSP: "A certidão esclarecedora poderá ser substituída por cópias autenticadas do processo ou por *print* do andamento da ação".

não se enquadrem nas impeditivas do registro da incorporação, bem como que o incorporador demonstre ao Oficial de Registro que tais ocorrências não impõem riscos que ponham em dúvida a possibilidade de ele vir a adimplir suas obrigações e concluir o empreendimento.

Havendo alguma ação que, pela natureza, não impeça o registro da incorporação, deverá o Oficial analisar a sua repercussão econômica e cotejá-la com o patrimônio do incorporador, bem como verificar se há garantias dadas, e, se, mediante essa análise, conseguir o Registrador verificar que não põem em risco os futuros adquirentes, apesar do risco de sucumbência, deverá o registro ser feito.

Art. 10. (...)
"Art. 32. (...)
§ 15. O registro do memorial de incorporação e da instituição do condomínio sobre as frações ideais constitui ato registral único."

 COMENTÁRIO

Por *Leonardo Brandelli*

Parece que o parágrafo está a falar algo desnecessário, quando interpretado conjuntamente com o § 1º-A supracomentado.

Com o registro da incorporação imobiliária, e na medida das alienações das frações ideais vinculadas a futuras unidades autônomas, vai se formando um condomínio *sui generis*, consistente em um condomínio comum dotado de certas regras especiais. Tal condomínio independe de ativo de instituição formal e decorre da própria natureza jurídica da incorporação imobiliária, razão pela qual, apesar de serem coisas juridicamente diversas, bebem juridicamente na mesma fonte: a do ato de registro da incorporação imobiliária. É este que publiciza a incorporação e torna possível o estabelecimento do condomínio que se formará com a alienação das frações ideais.

Como se viu anteriormente, também não parece adequado ver-se aí o nascimento de alguma espécie nova de condomínio edilício, vigente entre o registro da incorporação e a instituição final do condomínio edilício.

Uma eventual interpretação no sentido de que a incorporação, por si só, implicaria já a existência do condomínio edilício perseguido ao final é juridicamente descabida.

É sabido que os atos jurídicos de incorporação imobiliária e de instituição condominial não se confundem, conforme se viu nos comentários ao § 1º-A. São atos jurídicos diversos, com efeitos diversos e natureza jurídica diversa.

Já alertava Pontes de Miranda para a diferença jurídica entre o período da incorporação, dito pré-comunal ou pré-divisional, em que não há, ainda, a divisão jurídica da coisa, porque ela sequer existe, e o período divisional, posterior ao ato de instituição condominial, o qual depende do fim da incorporação, porque o intuito desta é obter a divisão material da coisa, pela construção adequada, mas não a divisão jurídica, a qual fica a cargo de um ato diverso e posterior, com vontade diversa manifestada: o ato de instituição condominial.[15]

A confusão entre os atos é inapropriada, porque não é juridicamente possível.

Nessa toada, a interpretação adequada do aludido § 15 seria a de que ele simplesmente infirma as conclusões jurídicas já estabelecidas de longa data, no sentido de que cada um dos atos jurídicos – de incorporação imobiliária e de instituição condominial horizontal – é ato registral único, de modo que se fará um registro para cada ato. O parágrafo clareia o fato de que cada ato jurídico material – de incorporação e de instituição condominial – é único, e objeto de ato registral também único, evitando-se, assim, a confusão que, por vezes, ocorre quando se atenta mais ao aspecto econômico do que jurídico do instituto, de se entenderem os atos jurídicos de incorporação e de instituição condominial como um ato jurídico uno. Não o são, e o parágrafo espanca a questão: há o registro do memorial de incorporação; há o registro da instituição do condomínio edilício; e cada um constitui um ato registral único.

> **Art. 10.** (...)
> "Art. 33. Se, após 180 (cento e oitenta) dias da data do registro da incorporação, ela ainda não se houver concretizado, por meio da formalização da alienação ou da oneração de alguma unidade futura, da contratação de financiamento para a construção ou do início das obras do empreendimento, o incorporador somente poderá negociar unidades depois de averbar a atualização das certidões e de eventuais documentos com prazo de validade vencido a que se refere o art. 32 desta Lei.
>
> Parágrafo único. Enquanto não concretizada a incorporação, o procedimento de que trata o *caput* deste artigo deverá ser realizado a cada 180 (cento e oitenta) dias."

 COMENTÁRIO

Por *Leonardo Brandelli*

Trata-se do prazo de vigência da incorporação imobiliária, o qual não se confunde com o prazo de carência, previsto no art. 34 do mesmo diploma legal.

---

[15] PONTES DE MIRANDA, F. C. *Tratado de direito privado.* 3. ed. Rio de Janeiro: Borsoi, 1971. t. XII. p. 214.

A nova redação do art. 33 tem o mérito de clarear as hipóteses em que se dá a concretização da incorporação, a necessidade da prática do ato registral de averbação da atualização, bem como a necessidade de se efetivar o procedimento a cada 180 dias.

O registro da incorporação imobiliária tem prazo de validade de 180 dias.

Uma vez que o registro depende da apresentação de uma série de documentos que visam tutelar os adquirentes de futuras unidades, bem como direitos transindividuais urbanísticos e ambientais, depois de feito o registro, o empreendedor tem um prazo para concretizar a incorporação.

Findo o prazo, se não houver se concretizado a incorporação, o incorporador somente poderá negociar unidades se atualizar a documentação e revalidar o registro imobiliário, mediante reapresentação atualizada dos documentos previstos no art. 32 e cujo prazo de validade tenha vencido, além das certidões fiscais e pessoais.

A revalidação deverá ser averbada, e terá também validade de 180 dias, de modo que, não tendo sido concretizada a incorporação, a cada 180 dias deverá ser efetivada a sua revalidação.

O prazo original era de 120 dias, mas foi ampliado para 180 dias pela Lei 4.864/1965, sendo mantido nos mesmos 180 dias com nova redação legal.

A concretização da incorporação, à qual se refere o artigo, dá-se mediante a prática de atos, pelo incorporador, que, expressa ou tacitamente, indiquem o início fático ou jurídico do empreendimento, tais como a alienação de frações ideais vinculadas a futuras unidades autônomas, ainda que o negócio jurídico não tenha sido levado a registro, ou a contratação de mútuo para a concretização das obras ou o início da construção etc.

Parece-nos, neste primeiro momento, que os atos elencados no *caput* do art. 33, como sendo comprobatórios da efetivação da incorporação, são apenas exemplificativos, e não taxativos, de modo que qualquer outro ato que demonstre o início fático ou jurídico do empreendimento terá o condão de provar a efetivação da incorporação.

Tendo havido a concretização da incorporação, passa ela a ser irrevogável e irretratável.

Não tendo havido a concretização da incorporação no prazo de 180 dias, deverá o Registrador, a partir do 181º dia, obstar o registro de negócios jurídicos relativos às futuras unidades autônomas, bem como de qualquer outro ato jurídico vinculado à incorporação, sem que antes haja a averbação de revalidação da incorporação, mediante atualização documental.

A implementação ou não da incorporação não depende da prática de atos registrados. Em outras palavras, os atos que conduzem à implementação da incorporação não necessitam ser atos registrais, podendo ser, em vez disso, extrarregistrais. Se não houver nenhum ato registral que indique ao Oficial de Registro a concretização da incorporação, poderá ser comprovado, mediante provas documentais extrarregistrais, o fato de ter havido concretização da incorporação para fins de permitir registros de alienação de frações ideais.

Tal comprovação poderá se dar a qualquer tempo, mesmo depois do decurso dos 180 dias, desde que se prove que a concretização se deu dentro do prazo legal.

A prova da não concretização poderá ser feita por mera declaração do incorporador nesse sentido, sob pena de responsabilidade civil e criminal, para fins de averbação de revalidação da incorporação.

Art. 10. (...)
"Art. 43. (...)
I – encaminhar à comissão de representantes:
a) a cada 3 (três) meses, o demonstrativo do estado da obra e de sua correspondência com o prazo pactuado para entrega do conjunto imobiliário; e
b) quando solicitada, a relação dos adquirentes com os seus endereços residenciais e eletrônicos, devendo os integrantes da comissão de representantes, no tratamento de tais dados, atender ao disposto na Lei nº 13.709, de 14 de agosto de 2018 (Lei Geral de Proteção de Dados Pessoais), no que for aplicável;"

 COMENTÁRIO

Por *Leonardo Brandelli*

O inciso I do art. 43 dispunha que, nas hipóteses de incorporação em que houvesse a venda da futura unidade autônoma diretamente do incorporador, a prazo e preço certos, determinados ou determináveis, era obrigação do incorporador "informar obrigatoriamente aos adquirentes, por escrito, no mínimo de seis em seis meses, o estado da obra".

A nova redação obriga o incorporador a prestar informações devidas não aos adquirentes indiscriminadamente, mas aos seus representantes para tal fim, isto é, à comissão de representantes que será necessariamente eleita por ocasião da incorporação, na forma do art. 50 da Lei 4.591/1964, com a redação dada pela lei em comento.

A construção do edifício pode se dar por meio de três formas: (i) por conta e risco do incorporador, hipótese em que este contrata a alienação da futura unidade a prazo e preço certos, ainda que determináveis (arts. 41 a 43 da Lei 4.591/1964); (ii) por empreitada (art. 55), caso em que há a construção por preço fixo ou reajustável, mas previamente definido; e (iii) por administração (arts. 58 e 59), também chamada de construção a preço de custo, na qual os adquirentes das futuras unidades pagam o efetivo custo da construção.[16]

---

[16] Veja-se, a respeito: SILVA, José Marcelo Tossi. *Incorporação imobiliária*. São Paulo: Atlas, 2010. p. 121-125.

O art. 43 trata da primeira hipótese, isto é, daquela em que a construção corre por conta e risco do incorporador, porque ele alienou a futura unidade completamente.

Nesse caso, deverá o incorporador manter a comissão de representantes dos adquirentes a par do andamento da construção, informando, com periodicidade não superior a três meses, o estado da obra e sua comparação com o cronograma de obras, a fim de verificar se há ou não correspondência entre eles e se o andamento das obras está adequado, adiantado, ou em atraso, em relação ao previamente estipulado por ocasião da incorporação.

Também deverá ser fornecida pelo incorporador, à comissão de representantes, sempre que solicitada, a relação dos adquirentes de futuras unidades autônomas, contendo suas identificações e seus endereços, inclusive eletrônicos, a fim de possibilitar à comissão uma interação efetiva com todos. O tratamento dos dados recebidos deverá ocorrer de acordo com o determinado pela Lei Geral de Proteção de Dados – LGDP, sob pena de os membros da comissão de representantes responderem pelo tratamento inadequado dos dados.

Art. 10. (...)
"Art. 43. (...)
§ 1º Deliberada a destituição de que tratam os incisos VI e VII do caput deste artigo, o incorporador será notificado extrajudicialmente pelo oficial do registro de imóveis da circunscrição em que estiver localizado o empreendimento para que, no prazo de 15 (quinze) dias, contado da data da entrega da notificação na sede do incorporador ou no seu endereço eletrônico:
I – imita a comissão de representantes na posse do empreendimento e lhe entregue:
a) os documentos correspondentes à incorporação; e
b) os comprovantes de quitação das quotas de construção de sua responsabilidade a que se referem o § 5º do art. 31-A e o § 6º do art. 35 desta Lei; ou
II – efetive o pagamento das quotas que estiverem pendentes, de modo a viabilizar a realização da auditoria a que se refere o art. 31-C desta Lei.
§ 2º Da ata da assembleia geral que deliberar a destituição do incorporador deverão constar os nomes dos adquirentes presentes e as seguintes informações:
I – a qualificação;
II – o documento de identidade;
III – as inscrições no Cadastro de Pessoas Físicas (CPF) ou no Cadastro Nacional da Pessoa Jurídica (CNPJ) da Secretaria Especial da Receita Federal do Brasil do Ministério da Economia;
IV – os endereços residenciais ou comerciais completos; e
V – as respectivas frações ideais e acessões a que se vincularão as suas futuras unidades imobiliárias, com a indicação dos correspondentes

títulos aquisitivos, públicos ou particulares, ainda que não registrados no registro de imóveis.

§ 3º A ata de que trata o § 2º deste artigo, registrada no registro de títulos e documentos, constituirá documento hábil para:

I – averbação da destituição do incorporador na matrícula do registro de imóveis da circunscrição em que estiver registrado o memorial de incorporação; e

II – implementação das medidas judiciais ou extrajudiciais necessárias:

a) à imissão da comissão de representantes na posse do empreendimento;

b) à investidura da comissão de representantes na administração e nos poderes para a prática dos atos de disposição que lhe são conferidos pelos arts. 31-F e 63 desta Lei;

c) à inscrição do respectivo condomínio da construção no CNPJ; e

d) quaisquer outros atos necessários à efetividade da norma instituída no *caput* deste artigo, inclusive para prosseguimento da obra ou liquidação do patrimônio da incorporação.

§ 4º As unidades não negociadas pelo incorporador e vinculadas ao pagamento das correspondentes quotas de construção nos termos do § 6º do art. 35 desta Lei ficam indisponíveis e insuscetíveis de constrição por dívidas estranhas à respectiva incorporação até que o incorporador comprove a regularidade do pagamento.

§ 5º Fica autorizada a comissão de representantes a promover a venda, com fundamento no § 14 do art. 31-F e no art. 63 desta Lei, das unidades de que trata o § 4º, expirado o prazo da notificação a que se refere o § 1º deste artigo, com aplicação do produto obtido no pagamento do débito correspondente."

COMENTÁRIO

Por *Leonardo Brandelli*

Na hipótese em que o incorporador (i) se torne insolvente e tenha optado pelo patrimônio de afetação, ou na em que, (ii) sem justa causa comprovada, paralisar as obras por mais de 30 dias ou retardar excessivamente o seu andamento, a comissão de representantes assumirá os poderes de que era dotado o incorporador, de maneira necessária na primeira hipótese, e opcional na segunda.

Seja qual for a modalidade incorporativa, em havendo alguma das hipóteses anteriores, seguir-se-á o rito estabelecido nos arts. 43, VI e VII, e 31-F, ambos da Lei 4.591/1964, os quais estabelecem como se darão as deliberações acerca da destituição do incorporador e da continuidade, ou não, da obra.

No caso de ser decretada a falência ou a insolvência civil do incorporador que tenha instituído patrimônio de afetação, nos termos do § 1º do citado art. 31-

F, nos 60 dias que se seguirem à decretação, o conjunto (condomínio comum, de frações, para os que registraram seus títulos aquisitivos no Registro de Imóveis) dos adquirentes:

> (...) por convocação da sua Comissão de Representantes ou, na sua falta, de um sexto dos titulares de frações ideais, ou, ainda, por determinação do juiz prolator da decisão, realizará assembleia geral, na qual, por maioria simples, ratificará o mandato da Comissão de Representantes ou elegerá novos membros, e, em primeira convocação, por dois terços dos votos dos adquirentes ou, em segunda convocação, pela maioria absoluta desses votos, instituirá o condomínio da construção, por instrumento público ou particular, e deliberará sobre os termos da continuação da obra ou da liquidação do patrimônio de afetação (art. 43, inciso III); havendo financiamento para construção, a convocação poderá ser feita pela instituição financiadora.

Na hipótese de paralisação da obra, sem justa causa, por mais de 30 dias, ou de retardo excessivo e injustificado, poderão os adquirentes deliberar pela notificação judicial do incorporador, para que retome as obras no prazo de 30 dias, e, sendo a notificação desatendida, poderão os adquirentes deliberar pela destituição do incorporador e pela continuidade das obras ou pela liquidação patrimonial, nos termos do § 1º do art. 31-F.

Em ambas as hipóteses legais – falência ou insolvência do incorporador, ou retardo, ou paralisação injustificada das obras –, a assembleia dos adquirentes, com ou sem direito real, isto é, com ou sem registro de seus títulos aquisitivos no Registro de Imóveis, deliberará a respeito da composição da comissão de representantes, bem como a respeito da continuação da obra e da finalização do empreendimento, ou alienação e liquidação do patrimônio, com rateio do produto.

Na segunda hipótese – paralisação ou retardo injustificado das obras – deliberará ainda pela destituição, ou não, do incorporador, e, deliberando pela destituição, é que se deverá decidir pela continuidade ou não das obras. Na falência ou insolvência, a deliberação pela destituição é desnecessária porque é uma decorrência da decretação judicial, devendo os condôminos apenas decidir sobre o curso do empreendimento.

A comissão de representantes dos adquirentes, por sua composição ratificada ou alterada, passará a ter poderes de mandatária irrevogável para todos os negócios jurídicos necessários à execução das deliberações assembleares, seja para finalização do empreendimento, seja para liquidação patrimonial, nos termos dos §§ 3º e ss. do art. 31-F e inciso VII do art. 43.

Na hipótese de deliberação pela continuidade das obras, os adquirentes ficarão sub-rogados nos direitos, nas obrigações e nos encargos da incorporação, inclusive em relação ao eventual contrato de financiamento (art. 31-F, § 11), ficando cada adquirente responsável, individualmente, pelo saldo porventura existente entre as receitas do empreendimento e o custo da conclusão da incorporação na proporção dos coeficientes de construção atribuíveis às respectivas unidades, se outro critério de rateio não for deliberado em assembleia geral por dois terços dos votos dos adquirentes (§ 12).

Em tal hipótese, nem os adquirentes nem a comissão de representantes assumem a condição de incorporador, apesar de a comissão ser imbuída de mandato com os poderes que tinha o incorporador, necessários à conclusão do empreendimento. No entanto, a posição é de mandatária, e não de incorporadora. Em relação aos adquirentes, assumem os direitos e as obrigações previstas no § 11, sem que disso decorra a assunção da posição de incorporador.

Deliberando a assembleia pela liquidação patrimonial, mediante alienação dos terrenos a acessões existentes, a comissão de representantes também receberá mandato legal como poderes para efetivar todos os atos jurídicos necessários.

Agora, diante da alteração legislativa pela qual se insere o § 1º no art. 43 da Lei 4.591/1964, determina-se que, após a destituição do incorporador, com fulcro na insolvência ou na notificação judicial jungida à inatividade nos 30 dias subsequentes, deverá ser promovida, pelos adquirentes por meio de sua comissão de representantes ou diretamente, a notificação extrajudicial do incorporador, a qual será pessoal, mas poderá ser física ou eletrônica, mediante o Oficial de Registro de Imóveis da circunscrição da incorporação imobiliária, para que, no prazo de 15 dias:

I – imita a comissão de representantes na posse do empreendimento e lhe entregue:

a) os documentos correspondentes à incorporação; e

b) os comprovantes de quitação das quotas de construção de sua responsabilidade a que se referem o § 5º do art. 31-A e o § 6º do art. 35 desta Lei [Lei 4.591/1964]; ou

II – efetive o pagamento das quotas que estiverem pendentes, de modo a viabilizar a realização da auditoria a que se refere o art. 31-C desta Lei.

A ata da assembleia que deliberar pela destituição do incorporador e pela continuidade da obra ou pela liquidação patrimonial, segundo o novel § 2º do art. 43, deverá, como requisitos formais necessários, a fim de que se possam promover os atos registrais pertinentes, conter os nomes dos adquirentes presentes, suas qualificações, os números dos documentos de identidade, as inscrições no Cadastro de Pessoas Físicas (CPF) ou no Cadastro Nacional da Pessoa Jurídica (CNPJ) da Secretaria Especial da Receita Federal do Brasil do Ministério da Economia; os endereços residenciais ou comerciais completos; e as respectivas frações ideais e acessões a que se vincularão as suas futuras unidades imobiliárias, com a indicação dos correspondentes títulos aquisitivos, públicos ou particulares, ainda que não registrados no Registro de Imóveis.

Previamente à averbação de destituição do incorporador e à notificação extrajudicial, a serem efetivadas pelo Oficial de Registro de Imóveis, a ata deve ser registrada em Registro de Títulos e Documentos da circunscrição onde se situa o empreendimento, a fim de obter oponibilidade *erga omnes*.

Após, poderá haver a averbação no Registro de Imóveis da destituição do incorporador, bem como a notificação extrajudicial feita pelo Registrador.

A averbação no Registro de Imóveis da destituição é fundamental para dar absolutividade a ela, a fim de torná-la oponível *erga omnes*; todavia, não é constitutiva, visto que a deliberação da assembleia é que destitui o incorporador, sendo a ata, registrada em Registro de Títulos e Documentos, documento hábil para a implementação, pela comissão de representantes, das medidas judiciais ou extrajudiciais necessárias à imissão na posse do empreendimento, à investidura na administração e nos poderes para a prática dos atos de disposição que lhe são conferidos pelos arts. 31-F e 63 dessa lei, à inscrição do respectivo condomínio da construção no CNPJ, e a quaisquer outros atos necessários à efetividade da norma instituída no *caput* do art. 43 da Lei 4.591/1964, inclusive para prosseguimento da obra ou liquidação do patrimônio da incorporação (§ 3º do art. 43).

Quando a incorporação não for a preço fechado, o § 6º do art. 35 da Lei 4.591/1964 determina que, do contrato de construção, conste expressamente a menção dos responsáveis pelo pagamento da construção de cada uma das unidades, determinando ainda que o incorporador responda, em igualdade de condições, com os demais contratantes, pelo pagamento da construção das unidades que não tenham tido a responsabilidade pela sua construção assumida por terceiros e até que o tenham, isto é, até que haja a alienação da unidade.

Em relação a essas unidades, e com o intuito de garantir a continuidade das obras ou a liquidação patrimonial, em caso de destituição do incorporador, estabelece o novo § 4º do art. 43 que:

> As unidades não negociadas pelo incorporador e vinculadas ao pagamento das correspondentes quotas de construção nos termos do § 6º do art. 35 desta lei ficam indisponíveis e insuscetíveis de constrição por dívidas estranhas à respectiva incorporação até que o incorporador comprove a regularidade do pagamento.

A notificação do incorporador pelo Oficial de Registro, após sua destituição, nos termos do § 1º, impõe que ele apresente, no prazo de 15 dias, entre outros documentos, os referentes à quitação de suas responsabilidades em relação às quotas de construção a que se refere o § 6º do art. 35. Caso não o faça, reza o ora introduzido § 5º do art. 43 que fica autorizada a comissão de representantes a promover a venda, com fundamento no § 14 do art. 31-F e no art. 63 dessa lei, das unidades de que trata o § 4º, com aplicação do produto obtido no pagamento do débito correspondente.

Art. 10. (...)

"Art. 44. Após a concessão do habite-se pela autoridade administrativa, incumbe ao incorporador a averbação da construção em correspondência às frações ideais discriminadas na matrícula do terreno, respondendo perante os adquirentes pelas perdas e danos que resultem da demora no cumprimento dessa obrigação."

 COMENTÁRIO

Por *Leonardo Brandelli*

O registro da incorporação imobiliária, consoante já se disse no presente trabalho, nem se confunde com o registro de instituição do condomínio edilício, nem o dispensa. Ao contrário. As obrigações assumidas publicamente pelo incorporador por ocasião da incorporação tornam o registro da instituição condominial parte essencial do adimplemento.[17]

Entre as obrigações assumidas pelo incorporador, estão a de concluir a obra de construção e averbá-la registralmente, a de instituir registralmente o condomínio edilício e a de registrar a convenção condominial. São obrigações diversas, que não se confundem juridicamente, as quais incumbem ao incorporador, e cujo inadimplemento ou retardo o sujeitam às penalidades contratuais cabíveis, bem como à responsabilização por danos que daí decorram.

A averbação da construção informa juridicamente o término da construção da acessão, isto é, a existência física da coisa, a fim de possibilitar o ato subsequente de divisão jurídica.

Após a conclusão da construção física do empreendimento e previamente ao registro da instituição condominial, há a necessidade de se averbar essa construção, sobre a qual recairá a propriedade horizontal.

O registro prévio de incorporação imobiliária não elide a necessidade de (i) averbação da construção e posterior (ii) registro de instituição condominial.

A acessão industrial, que será, juntamente com o terreno, submetida ao regime de propriedade horizontal, deve ser averbada no registro de imóveis para permitir, na sequência, o registro da instituição condominial.

---

[17] Ver: CAMBLER, E. A. *Incorporação imobiliária*: ensaio de uma teoria geral. São Paulo: Ed. RT, 1993. p. 140-142; FRANCO, J. Nascimento; GONDO, Nisske. *Incorporações imobiliárias*. 3. ed. São Paulo: Ed. RT, 1991. p. 101-104; SILVA, José Marcelo Tossi. *Incorporação imobiliária*. São Paulo: Atlas, 2010. p. 28-29 e 98-100.

Para que a averbação possa ser feita, além de requerimento ao Oficial de Registro, que pode estar inserto no próprio instrumento de instituição do condomínio, há a necessidade de que sejam apresentados o certificado de conclusão da obra e a certidão negativa de débitos, relativos às contribuições previdenciárias da obra, expedida pela Receita Federal do Brasil.

Uma vez concluída a obra, o Município deve fiscalizar e atestar a sua conclusão mediante documento idôneo. Geralmente, tal atestado é conferido por meio de um documento que leva o nome de "habite-se". Todavia, nada impede se dê por uma certidão de conclusão da obra ou qualquer outro documento expedido pelo ente público que, independentemente do nome que leve, certifique a conclusão da obra.

O certificado de conclusão de obra deverá conter os elementos essenciais da construção – destinação, área construída, número de pavimentos etc. –, os quais deverão ser cotejados com os constantes na CND e nos demais documentos da instituição do condomínio.

Eventual divergência entre as áreas construídas apontadas no projeto aprovado no instrumento de instituição, no certificado de conclusão de obra e na CND, deve ser apontada pelo Registrador e obstará o registro, salvo se devidamente justificada.

O critério de mensuração da área construída difere entre os diversos órgãos envolvidos em uma instituição condominial, de modo que, para alguns, por exemplo, certas áreas externas cobertas são computadas como construídas, enquanto, para outros, não, o que pode gerar alguma desconformidade entre as áreas constantes no "habite-se", na CND e nos quadros da ABNT.

Havendo divergência, não deve o Oficial efetuar o registro, salvo se a divergência estiver explicada pela diferença de critérios adotados, o que deve ser esclarecido e comprovado pela parte requerente. Estando a divergência justificada pela diferença de critérios adotados pelas entidades emissoras dos documentos, o registro deve ser feito, utilizando-se as informações do quadro de áreas da ABNT ou do instrumento de instituição, os quais deverão necessariamente coincidir entre si e com o que constar do registro.[18]

Ao contrário do que possa parecer da leitura do presente artigo, a averbação da construção objeto da incorporação imobiliária é necessária, mas não suficiente para fazer nascer o condomínio edilício objetivado. É com o registro de instituição condominial que surge, juridicamente, a divisão entre as partes divisas e indivisas do condomínio, de modo que, após a averbação da construção, se faz necessário o registro da instituição condominial.

E é o instrumento de instituição condominial que deve corresponder à discriminação das frações ideais preestabelecidas na incorporação, e não o ato de averbação, como faz parecer o texto legal. Como se viu anteriormente, não há, no

---

[18] Item 216 do Capítulo XX das NSCGJSP.

momento da incorporação imobiliária, uma *divisão jurídica* das frações, mas mera discriminação e pré-vinculação às futuras unidades autônomas. Essa vinculação nasce, juridicamente, no momento da instituição condominial, razão pela qual deve haver correspondência entre o instrumento de incorporação e o de instituição, devendo haver prévia retificação da incorporação em caso de divergência.

É que, conforme já alertava Pontes de Miranda, é o registro de instituição do condomínio que faz jurídica a comunhão *pro diviso*, com os seguintes resultados: "a) parte terreno em partes indivisas (parte, e não divide); b) parte algumas porções do edifício em partes indivisas (ainda aqui parte, e não divide); c) parte o edifício *restante* em partes divisas (...) (parte e divide)".[19]

O nascimento da propriedade horizontal implica uma mutação jurirreal que somente pode ocorrer mediante a publicidade registral imobiliária. Sem a publicidade registral, não há a absolutividade que exige a esfera real para existir juridicamente, de modo que, sem publicidade, não há mutação jurirreal, isto é, não há condomínio edilício.

Haja ou não prévia incorporação imobiliária, o registro de instituição do condomínio edilício é necessário, e seu efeito é constitutivo.

Durante o período pré-comunal de incorporação imobiliária, não há divisão jurídica da coisa incorporável, ainda que esteja ela já construída. Poderá haver divisão fática, o que é requisito para a divisão jurídica. Contudo, divisão jurídica não há. Esta só haverá com o registro da instituição condominial.

Durante o período de incorporação, o que há é um condomínio comum[20] – embora com algumas regras especiais – entre os adquirentes de frações ideais vinculadas às futuras unidades autônomas.[21]

Precisa a lição de José Marcelo Tossi Silva nesse sentido:

> A incorporação imobiliária é atividade destinada à constituição do condomínio edilício, o que se faz mediante averbação da construção e registro da instituição de condomínio.
>
> A averbação da construção (...) é ato jurídico que não basta para a constituição do condomínio edilício. Tal somente ocorre com o registro da instituição do condomínio, ato que põe fim à comunhão sobre o todo anteriormente existente e constitui o regime do condomínio edilício.[22]

---

[19] PONTES DE MIRANDA, F. C. *Tratado de direito privado*. 3. ed. Rio de Janeiro: Borsoi, 1971. t. XII. p. 166-167.

[20] CAMBLER, E. A. *Responsabilidade civil na incorporação imobiliária*. 2. ed. São Paulo: Ed. RT, 2014. p. 59.

[21] Veja-se, a esse respeito: SILVA, José Marcelo Tossi. *Incorporação imobiliária*. São Paulo: Atlas, 2010. p. 99-100.

[22] SILVA, José Marcelo Tossi. *Incorporação imobiliária*. São Paulo: Atlas, 2010. p. 28-29.

Art. 10. (...)

"Art. 50. Será designada no contrato de construção ou eleita em assembleia geral a ser realizada por iniciativa do incorporador no prazo de até 6 (seis) meses, contado da data do registro do memorial de incorporação, uma comissão de representantes composta por, no mínimo, 3 (três) membros escolhidos entre os adquirentes para representá-los perante o construtor ou, no caso previsto no art. 43 desta Lei, o incorporador, em tudo o que interessar ao bom andamento da incorporação e, em especial, perante terceiros, para praticar os atos resultantes da aplicação do disposto nos art. 31-A a art. 31-F desta Lei."

 COMENTÁRIO

Por *Leonardo Brandelli*

A comissão de representantes dos adquirentes de futuras unidades autônomas tem um papel relevante na incorporação imobiliária, de modo que a sua existência é necessária.

Inúmeros dispositivos legais preveem a atuação da comissão, seja durante o curso normal do empreendimento, em que a atuação se dá de maneira fiscalizatória com o intuito de ciência e acompanhamento, seja durante os momentos de estresse do empreendimento, porque algum adquirente ou o incorporador, ou o construtor, por exemplo, deixam de cumprir suas obrigações, e a comissão passa a ter um relevante papel de atuação para correção de rumos, para afastamento de partes inadimplentes, ou até mesmo para assumir a administração e a execução do empreendimento em casos extremos de afastamento do incorporador.

Por tudo isso, a incorporação não pode prescindir da existência da comissão de representantes.

Até agora, embora houvesse a obrigação de o incorporador designar, no contrato de construção, a comissão, ou de ela ser eleita em assembleia de adquirentes, não havia prazo para que tal ação ocorresse, caso não houvesse a designação no contrato de construção, o que é corrigido pela nova redação do art. 50, dada pela Lei 14.382/2022, a qual institui o prazo de 6 meses da data do registro da incorporação para que seja feita a assembleia, por iniciativa do incorporador.

Caso não promova a assembleia, responderá o incorporador por eventual dano que venha a causar aos adquirentes pela sua inação.

Art. 10. (...)

"Art. 68. A atividade de alienação de lotes integrantes de desmembramento ou loteamento, quando vinculada à construção de casas isoladas ou geminadas, promovida por uma das pessoas indicadas no art. 31 desta Lei ou no art. 2º-A da Lei nº 6.766, de 19 de dezembro de 1979, caracteriza incorporação imobiliária sujeita ao regime jurídico instituído por esta Lei e às demais normas legais a ele aplicáveis.

§ 1º A modalidade de incorporação de que trata este artigo poderá abranger a totalidade ou apenas parte dos lotes integrantes do parcelamento, ainda que sem área comum, e não sujeita o conjunto imobiliário dela resultante ao regime do condomínio edilício, permanecendo as vias e as áreas por ele abrangidas sob domínio público.

§ 2º O memorial de incorporação do empreendimento indicará a metragem de cada lote e da área de construção de cada casa, dispensada a apresentação dos documentos referidos nas alíneas e, i, j, l e n do caput do art. 32 desta Lei.

§ 3º A incorporação será registrada na matrícula de origem em que tiver sido registrado o parcelamento, na qual serão também assentados o respectivo termo de afetação de que tratam o art. 31-B desta Lei e o art. 2º da Lei nº 10.931, de 2 de agosto de 2004, e os demais atos correspondentes à incorporação.

§ 4º Após o registro do memorial de incorporação, e até a emissão da carta de habite-se do conjunto imobiliário, as averbações e os registros correspondentes aos atos e negócios relativos ao empreendimento sujeitam-se às normas do art. 237-A da Lei nº 6.015, de 31 de dezembro de 1973 (Lei de Registros Públicos)."

COMENTÁRIO

Por *Leonardo Brandelli*

O presente artigo instituiu uma nova espécie de incorporação, autônoma poder-se-ia dizer, visto que, ao contrário das demais espécies, não conduz a um condomínio edilício.

Normalmente, a incorporação imobiliária é uma das formas de se chegar ao condomínio edilício, de modo que consiste em um interregno jurídico entre o momento em que se inicia juridicamente o empreendimento e o nascimento do condomínio horizontal, consistindo em um condomínio comum, com certas regras próprias. É empreendimento, no senso econômico e jurídico, voltado para o nascimento, ao final, de um condomínio horizontal.

A incorporação que agora se cria é autônoma, isto é, basta-se por ela própria, não conduzindo a um condomínio horizontal ao final, visando tão somente às tutelas urbanística, ambiental e dos consumidores. Visa, especialmente, proteger os adquirentes das futuras casas, mediante o registro especial que exige do incorporador a demonstração de aptidão jurídica e econômica para o empreendimento.

Se a alienação de lotes provenientes de um parcelamento do solo, consistente em loteamento ou desmembramento, estiver vinculada à construção de acessões industriais consistentes em casas ou construções de uso comercial, industrial, ou misto, sejam isoladas, sejam geminadas, promovidas por aqueles que possam ser incorporadores (art. 31 da Lei 4.591/1964) ou parceladores (art. 2º-A da Lei 6.766/1979), estará caracterizada a hipótese de incorporação imobiliária, e deverá ser feito o competente registro, mediante a apresentação dos documentos exigidos para a incorporação imobiliária, previstos no art. 32 da Lei 4.591/1964.

Trata-se da situação em que o próprio parcelador imobiliário, ou terceiro que adquiriu lotes para empreender, aliena lotes nos quais erigirá uma casa, e a alienação já vincula as coisas, isto é, trata-se de venda de coisa futura: a casa, a construir. Assim como na incorporação imobiliária ordinária, há que se tratar de alienação de coisa futura. Caso o empreendedor pretenda alienar apenas após a construção, não haverá necessidade do registro da incorporação imobiliária especial.

Como decorrência lógica, tem-se que o registro do parcelamento, seja loteamento, seja desmembramento, já ocorreu, de modo que os lotes já existem juridicamente, e haverá, posteriormente, o registro da incorporação imobiliária nos termos desse artigo. A incorporação poderá ser registrada mesmo que ainda não haja o termo de verificação de obras averbado na matrícula do parcelamento, porque se trata de permissão de alienação de coisa futura, o que é perfeitamente compatível com a situação.

Evidentemente que aqui se trata de hipótese em que em cada lote haja uma construção, geminada ou não, a depender do tamanho do lote, e que não haja o estabelecimento de unidades autônomas, porque, nesse segundo caso, tratar-se-ia de espécie clássica de incorporação imobiliária com instituição de condomínio edilício ao final.

Caso o empreendedor pretenda instituir um condomínio edilício em algum, ou alguns, ou todos os lotes derivados do parcelamento, por meio, por exemplo, da construção de edifício de apartamentos, ou inúmeras casas consistentes em unidades autônomas, deverá proceder à incorporação imobiliária e à instituição condominial ao final.

Aqui, está-se a tratar daquelas hipóteses em que não haverá um condomínio edilício sobre o lote, mas uma atividade empreendedora de construção de casas, geminadas ou isoladas, em quantidade a caracterizar a atividade empreendedora. Parece-nos que a construção de uma casa, por exemplo, não seria suficiente para caracterizar uma empresa incorporativa, a fim de exigir registro especial.

A hipótese ora ventilada é aquela em que a construção das casas integra a atividade empreendedora, não constituindo um fator isolado, descolado do empreendimento.

Não quer isso dizer que haja a necessidade de que, em todos os lotes, haja construção. As construções podem ocorrer em todos os lotes ou em alguns, para integrarem a atividade empreendedora.

Embora a lei fale em desmembramento e loteamento, a hipótese aqui tratada também se aplica aos desdobros, que consistem nos parcelamentos para os quais se dispensa o registro especial do art. 18 da Lei 6.766/1979, desde que haja atividade construtiva a caracterizar atividade empreendedora. A possibilidade não é apenas teórica, uma vez que há a possibilidade de que até mesmo um parcelamento de 20 lotes seja caracterizado como simples desdobro.[23]

Tratando-se a atividade descrita no art. 68 de uma incorporação imobiliária, aplicam-se a ela os dispositivos da Lei 4.591/1964 que não sejam conflitantes, como a possibilidade de submissão ao regime do patrimônio de afetação com o benefício ao empreendedor do regime especial de tributação e a submissão ao prazo legal de validade do registro.

Sendo essa a hipótese, haverá a necessidade de registro da incorporação imobiliária, nos termos do art. 32 da Lei 4.591/1964, exigindo-se o memorial de incorporação e todos os documentos ali exigidos, com exceção dos previstos nas alíneas *e, i, j, l* e *n*.

As quatro primeiras alíneas são afastadas por referirem-se a documentos cuja exigibilidade está vinculada à existência futura de um condomínio edilício, o que não ocorre na hipótese do art. 68.

Por sua vez, a alínea *n*, tendo sido afastada, denota não ser possível a estipulação de prazo de carência nessa espécie de incorporação imobiliária. Todavia, embora afastada a possibilidade de haver prazo de carência, o prazo para implementação da incorporação, previsto no art. 33, aplica-se.

O memorial da incorporação deverá indicar a metragem de cada lote e da área de construção de cada casa, nos termos do § 2º desse art. 68.

O registro da incorporação será efetivado na matrícula de origem, em que houve o registro do parcelamento do solo, a chamada *matrícula-mãe*, e não nas matrículas dos lotes abrangidos, sendo também nela feita a averbação de afetação patrimonial, caso haja instituição do patrimônio de afetação, bem como qualquer outro ato referente à incorporação, a qual será noticiada nas matrículas dos lotes por meio de averbação, aplicando-se o art. 237-A da Lei 6.015/1973.

Art. 11. A Lei nº 6.015, de 31 de dezembro de 1973 (Lei de Registros Públicos), passa a vigorar com as seguintes alterações:
"Art. 1º (...)
§ 3º Os registros serão escriturados, publicizados e conservados em meio eletrônico, nos termos estabelecidos pela Corregedoria Nacional de Justiça do Conselho Nacional de Justiça, em especial quanto aos:
I – padrões tecnológicos de escrituração, indexação, publicidade, segurança, redundância e conservação; e

---

[23] Veja-se o item 165.5 do Capítulo XX das NSCGJSP.

II – prazos de implantação nos registros públicos de que trata este artigo.

§ 4º É vedado às serventias dos registros públicos recusar a recepção, a conservação ou o registro de documentos em forma eletrônica produzidos nos termos estabelecidos pela Corregedoria Nacional de Justiça do Conselho Nacional de Justiça."

 COMENTÁRIO

Por *Christiano Cassettari*

O § 3º do art. 1º da Lei 6.015/1973, norma inicial da citada lei, que começa tratando das atribuições das serventias extrajudiciais, ganhou nova redação para começar a "pavimentar" o caminho que a Lei 14.382/2022 criou, objetivando "dar vida" ao registro eletrônico. Para tanto, foi criada regra legal permitindo que os registros sejam escriturados, publicizados e conservados em meio eletrônico.

A norma não esclarece se é *jus cogens* (obrigatória e impositiva), ou não (facultativa), pois nem o verbo *deverá* nem *poderá* foram inclusos no texto do dispositivo. Entendemos que a regra é de aplicação facultativa, uma vez que, no Registro Civil de Pessoas Naturais – RCPN, ela será de difícil aplicação, já que essa é a única especialidade em que o termo precisa ser assinado pelas partes, e muitas delas não possuem condição financeira para praticar um ato eletrônico, seja por não terem aparato tecnológico, seja por serem pessoas humildes que terão dificuldade em se moldarem a participar nessa modalidade. Devemos lembrar que, não por acaso, a única gratuidade universal que existe é no RCPN. Assim sendo, vamos aguardar para ver como nossos Tribunais vão interpretar a citada norma.

Para que o registro eletrônico seja seguro e viável, um padrão de tecnologia deve ser seguido, por todas as serventias do País (uniformização), com graus de exigência que os cartórios consigam suportar, inclusive os deficitários, que são a maior quantidade. Dessa forma, a lei delegou ao Conselho Nacional de Justiça (CNJ), que irá definir os padrões tecnológicos de escrituração, indexação, publicidade, segurança, redundância e conservação e os prazos de implantação, o que dá a entender o desejo de que a norma inaplicável em todas as especialidades seja de caráter impositivo e obrigatório.

O § 4º do art. 1º da Lei 6.015/1973 proíbe que as serventias de registros públicos recusem a recepção, a conservação ou o registro de documentos em forma eletrônica produzidos nos termos estabelecidos pela Corregedoria Nacional de Justiça do Conselho Nacional de Justiça. Assim, as certidões registrais e notariais, bem como as sentenças, os mandados e as decisões judiciais, produzidos todos eles no formato eletrônico, deverão ser aceitos pelos cartórios, sendo essa norma *jus cogens*.

Art. 11. (...)
"Art. 7º-A. O disposto nos arts. 3º, 4º, 5º, 6º e 7º não se aplica à escrituração por meio eletrônico de que trata o § 3º do art. 1º desta Lei."

 COMENTÁRIO

Por *Christiano Cassettari*

O art. 7º-A da Lei 6.015/1973 se preocupou em deixar consignado que todas as normas sobre a escrituração dos livros físicos, previstas nos arts. 3º a 7º da Lei 6.015/1973, não se aplicarão aos livros eletrônicos. Assim, acaba, por exemplo, a exigência de um livro eletrônico, como o Livro Diário (contábil), ter que ser rubricado folha por folha (autenticado), já que essa exigência é incompatível com a sistemática eletrônica. Temos que modernizar a escrituração eletrônica, sem ficarmos presos ao tempo das exigências do passado quando a forma física era, inclusive, manuscrita.

Art. 11. (...)
"Art. 9º (...)
§ 1º Serão contados em dias e horas úteis os prazos estabelecidos para a vigência da prenotação, para os pagamentos de emolumentos e para a prática de atos pelos oficiais dos registros de imóveis, de títulos e documentos e civil de pessoas jurídicas, incluída a emissão de certidões, exceto nos casos previstos em lei e naqueles contados em meses e anos.
§ 2º Para fins do disposto no § 1º deste artigo, consideram-se:
I – dias úteis: aqueles em que houver expediente; e
II – horas úteis: as horas regulamentares do expediente.
§ 3º A contagem dos prazos nos registros públicos observará os critérios estabelecidos na legislação processual civil."

 COMENTÁRIO

Por *Christiano Cassettari*

O art. 9º da Lei 6.015/1973 ganhou três parágrafos, que explicam como se contam os prazos nas serventias extrajudiciais brasileiras. Serão contados em dias (e horas) úteis os prazos para:

a) avigência da prenotação;

b) pagamento de emolumentos;
c) prática de atos e emissão de certidões.

As regras anteriores somente se aplicam ao registro de imóveis, títulos e documentos e civil de pessoas jurídicas.

Assim, não se aplicam ao Registro Civil das Pessoas Naturais, Tabelionato de Protestos e de Notas, Registros Marítimos e Cartórios de Distribuição, nem nos casos com disposição legal em contrário, ou com prazos fixados em meses e anos.

O § 2º define dias e horas úteis como:

a) dias úteis → são aqueles em que houver expediente;
b) horas úteis → são aquelas regulamentares do expediente.

Por fim, ficou definido que a contagem dos prazos nos registros públicos observará os critérios estabelecidos na legislação processual civil, que trata dos prazos, especificamente, nos arts. 218 a 235. Entretanto, as demais regras esparsas no CPC também se aplicam por força desse dispositivo.

Art. 11. (...)
"Art. 14. Os oficiais do registro, pelos atos que praticarem em decorrência do disposto nesta Lei, terão direito, a título de remuneração, aos emolumentos fixados nos Regimentos de Custas do Distrito Federal, dos Estados e dos Territórios, os quais serão pagos pelo interessado que os requerer."

COMENTÁRIO

Por *Christiano Cassettari*

O art. 14 da Lei 6.015/1973 ganhou nova redação, para deixar claro que os oficiais de registro terão direito a título de remuneração aos emolumentos fixados nas respectivas tabelas locais. Assim, verifica-se *contra legem* o Oficial ter descontado do valor dos emolumentos estabelecidos na tabela para prática de atos *on-line* taxas para manutenção das centrais eletrônicas, pois, com a edição do Provimento 107 do CNJ, isso vem acontecendo frequentemente. A Lei 14.382/2022 determinou que a taxa deve ser paga pelo usuário, porém ela ainda está em estudo pelo CNJ, e, enquanto isso, a regra do citado artigo não vem sendo respeitada.

Art. 11. (...)
"Art. 17. (...)

§ 1º O acesso ou o envio de informações aos registros públicos, quando realizados por meio da internet, deverão ser assinados com o uso de assinatura avançada ou qualificada de que trata o art. 4º da Lei nº 14.063, de 23 de setembro de 2020, nos termos estabelecidos pela Corregedoria Nacional de Justiça do Conselho Nacional de Justiça.

§ 2º Ato da Corregedoria Nacional de Justiça do Conselho Nacional de Justiça poderá estabelecer hipóteses de uso de assinatura avançada em atos que envolvam imóveis."

 COMENTÁRIO

Por *Christiano Cassettari*

O art. 17 da Lei 6.015/1973, que trata de publicidade registral, ganhou dois parágrafos com a Lei 14.382/2022 para estabelecer que o acesso ou o envio de informações aos registros públicos deve ser realizado com base em assinatura eletrônica avançada ou qualificada, a ter os parâmetros de segurança estabelecidos pelo CNJ, motivo pelo qual aguardamos a regulamentação dessa norma, que será feita administrativamente por Ato da Corregedoria Nacional de Justiça do Conselho Nacional de Justiça. Aliás, essa foi uma das características da Lei 14.382/2022, de estabelecer uma série de normas jurídicas dependentes de regulamentação administrativa, e não por outra lei.

Art. 11. (...)
"Art. 19. (...)
§ 1º A certidão de inteiro teor será extraída por meio reprográfico ou eletrônico.
§ 2º As certidões do registro civil das pessoas naturais mencionarão a data em que foi lavrado o assento."

 COMENTÁRIO

Por *Christiano Cassettari*

O art. 19 da Lei 6.015/1973, que trata das certidões registrais, ganhou nova redação nos dois primeiros parágrafos para deixar claro que a certidão de inteiro teor pode ser expedida por cópia reprográfica, e não apenas na forma "digitada", mas também em formato eletrônico, como já ocorria com as certidões resumidas, que já podiam ser fornecidas dessa forma.

O § 2º, que trata das certidões emitidas pelo Registro Civil das Pessoas Naturais, determina que, em todas elas, constem da data do registro, fundamental para pesquisa, ou para comprovar indício de algum problema, já que o mesmo, nesse caso, pode ser feito na data do evento, ou em data posterior, que é a forma mais encontrada na prática, por exemplo, no caso do nascimento, que possui prazo, e no casamento religioso com efeito civil, cujo assento pode ser feito em até 90 (noventa dias) contados da celebração.

A regra anterior se aplica a todas as certidões de competência do registro civil, dos atos registrados nos Livros A, B, B-AUX, C, C-AUX, D ou E.

....

Art. 11. (...)

"Art. 19. (...)

§ 5º As certidões extraídas dos registros públicos deverão, observado o disposto no § 1º deste artigo, ser fornecidas eletronicamente, com uso de tecnologia que permita a sua impressão pelo usuário e a identificação segura de sua autenticidade, conforme critérios estabelecidos pela Corregedoria Nacional de Justiça do Conselho Nacional de Justiça, dispensada a materialização das certidões pelo oficial de registro."

COMENTÁRIO

Por *Christiano Cassettari*

O art. 19 da Lei 6.015/1973 ganhou o § 5º para reproduzir a regra já estabelecida no § 2º do citado artigo, mas com uma inovação importante, que é a dispensa da materialização da certidão eletrônica. Ela foi criada para circular, exclusivamente, no mundo virtual, mas, se precisar ser materializada, não há necessidade de a parte se dirigir a um cartório, como sempre foi feito, porém apenas imprimir em uma impressora caseira, pois, ainda assim, terá validade jurídica, desde que respeitados os critérios que serão estabelecidos pela Corregedoria Nacional de Justiça. Aguardemos!

Art. 11. (...)

"Art. 19. (...)

§ 6º O interessado poderá solicitar a qualquer serventia certidões eletrônicas relativas a atos registrados em outra serventia, por meio do Sistema Eletrônico dos Registros Públicos (Serp), nos termos estabelecidos pela Corregedoria Nacional de Justiça do Conselho Nacional de Justiça."

COMENTÁRIO

Por *Christiano Cassettari*

O art. 19 da Lei 6.015/1973 ganhou o § 6º para estabelecer que, com a criação do Serp, as pessoas poderão se dirigir a qualquer cartório para pedir certidão. Assim, além da possibilidade já existente, de a pessoa se dirigir a um cartório de Registro Civil das Pessoas Naturais em Salvador/BA, para pedir uma certidão de outro cartório, dessa mesma especialidade, da cidade de São Paulo, por exemplo, será possível, nesse mesmo cartório baiano (de RCPN), solicitar uma certidão de uma matrícula imobiliária pertencente ao Registro de Imóveis da cidade de Jundiaí, no interior de SP. Todavia, isso somente será possível quando a central de todas as especialidades tiver aderido ao Serp.

Art. 11. (...)
"Art. 19. (...)
§ 7º A certidão impressa nos termos do § 5º e a certidão eletrônica lavrada nos termos do § 6º deste artigo terão validade e fé pública."

COMENTÁRIO

Por *Christiano Cassettari*

O art. 19 da Lei 6.015/1973 ganhou o § 7º para reproduzir a regra já estabelecida no § 5º do citado artigo, mas estendendo a aplicação da regra da dispensa da materialização da certidão eletrônica a qualquer uma emitida de qualquer especialidade, ainda que fornecida por um cartório de especialidade diversa. Assim, certidão eletrônica terá validade jurídica se for impressa em papel comum, por força dessa regra, se for possível validar sua autenticidade, nos moldes da normatização do CNJ que está por vir. Aguardemos também!

Art. 11. (...)
"Art. 19. (...)
§ 8º Os registros públicos de que trata esta Lei disponibilizarão, por meio do Serp, a visualização eletrônica dos atos neles transcritos, praticados, registrados ou averbados, na forma e nos prazos estabelecidos pela Corregedoria Nacional de Justiça do Conselho Nacional de Justiça."

 COMENTÁRIO

Por *Christiano Cassettari*

O art. 19 da Lei 6.015/1973 ganhou o § 8º para determinar que os cartórios de registros públicos deverão disponibilizar, no Serp, a visualização dos atos neles transcritos, praticados, registrados ou averbados, na forma e nos prazos a serem estabelecidos pela Corregedoria Nacional de Justiça do Conselho Nacional de Justiça. Aparentemente, parece que a norma foi criada para o Registro de Imóveis, porém, da forma como foi redigida, se aplica a qualquer especialidade registral, e não apenas à imobiliária. Entretanto, resta a dúvida, sobre qual seria a diferença, em termos de natureza jurídica, custos e efeitos, dessa "visualização" para uma certidão por cópia reprográfica eletrônica. Será que estender essa regra para qualquer especialidade respeita os preceitos descritos na LGPD, e de proteção ao sigilo? Como exemplo citamos o um registro do RCPN, que tem todos os documentos de identificação das partes, bem como a hipótese de um transexual que modificou seu prenome e gênero. Entendemos que regra posta como está deixa as pessoas vulneráveis e desprotegidas quanto a questões relacionadas à sua intimidade.

Art. 11. (...)
"Art. 19. (...)
§ 9º A certidão da situação jurídica atualizada do imóvel compreende as informações vigentes de sua descrição, número de contribuinte, proprietário, direitos, ônus e restrições, judiciais e administrativas, incidentes sobre o imóvel e o respectivo titular, além das demais informações necessárias à comprovação da propriedade e à transmissão e à constituição de outros direitos reais."

 COMENTÁRIO

Por *Leonardo Brandelli*

A certidão da situação jurídica atualizada do imóvel não é nova. É espécie de certidão em resumo, já existente no *caput* do art. 19 da LRP. Surge, no § 9º do art. 19 da LRP, apenas a sua tipificação.

Trata-se de certidão do Registro de Imóveis que narra os elementos matriculares em vigor, seja em relação aos elementos de especialidade objetiva, seja em relação aos de especialidade subjetiva, seja em relação às próprias situações jurídicas publicizadas.

Não contém nenhum elemento diverso dos que constariam em uma certidão integral de uma matrícula; ao contrário, contém menos: apenas os vigentes. Dessa feita, é possível compreender-se que também uma certidão integral da matrícula é uma certidão da situação jurídica atualizada do imóvel, uma vez que nela estarão contidos os seus elementos vigentes.

Parece-nos, assim, que atende ao pedido o Oficial que fornece uma certidão integral de matrícula a quem solicita certidão da situação jurídica atualizada do imóvel.

Art. 11. (...)
"Art. 19. (...)
§ 10. As certidões do registro de imóveis, inclusive aquelas de que trata o § 6º deste artigo, serão emitidas nos seguintes prazos máximos, contados a partir do pagamento dos emolumentos:
I – 4 (quatro) horas, para a certidão de inteiro teor da matrícula ou do livro auxiliar, em meio eletrônico, requerida no horário de expediente, desde que fornecido pelo usuário o respectivo número;
II – 1 (um) dia, para a certidão da situação jurídica atualizada do imóvel; e
III – 5 (cinco) dias, para a certidão de transcrições e para os demais casos."

COMENTÁRIO

Por *Leonardo Brandelli*

O § 10 do artigo ora em comento estabelece os prazos máximos para a emissão das certidões do Registro de Imóveis. Tais prazos são contados em horas e dias úteis, nos termos do art. 9º da LRP.

Os prazos aqui estipulados são máximos, nada impedindo que sejam menores.

As certidões eletrônicas, de inteiro teor, do Livro 2 ou 3 do Registro de Imóveis, solicitadas pelo número da matrícula, no caso do Livro 2, ou do registro, para o Livro 3, serão fornecidas no prazo de 4 horas úteis.

Desse modo, solicitada às 13 horas, deverá ser a certidão entregue até as 17 horas.

O Código Civil, em seu art. 132, § 4º, estabelece que "os prazos fixados por hora contar-se-ão de minuto a minuto", e, parece-nos, tal regra se aplica aos prazos registrais contados em horas, visto que nem a LRP nem a legislação processual civil estabeleceram regra especial para essa contagem.

Dessa forma, tendo, por exemplo, sido feito o pedido de certidão às 16 horas e 30 minutos, e sendo o expediente até as 17 horas, esta deverá ser expedida até a metade da quarta hora útil do dia seguinte (supondo-se que o expediente inicia às 9 horas, a certidão deverá ser entregue até as 12 horas e 30 minutos).

A certidão da situação jurídica atualizada do imóvel tem prazo de expedição de um dia útil, o qual é contado excluindo-se o dia do começo e incluindo-se o dia do vencimento (art. 224 do CPC e art. 9º, § 3º, da LRP).

Assim, uma certidão da situação jurídica atualizada do imóvel solicitada às 13 horas de certo dia deverá ser entregue até o final do expediente do dia seguinte.

Como vimos nos comentários ao parágrafo anterior, entendemos que a certidão integral de certa matrícula considera-se uma certidão da situação jurídica atualizada do imóvel, de modo que a ela se aplica esse prazo estabelecido no inciso II do § 10 do art. 19 da LRP.

As demais certidões do Registro de Imóveis deverão ser entregues em até 5 dias úteis, contados na forma do art. 224 do CPC.

A contagem dos prazos inicia-se no momento do protocolo do pedido, caso tenha já sido feito o depósito prévio do valor total, ou no momento em que é feito tal depósito.

Art. 11. (...)
"Art. 19. (...)
§ 11. No âmbito do registro de imóveis, a certidão de inteiro teor da matrícula conterá a reprodução de todo seu conteúdo e será suficiente para fins de comprovação de propriedade, direitos, ônus reais e restrições sobre o imóvel, independentemente de certificação específica pelo oficial."

COMENTÁRIO

Por *Leonardo Brandelli*

A certidão de inteiro teor da matrícula do Registro de Imóveis é suficiente para comprovar-se tudo o que se queira comprovar a respeito dos elementos da publicidade, digam eles respeito aos elementos de especialidade objetiva ou subjetiva, digam eles respeito à própria situação jurídica publicizada.

Nenhuma outra certidão pode ser exigida, justamente por conter a certidão de inteiro teor todo o conteúdo da matrícula. Por essa razão, a certidão de inteiro teor da matrícula corresponde à certidão da situação jurídica atualizada do imóvel. Não há necessidade de certificação específica para tanto.

Art. 11. (...)
"Art. 19. (...)
§ 12. Na localidade em que haja dificuldade de comunicação eletrônica, a Corregedoria-Geral da Justiça Estadual poderá autorizar, de modo

excepcional e com expressa comunicação ao público, a aplicação de prazos maiores para emissão das certidões do registro de imóveis de que trata o § 10 deste artigo."

 COMENTÁRIO

Por *Leonardo Brandelli*

A Corregedoria-Geral da Justiça dos Estados, ou os Juízes Corregedores das Comarcas, por delegação da Corregedoria-Geral, poderá dilatar os prazos previstos no § 10 do presente artigo, nas localidades em que haja dificuldade de comunicação eletrônica.

Trata-se de situação excepcional, mas que se justifica em um país continental como o Brasil, com realidades sociais tão diversas.

A adoção da exceção deve ser comunicada expressamente ao público, por meios idôneos, e deve se dar de maneira justificada, após comprovada a dificuldade de comunicação local, a qual não pode estar calcada em uma dificuldade do Oficial. A dificuldade deve ser da localidade em que se situa o Registro, calcada em alguma peculiaridade local.

Art. 11. (...)
"Art. 29. (...)
§ 5º (Vetado)."

 COMENTÁRIO

Por *Christiano Cassettari*

Com bizarras justificativas, o dispositivo em comento foi vetado, mostrando não apenas que quem o leu não compreende a língua portuguesa, pois a palavra exclusivamente se refere à atividade delegada, e não ao exercício da arbitragem e muito menos da leiloaria, bem como não se envergonha de falar em reserva de mercado de forma inapropriada, pois nenhuma das atividades seria exercida, exclusivamente, pelos Oficiais dos Cartórios, mas conjuntamente com os demais que já podem, segundo a lei. Seguem, adiante, as razões do veto:

A proposição legislativa dispõe que a atividade delegada desempenhada exclusivamente pelo oficial de registro civil de pessoas naturais seria compatível com o exercício da arbitragem, nos termos da Lei nº 9.307, de 23 de setembro de 1996 – Lei de Arbitragem, e da leiloaria, cumpridos os seus requisitos próprios. Em que pese a boa intenção do legislador, a medida contraria o interesse público, pois a expressão "exclusivamente" pode levar à interpretação equivocada de que somente os oficiais de registro civil de pessoas naturais poderiam atuar como árbitros e/ou leiloeiros, o que levaria à restrição de atuação de outros profissionais. Isso vai de encontro à Lei nº 9.307, de 1996 – Lei da Arbitragem, que estabelece que qualquer pessoa que tenha a capacidade civil e a confiança das partes pode atuar como árbitro. Em relação à leiloaria, o Decreto nº 21.981, de 1932, regulamenta a profissão e tem força de lei ordinária. Ademais, estaria sendo criada uma reserva de mercado, já que a Lei nº 6.015, de 31 de dezembro de 1973 – Lei de Registros Públicos, por ser uma lei especial e posterior à Lei nº 9.307, de 1996 – Lei da Arbitragem, que é geral, tem prevalência sobre esta última. Vedado o exercício da arbitragem aos demais atores, poderia ser gerada uma vantagem competitiva aos notários, o que iria de encontro à modernização do ambiente de negócios, principal intenção proposta pela Medida Provisória nº 1.085, de 27 de dezembro de 2021.Por fim, os dispositivos constituem uma barreira à expansão da atuação dos serviços extrajudiciais, pois reduziriam o número de cartórios e, consequentemente, a oferta desses serviços aos cidadãos, o que poderia acarretar efeitos negativos sobre a avaliação da qualidade do Sistema Judicial em geral, no que concerne à duração de tramitação dos litígios.

Art. 11. (...)
"Art. 30. (...)
§ 9º (Vetado)."

COMENTÁRIO

Por *Christiano Cassettari*

Absurdamente, em razões completamente inacreditáveis, o citado dispositivo foi vetado, prejudicando o trabalho dos registradores civis das pessoas naturais de todo o Brasil, que trabalham concedendo gratuidade universal, e não apenas às pessoas carentes, vejamos:

> A proposição legislativa estabelece que seria indenizatória a compensação recebida pelos registradores civis das pessoas naturais pelos atos gratuitos por eles praticados. Entretanto, em que pese a boa intenção do legislador, a proposição legislativa incorre em vício de inconstitucionalidade e contraria o interesse público, tendo em vista que, ao conceituar como indenizatória a compensação recebida, poderia afastar a tributação pelo Imposto sobre a Renda da Pessoa Física

– IRPF, o que implicaria renúncia de receita sem que estivesse acompanhada da demonstração do impacto orçamentário-financeiro e de medidas de compensação, em violação ao disposto no art. 113 do Ato das Disposições Constitucionais Transitórias, no art. 14 da Lei Complementar nº 101, de 4 de maio de 2000 – Lei de Responsabilidade Fiscal, e no *caput* e no § 1º do art. 124 da Lei nº 14.194, de 20 de agosto de 2021 – Lei de Diretrizes Orçamentárias para 2022. Ademais, ao conceder uma isenção sobre o recebimento das compensações pelos atos gratuitos praticados pelos oficiais de registro, a proposição legislativa estaria ferindo a isonomia tributária, pois não há critério de distinção que justifique o tratamento diferenciado. Isso viola o princípio constitucional da igualdade tributária, nos termos do disposto no inciso II do *caput* do art. 150 da Constituição, o qual dispõe que é vedada a instituição de tratamento desigual entre contribuintes que se encontrem em situação equivalente, proibida, portanto, qualquer distinção em razão de ocupação profissional ou função por eles exercida. Por fim, a proposição legislativa está em desconformidade com o § 6º do art. 150 da Constituição, que determina que qualquer redução da base de cálculo, isenção e subsídio relativo a imposto federal só poderá ser concedida mediante lei específica federal que regule exclusivamente a matéria ou o correspondente tributo.

A assanha arrecadatória do Poder Público é cada vez mais assustadora, mas sua benevolência com dinheiro do contribuinte é gigante, pois, todos os dias, se criam mais atos gratuitos a serem praticados pelos cartórios, sem estabelecimento de fonte de custeio, pois a maioria deles não é ressarcida pelos fundos cada vez mais deficitários, e, quando o são, "compensam" *valores inferiores aos paraticados nas tabelas de emolumentos*. Assim, como podem ser, ainda, taxados com IR? Eis o fundamento de maioria dos cartórios de RCPN, únicos cuja instalação a lei impõe em todos os municípios, estar vaga, fechada, e sem interesse pelos aprovados em concurso, gerando prejuízo sabe para quem? A população brasileira.

Art. 11. (...)
"Art. 33. Haverá, em cada cartório, os seguintes livros:
(...)
Parágrafo único. No Cartório do 1º Ofício ou da 1ª subdivisão judiciária haverá, em cada comarca, outro livro para inscrição dos demais atos relativos ao estado civil, designado sob a letra 'E'."

COMENTÁRIO

Por *Christiano Cassettari*

Esse parágrafo único é de suma importância, pois, acredite, o Registro Civil das Pessoas Naturais (RCPN) padeceu por vários anos de uma dúvida se ainda havia ou não o Livro "E" dos registros residuais. O art. 33 da Lei 6.015/1973 trata dos livros do RCPN, que são denominados por letras, a saber:

- A → registro de nascimento;
- B → registro de casamento civil e conversão de união estável em casamento;
- B-AUX → registro de casamento religioso com efeito civil;
- C → registro de óbito;
- C-AUX → registro de natimorto;
- D → registro de editais de proclamas (casamento);
- E → registros residuais de competência do RCPN (emancipação, traslados de nascimentos, casamentos e óbitos de brasileiros no estrangeiro, ausência, união estável etc.).

A Lei 6.216/1975 deu nova redação ao citado artigo e, numa péssima técnica legislativa adotada, que alterava o que desejava e o que não queria escrevia "mantido", e nela o legislador se "esqueceu" de tratar do parágrafo único, que, originariamente, se referia ao Livro "E" do RCPN. Com isso, de 1975 até 2022, a dúvida pairou se o citado livro ainda existia. Ainda bem que ele resistiu todos esses anos e conseguiu ver esse artigo em comento solucionar tal equívoco lastimável.

Art. 11. (...)
"Art. 46. (...)
§ 6º Os órgãos do Poder Executivo e do Poder Judiciário detentores de bases biométricas poderão franquear ao oficial de registro civil de pessoas naturais acesso às bases para fins de conferência por ocasião do registro tardio de nascimento."

 COMENTÁRIO

Por *Christiano Cassettari*

O art. 46 da Lei 6.015/1973 (LRP) está inserido no Capítulo III do Título I, denominado Disposições Gerais, por ter regras que são aplicáveis a todas as especialidades de serventias extrajudiciais. O mencionado capítulo trata das penalidades, e, por esse motivo, nos causa estranheza a citada norma estar inserida dentro desse contexto, pois seu conteúdo tem outra finalidade. Os prazos para realização do registro de nascimento estão descritos no art. 50 da mencionada lei. Historicamente, para ser feito o registro após tais prazos, era necessário obter uma ordem judicial, diante do perigo que o registro tardio desse ato apresenta, motivo pelo qual a causa do atraso tinha que ser explicada a um magistrado.

Como as instituições do nosso país, por pressão internacional, e com o apoio dos próprios registradores civis, começaram a trabalhar para eliminar o sub-registro e melhorar nossos índices nesse quesito, foi editado, pelo Conselho Nacional de Justiça (CNJ), o Provimento 28, de 05/02/2013, que autorizou o registrador civil a proceder ao registro tardio (após os prazos do art. 50 da LRP), obedecidas certas regras.

Ocorre, porém, que o "medo" dos problemas que tal ato pode gerar assombra não apenas os registradores civis mas também as Corregedorias dos Tribunais Estaduais, que, em suas correições, querem examinar, detalhadamente, esse ato praticado.

Por esse motivo é que a Lei 14.382/2022 optou por incluir o § 6º no art. 46 da LRP, para tentar dar um pouco mais de segurança à prática desse ato extrajudicialmente. A ideia é que os órgãos do Poder Executivo (Institutos de Identificação das Secretarias de Segurança Pública, que emitem o RG) e do Poder Judiciário (Tribunais Eleitorais, que fizeram biometria no cadastramento eleitoral), detentores de bases biométricas, poderão franquear, ao oficial de registro civil de pessoas naturais, acesso às bases para fins de conferência por ocasião do registro tardio de nascimento, evitando, assim, um duplo registro, que é o grande problema de esse ato ser realizado extrajudicialmente, considerando que o Oficial não tem acesso a tais sistemas.

Art. 11. (...)
"Art. 54. (...)
§ 5º O oficial de registro civil de pessoas naturais do Município poderá, mediante convênio e desde que não prejudique o regular funcionamento da serventia, instalar unidade interligada em estabelecimento público ou privado de saúde para recepção e remessa de dados, lavratura do registro de nascimento e emissão da respectiva certidão."

 COMENTÁRIO

Por *Christiano Cassettari*

O art. 54 da LRP está inserido no Capítulo IV do Título II (dedicado ao Registro Civil das Pessoas Naturais), que trata do Registro de Nascimento e transforma em lei (norma jurídica) a instalação de unidades interligadas pelo Oficial do Registro Civil das Pessoas Naturais, que foram criadas pelo Provimento 13, de 03/09/2010, alterado pelo Provimento 17, de 10/08/2012, ambos do Conselho Nacional de Justiça, com caráter de norma administrativa.

A instalação das unidades interligadas é uma das ações para eliminar o sub-registro no Brasil, mantendo-o em níveis aceitáveis conforme os padrões internacionais, pois o registro de nascimento é fundamental para abrir as portas dos direitos que permitem acesso à cidadania, assim como concede a nacionalidade brasileira.

Art. 11. (...)
"Art. 55. Toda pessoa tem direito ao nome, nele compreendidos o prenome e o sobrenome, observado que ao prenome serão acrescidos os sobrenomes dos genitores ou de seus ascendentes, em qualquer ordem e, na hipótese de acréscimo de sobrenome de ascendente que não conste das certidões apresentadas, deverão ser apresentadas as certidões necessárias para comprovar a linha ascendente."

 COMENTÁRIO

Por *Christiano Cassettari*

O *caput* desse artigo reproduz a regra do art. 16 do CC, que, expressamente, colocou o nome civil da pessoa natural como um direito da personalidade. Esse reconhecimento traz, a reboque, todas as suas características ao instituto, tais como a intransmissibilidade e a irrenunciabilidade (art. 11 do CC).

Antes dessa modificação, a norma determinava ao registrador civil lançar o sobrenome do pai e, na sua falta o da mãe, quando o declarante não indicava o nome completo. Antigamente, isso era muito comum, pois encontramos por todo o País livros de nascimento em que, no registro, foi colocado apenas o prenome do registrado, seguindo o modelo português, que nossos colonizadores trouxeram ao Brasil. O dispositivo corrige um erro histórico em que se usa a palavra "nome" como sinônimo de "prenome", quando não o é. Nome é a conjugação de todos os seus elementos que a pessoa possui em seu registro, tais como prenome (simples ou composto), sobrenomes, agnomes etc.

Em **primeiro lugar**, a norma contempla que, no registro de nascimento, o registrado deve receber os sobrenomes paternos e maternos, e não apenas o primeiro – como ocorria antigamente. Pela redação, o Oficial do RCPN tem o dever de zelar pelo cumprimento dessa regra.

Em **segundo lugar**, a norma autoriza o registrado a receber sobrenomes de seus ascendentes, avós e bisavós, por exemplo, que, com alguns documentos dos pais, podem ser conhecidos facilmente, pois a prova documental é requisito *sine qua non* para essa regra ser aplicada, ainda que seus genitores não os possuam, questão que há pouco tempo foi aceita por força de jurisprudência e alguns Códigos de Normas das Corregedorias locais, mas que, por muito tempo, foi discutida e até proibida.

Em **terceiro lugar**, a ordem de colocação dos sobrenomes no registro do nascimento dos filhos não precisa seguir nenhuma regra, nem mesmo a que se adotou por décadas, ainda que não escrita em nenhuma lei, de que o sobrenome paterno tinha que ser sempre o último.

Art. 11. (...)
"Art. 55. (...)

§ 1º O oficial de registro civil não registrará prenomes suscetíveis de expor ao ridículo os seus portadores, observado que, quando os genitores não se conformarem com a recusa do oficial, este submeterá por escrito o caso à decisão do juiz competente, independentemente da cobrança de quaisquer emolumentos."

COMENTÁRIO

Por *Christiano Cassettari*

O registrador civil ainda continuará tendo a obrigação de não registrar nascimentos com prenomes suscetíveis ao ridículo, tais como nomes de remédios, bandas de *rock*, ou coisas mais estranhas. Andou muito mal o legislador em ainda deixar essa "trava" na legislação, que impede o exercício da autonomia privada.

Deveria se dar total liberdade para registrar como quiser, já que o artigo seguinte permitirá a modificação do prenome, após completada a maioridade, a qualquer tempo, se o registrado não gostar do que possui. Nessa modificação após a maioridade, o legislador não estendeu essa regra para esse caso também, dando a entender que os registradores farão um esforço para não registrar nascimentos com certos prenomes. Ademais, após a maioridade, se a pessoa vai ao cartório exigir que o prenome (vetado) seja colocado em substituição ao que está no registro, não poderá, nesse momento, por falta de amparo legal, fazer o mesmo controle.

Situação idêntica ocorre na modificação de prenome por força de pessoa transgênero, feita com base no Provimento 73/2008 do CNJ, em que não há respaldo para ingerência alguma.

Desse modo, parece-nos que o melhor caminho seria a liberdade total, em todos os casos, para que não nos tornemos hipócritas, pois exercer controle num caso e noutros não, é algo que não pode prevalecer.

Se o registrador, ainda assim, vetar a escolha dos genitores, se estes não se conformarem com a recusa, pode pedir que o pleito seja encaminhado ao juiz competente, independentemente da cobrança de emolumentos.

Art. 11. (...)
"Art. 55. (...)

§ 2º Quando o declarante não indicar o nome completo, o oficial de registro lançará adiante do prenome escolhido ao menos um sobrenome de cada um dos genitores, na ordem que julgar mais conveniente para evitar homonímias."

 COMENTÁRIO

Por *Christiano Cassettari*

Como afirmamos nos comentários ao *caput* desse artigo, o Oficial registrador é obrigado a indicar, no registro, o sobrenome dos genitores. Assim, entendemos que esse parágrafo não é uma mera repetição do que já foi normatizado, motivo pelo qual o mesmo se destina aos casos em que o registro já foi realizado sem a inclusão de sobrenome, apenas prenome, e alguém solicita uma certidão desse registro antigo.

O comando normativo contempla essa hipótese para se evitar a homonímia (combatida em todo o sistema), determinando ao Oficial do registro que lance ao menos um sobrenome, após o prenome escolhido, na emissão da certidão, devendo essa "escolha" ser feita com base em consulta em documentos oficiais de identificação do registrado e, em sua falta, em consulta na Central do Registro Civil – CRC ao CPF dele, que, segundo o Provimento 63/2017 do CNJ, deve ser averbado ao registro, com a necessidade de buscar essa informação. Essa escolha deve ser escrita no termo, para que as futuras certidões sejam emitidas sempre da mesma forma.

Art. 11. (...)
"Art. 55. (...)
§ 3º O oficial de registro orientará os pais acerca da conveniência de acrescer sobrenomes, a fim de se evitar prejuízos à pessoa em razão da homonímia."

 COMENTÁRIO

Por *Christiano Cassettari*

Sendo muito comum o prenome escolhido e o sobrenome que será adotado para o registrando (ex.: João da Silva), para se evitar a homonímia, o Oficial tem o dever de orientar (e não obrigar) as partes a incluírem outros sobrenomes dos genitores ou outros ascendentes, a fim de a pessoa registrada não sofrer prejuízos. Se o declarante não aceitar a orientação, deve o registrador fazer constar, no termo do nascimento, que o declarante foi alertado e não mudou de ideia, para sua segurança futura.

Art. 11. (...)
"Art. 55. (...)
§ 4º Em até 15 (quinze) dias após o registro, qualquer dos genitores poderá apresentar, perante o registro civil onde foi lavrado o assento de

nascimento, oposição fundamentada ao prenome e sobrenomes indicados pelo declarante, observado que, se houver manifestação consensual dos genitores, será realizado o procedimento de retificação administrativa do registro, mas, se não houver consenso, a oposição será encaminhada ao juiz competente para decisão."

 COMENTÁRIO

Por *Christiano Cassettari*

Esse dispositivo transformou em lei um desejo antigo das pessoas, que é o de poder se arrepender pela escolha do prenome e sobrenome do registrado, conseguindo modificá-lo extrajudicialmente.

Trata-se de um caso de retificação extrajudicial, que depende do requerimento de ambos os pais (consenso) para ser feito, indicando o que deseja modificar. Devem ser pagos os emolumentos pela formação do processo extrajudicial (retificação), assim como o correspondente à averbação da decisão do registrador civil no procedimento, pois retificação é um processo, e a averbação é o ato de inserir, no assento registral, o conteúdo do título modificativo, que altera o registro que está nele descrito.

Na retificação judicial, devem ser pagas as custas processuais, para cobrir o trâmite do processo, motivo pelo qual, na modalidade extrajudicial, não pode ser diferente, pois a quantidade de papel a ser manuseada e escaneada é imensa, e tal serviço não pode se confundir com o ato de averbação.

Cumpre lembrar que não existe previsão de gratuidade para esse ato, nessa modalidade (extrajudicial). Terá que ser cobrada, ainda, a modificação do nome na Receita Federal, conforme as taxas cobradas na CRC, já que, no momento do registro, o CPF é emitido sem custo e não poderá ficar desatualizado, sob pena de aparecerem pendências para o registrador resolver, inclusive com o Sirc (Sistema Nacional de Informações de Registro Civil), que os cartórios são obrigados a abastecer, sem remuneração. A averbação não deve ser sigilosa, devendo constar, em qualquer certidão de inteiro teor, o histórico ocorrido. Não havendo consenso dos genitores, o caso deverá ser encaminhado ao juiz competente para proferir decisão.

Art. 11. (...)
"Art. 56. A pessoa registrada poderá, após ter atingido a maioridade civil, requerer pessoalmente e imotivadamente a alteração de seu prenome, independentemente de decisão judicial, e a alteração será averbada e publicada em meio eletrônico."

COMENTÁRIO

Por *Christiano Cassettari*

O presente dispositivo confere o direito ao ser humano de modificar o seu prenome, considerando que, normalmente, não é ele que o escolheu. Esse direito nasce quando a pessoa natural completa a maioridade civil (art. 5º do CC) e perdeu o prazo que anteriormente a essa modificação existia, de um ano. O requerimento deve ser feito pelo próprio registrado, pois o direito é personalíssimo, e termina com a morte do indivíduo, não dependendo de nenhuma motivação para ser deferido.

Ele dará início a um processo de retificação extrajudicial, que exigirá o pagamento dos emolumentos correspondentes, não existindo previsão de gratuidade para esse ato, nessa modalidade (extrajudicial), que não passa pelo judiciário sequer para ser homologada. Após ser deferida a modificação, deverá ser publicado um edital dando ampla publicidade da mudança, cujo custo deverá ser arcado pelo requerente.

Não explica a lei, se sendo a pessoa casada, onde o procedimento deve ser realizado, se primeiramente no nascimento ou no casamento, ou se deve ser feito em ambos, ou, se feito em um, deve este comunicar o outro ofício registral.

Art. 11. (...)
"Art. 56. (...)
§ 1º A alteração imotivada de prenome poderá ser feita na via extrajudicial apenas 1 (uma) vez, e sua desconstituição dependerá de sentença judicial."

 COMENTÁRIO

Por *Christiano Cassettari*

O pedido de alteração do prenome só poderá ser feito extrajudicialmente uma única vez, dependendo sua desconstituição de uma decisão judicial, pois não poderá ser feito, pela segunda vez, em cartório.

Art. 11. (...)
"Art. 56. (...)

§ 2º A averbação de alteração de prenome conterá, obrigatoriamente, o prenome anterior, os números de documento de identidade, de inscrição no Cadastro de Pessoas Físicas (CPF) da Secretaria Especial da Receita Federal do Brasil, de passaporte e de título de eleitor do registrado, dados esses que deverão constar expressamente de todas as certidões solicitadas."

 COMENTÁRIO

Por *Christiano Cassettari*

O procedimento depende de averbação prévia do número do passaporte e do título de eleitor do registrado, que deverá ser requerida e paga antes do procedimento, para deixar o termo preparado para a mudança. O CPF será averbado sem custo, e poderá ocorrer no curso do processo, se ainda isso não tiver sido feito. Se o registrado não tiver os citados documentos, uma declaração deve ser juntada aos autos para comprovar que eles não foram colocados no registro pelo fato de o registrado não possuí-los, e não por esquecimento do registrador. Em todas as certidões que serão emitidas pelo RCPN, os números correspondentes deverão ser citados, pois os modelos de 2ª via do Provimento 63/2017 do CNJ contemplam espaço para isso, bem como o nome anterior dado quando do registro.

Art. 11. (...)
"Art. 56. (...)
§ 3º Finalizado o procedimento de alteração no assento, o ofício de registro civil de pessoas naturais no qual se processou a alteração, a expensas do requerente, comunicará o ato oficialmente aos órgãos expedidores do documento de identidade, do CPF e do passaporte, bem como ao Tribunal Superior Eleitoral, preferencialmente por meio eletrônico."

 COMENTÁRIO

Por *Christiano Cassettari*

Finalizado o procedimento, o registrador deverá cientificar a Receita Federal (CPF), o TSE (Título de Eleitor), a Secretaria de Segurança Pública (RG) e a Polícia Federal (Passaporte) da alteração, preferencialmente por meio eletrônico e cobrando por cada uma dessas comunicações.

Art. 11. (...)
"Art. 56. (...)
§ 4º Se suspeitar de fraude, falsidade, má-fé, vício de vontade ou simulação quanto à real intenção da pessoa requerente, o oficial de registro civil fundamentadamente recusará a retificação."

 COMENTÁRIO

Por *Christiano Cassettari*

Se o registrador suspeitar de algum fato que impeça a modificação, ou de que há desejo escuso por parte do requerente, o Oficial deverá recusar o pedido, dando nota fundamentada por escrito, sendo esse mais um argumento por que a retificação extrajudicial deve ser cobrada de forma autônoma à averbação.

Art. 11. (...)
"Art. 57. A alteração posterior de sobrenomes poderá ser requerida pessoalmente perante o oficial de registro civil, com a apresentação de certidões e de documentos necessários, e será averbada nos assentos de nascimento e casamento, independentemente de autorização judicial, a fim de:
I – inclusão de sobrenomes familiares;
II – inclusão ou exclusão de sobrenome do cônjuge, na constância do casamento;
III – exclusão de sobrenome do ex-cônjuge, após a dissolução da sociedade conjugal, por qualquer de suas causas;
IV – inclusão e exclusão de sobrenomes em razão de alteração das relações de filiação, inclusive para os descendentes, cônjuge ou companheiro da pessoa que teve seu estado alterado."

 COMENTÁRIO

Por *Christiano Cassettari*

O presente artigo apresenta a possibilidade de ser promovido um processo de retificação extrajudicial para alteração de sobrenome, diretamente no cartório, independentemente de autorização judicial. Esse procedimento é pago e para ele não há previsão de gratuidade. As possibilidades de alteração, para essa finalidade, estão previstas no art. 57 da Lei 6.015/1973 em rol taxativo. Assim, a requerente deverá se encaixar em alguma das seguintes hipóteses:

I – inclusão (e não exclusão) de sobrenomes familiares que não estão no registro, mediante prova documental de que eles pertencem a algum ascendente, independentemente do grau. Não explica a lei, se sendo a pessoa casada, onde o procedimento deve ser realizado, se primeiramente no nascimento ou no casamento, ou se deve ser feito em ambos, ou, se feito em um, deve este comunicar o outro ofício registral;

II – inclusão ou exclusão de sobrenome do cônjuge, na constância do casamento, ou seja, opção que pode ser exercida *antes* do divórcio;

III – exclusão de sobrenome do ex-cônjuge, após a dissolução da sociedade conjugal, por qualquer de suas causas, tenha ela se dado judicial ou extrajudicialmente, bem como se decorre da viuvez. Essa regra incorpora o Provimento 82/2019 do CNJ na legislação;

IV – inclusão e exclusão de sobrenomes em razão de alteração das relações de filiação, inclusive para os descendentes, o cônjuge ou o companheiro da pessoa que teve seu estado alterado. Essa regra incorpora o Provimento 82/2019 do CNJ na legislação, e é denominada como "alteração de patronímico".

Art. 11. (...)
"Art. 57. (...)
§ 2º Os conviventes em união estável devidamente registrada no registro civil de pessoas naturais poderão requerer a inclusão de sobrenome de seu companheiro, a qualquer tempo, bem como alterar seus sobrenomes nas mesmas hipóteses previstas para as pessoas casadas."

 COMENTÁRIO

Por *Christiano Cassettari*

Esse parágrafo estende a regra do *caput* à união estável, que poderá, numa retificação extrajudicial, satisfeitos os emolumentos devidos, alterar seus sobrenomes, nas hipóteses concedidas às pessoas casadas: (i) inclusão ou exclusão de sobrenome do companheiro, na constância da união estável, e/ou (ii) exclusão de sobrenome do ex-companheiro, após o término da união estável, em vida ou em decorrência da morte, tenha ela se dado judicial ou extrajudicialmente. A exigência para aplicação dessa regra é de que a união estável esteja previamente registrada no livro "E" do RCPN, devendo ser comprovado esse requisito com certidão atualizada.

Art. 11. (...)
"Art. 57. (...)
§ 3º (Revogado).

§ 3°-A. O retorno ao nome de solteiro ou de solteira do companheiro ou da companheira será realizado por meio da averbação da extinção de união estável em seu registro."

 COMENTÁRIO

Por *Christiano Cassettari*

Como ocorre no casamento, o título de extinção da união estável, seja judicial, seja extrajudicial, deve conter informação se a pessoa continuará a usar o nome adotado ou retornará ao que tinha antes da união estável. Foi esse o motivo de inclusão desse parágrafo ao artigo, que não existia antes da lei.

Art. 11. (...)
"Art. 57. (...)
§ 4° (Revogado).
§ 5° (Revogado).
§ 6° (Revogado).
(...)
§ 8° O enteado ou a enteada, se houver motivo justificável, poderá requerer ao oficial de registro civil que, nos registros de nascimento e de casamento, seja averbado o nome de família de seu padrasto ou de sua madrasta, desde que haja expressa concordância destes, sem prejuízo de seus sobrenomes de família."

 COMENTÁRIO

Por *Christiano Cassettari*

Esse parágrafo, que decorre da Lei Clodovil (11.924/2009), foi alterado para permitir que a inclusão de sobrenome do padrasto ou da madrasta, desde que estes concordem, sem excluir os pertencentes à família, poderá ser feita por retificação extrajudicial, quando não envolver filiação socioafetiva.

Art. 11. (...)
"Art. 67. (...)
§ 1° Se estiver em ordem a documentação, o oficial de registro dará publicidade, em meio eletrônico, à habilitação e extrairá, no prazo de até 5

(cinco) dias, o certificado de habilitação, podendo os nubentes contrair matrimônio perante qualquer serventia de registro civil de pessoas naturais, de sua livre escolha, observado o prazo de eficácia do art. 1.532 da Lei nº 10.406, de 10 de janeiro de 2002 (Código Civil)."

COMENTÁRIO

Por *Christiano Cassettari*

Esse parágrafo do art. 67 trouxe várias modificações. A primeira é a modificação da publicação dos editais de proclamas, que se dará, somente, pela via eletrônica, não mais precisando ser afixada no mural do cartório, tampouco estar em jornal de grande circulação. A segunda é de que o prazo dos editais de proclamas deixa de ser 15 dias para ser de 5 dias, derrogando o art. 1.527 do CC, alterando o prazo nele descrito. A terceira é de que os nubentes são obrigados a dar entrada no processo de habilitação no cartório de RCPN da circunscrição da residência dos nubentes, mas a celebração e o registro poderão ser realizados na mesma serventia ou em qualquer cartório de RCPN do País, inclusive em outro estado ou cidade.

Art. 11. (...)
"Art. 67. (...)
§ 2º (Revogado).
§ 3º (Revogado).
§ 4º (Revogado).
§ 4º-A A identificação das partes e a apresentação dos documentos exigidos pela lei civil para fins de habilitação poderão ser realizadas eletronicamente mediante recepção e comprovação da autoria e da integridade dos documentos."

COMENTÁRIO

Por *Christiano Cassettari*

O dispositivo se adequa à legislação pátria para permitir ao registrador civil aceitar documentos de identificação das partes no formato eletrônico, pois as certidões do RCPN que comprovam o estado civil podem ser fornecidas no formato eletrônico, bem como RG, CNH, entre outros. Com essa autorização, os cartórios de RCPN estão preparados para receberem, cada vez mais, documentos eletrônicos no processo de habilitação.

Art. 11. (...)
"Art. 67. (...)
§ 5º Se houver impedimento ou arguição de causa suspensiva, o oficial de registro dará ciência do fato aos nubentes, para que indiquem, em 24 (vinte e quatro) horas, prova que pretendam produzir, e remeterá os autos a juízo, e, produzidas as provas pelo oponente e pelos nubentes, no prazo de 3 (três) dias, com ciência do Ministério Público, e ouvidos os interessados e o órgão do Ministério Público em 5 (cinco) dias, decidirá o juiz em igual prazo."

 COMENTÁRIO

Por *Christiano Cassettari*

Esse parágrafo modifica os arts. 1.529 e 1.530 do CC para alterar o procedimento quando existe impedimento matrimonial e/ou arguição de causa suspensiva, a fim de o registrador civil dar ciência aos nubentes do ocorrido, concedendo-lhes o prazo de 24 horas para indicar as provas que pretendem produzir, remetendo os autos ao juízo competente, na sequência. Produzidas as provas indicadas pelo oponente e pelos nubentes, no prazo de 3 dias, dada ciência ao Ministério Público e ouvidos os interessados e o MP em 5 dias, o juiz deverá proferir decisão em igual prazo.

Art. 11. (...)
"Art. 67. (...)
§ 6º Quando a celebração do casamento ocorrer perante oficial de registro civil de pessoas naturais diverso daquele da habilitação, deverá ser comunicado o oficial de registro em que foi realizada a habilitação, por meio eletrônico, para a devida anotação no procedimento de habilitação."

 COMENTÁRIO

Por *Christiano Cassettari*

Na hipótese de os nubentes decidirem que a celebração e o registro serão realizados em serventia diversa da que se deu o processo de habilitação (em qualquer cartório de RCPN do País, inclusive em outro estado ou cidade), aquele que o celebrar deve comunicar eletronicamente ao da habilitação, para que este anote no processo de habilitação.

Art. 11. (...)
"Art. 67. (...)
§ 7º Expedido o certificado de habilitação, celebrar-se-á o casamento, no dia, hora e lugar solicitados pelos nubentes e designados pelo oficial de registro."

COMENTÁRIO

Por *Christiano Cassettari*

O presente dispositivo concedeu ao registrador civil o direito/poder de marcar a data e a hora da celebração, no lugar da autoridade celebrante, como era na norma anterior, após o término do processo de habilitação. As partes deverão lhe fornecer opções para que ele lhes indique a melhor delas.

Art. 11. (...)
"Art. 67. (...)
§ 8º A celebração do casamento poderá ser realizada, a requerimento dos nubentes, em meio eletrônico, por sistema de videoconferência em que se possa verificar a livre manifestação da vontade dos contraentes."

COMENTÁRIO

Por *Christiano Cassettari*

Após a experiência das mazelas trazidas pela pandemia da covid-19, que fez crescer as reuniões eletrônicas e, inclusive, fomentou, ainda mais, o trabalho em *home office*, o legislador resolveu incorporar, na norma, as regras dos diversos provimentos que explodiram pelo País (Acre, Alagoas, Amazonas, Bahia, Goiás, Maranhão, Mato Grosso, Mato Grosso do Sul, Minas Gerais, Pará, Paraíba, Paraná, Pernambuco, Sergipe, São Paulo, entre outros) para permitir a celebração do casamento, por videoconferência, respeitada a necessidade de adotar a forma mais segura, bem como devendo a gravação ser arquivada em cartório, em formato digital, como parte do processo de habilitação. A grande questão dessa nova modalidade de celebração, desafiadora por sinal, é que tudo deve ocorrer respeitando as regras e normas administrativas da LGPD.

Art. 11. (...)
"Art. 69. Para a dispensa da publicação eletrônica dos proclamas, nos casos previstos em lei, os contraentes, em petição dirigida ao oficial de registro, deduzirão os motivos de urgência do casamento, provando o alegado, no prazo de 24 (vinte e quatro) horas, com documentos.
§ 1º (Revogado).
§ 2º O oficial de registro, no prazo de 24 (vinte quatro) horas, com base nas provas apresentadas, poderá dispensar ou não a publicação eletrônica, e caberá recurso da decisão ao juiz-corregedor."

COMENTÁRIO

Por *Christiano Cassettari*

O presente artigo foi alterado para dar ao registrador civil o poder de conceder, ou não, a dispensa da publicação dos editais de proclamas, havendo pedido das partes e alegação de motivo que o justifique. Antes, esse pleito dependia de autorização judicial. O pedido deve ser feito por petição endereçada ao registrador, expondo as razões da urgência e juntando os documentos comprobatórios em até 24 horas. No mesmo prazo, o Oficial deve proferir decisão, concessiva ou não, cabendo recurso ao Juiz-Corregedor Permanente na hipótese de indeferimento do pedido. A lei não indica quais são os motivos que permitem a dispensa da publicação, devendo o registrador avaliar, de acordo com o caso concreto, se é plausível ou não acatar o pedido.

Art. 11. (...)
"Art. 70-A. A conversão da união estável em casamento deverá ser requerida pelos companheiros perante o oficial de registro civil de pessoas naturais de sua residência."

COMENTÁRIO

Por *Christiano Cassettari*

O art. 70-A não existia na LRP, sendo nela colocado pela Lei 14.382/2022 para trazer uma normatização sobre a Conversão de União Estável em Casamento, timidamente regrada em nossa legislação. A necessidade de regulamentação deriva do mandamento previsto no art. 226 da Constituição Federal, que determina, no

§ 3º, que elevou a união estável, união fática com objetivo de constituir família, ao *status* de entidade familiar e estabeleceu que a lei (todas) tem o dever de facilitar sua conversão em casamento.

Esse dispositivo constitucional foi regulamentado pela Lei 8.935/1994, depois pela Lei 9.278/1996 e, mais tarde, pelo Código Civil, mas nenhum deles se preocupou com os aspectos registrais desse ato.

Para exemplificar o problema, o art. 1.726 do CC estabelece que o pedido de conversão de união estável em casamento deve ser feito ao juiz. Além de não dizer qual seria esse juiz, se o de Família ou de Registros Públicos, ele não se coaduna com a regra do casamento posta no mesmo Código, que não exige a ida do processo de habilitação do casamento ao juiz de direito (dizia apenas ao Ministério Público, que teve revogada a regra).

Com isso, interpretando as normas literalmente, chegaríamos a uma conclusão absurda, pois, se as partes já viviam em união estável e desejassem casar-se (sem conversão, omitindo do Oficial que já viviam juntas), o requerimento seria feito ao registrador e o processo de habilitação não iria ao juiz, mas, se optasse pela conversão, teria que requerer ao juiz. Teria lógica isso?

Como essa interpretação é flagrantemente inconstitucional, pois dificulta a conversão, as normas administrativas de alguns tribunais estaduais já corrigiam essa idiossincrasia, porém outros não, como o Distrito Federal, que exigia a propositura de ação judicial em Vara de Família.

Portanto, o legislador deixou claro e cristalino, no *caput* do art. 70-A, que o requerimento de conversão da união estável em casamento deve ser apresentado ao Registrador Civil das Pessoas Naturais, e não ao Juiz de Direito (derrogando o art. 1.726 do CC), conforme a regra de competência do casamento (residência dos nubentes).

Art. 11. (...)
"Art. 70-A. (...)
§ 1º Recebido o requerimento, será iniciado o processo de habilitação sob o mesmo rito previsto para o casamento, e deverá constar dos proclamas que se trata de conversão de união estável em casamento."

COMENTÁRIO

Por *Christiano Cassettari*

O § 1º do art. 70-A da LRP estabelece que o processo de habilitação da conversão da união estável em casamento seguirá as mesmas regras e caminho do que se faz quando as pessoas dão entrada no casamento sem conversão. A única diferença é que, nos editais de proclamas, deve constar, expressamente, que se trata de conversão de união estável em casamento.

Art. 11. (...)
"Art. 70-A. (...)
§ 2º Em caso de requerimento de conversão de união estável por mandato, a procuração deverá ser pública e com prazo máximo de 30 (trinta) dias."

COMENTÁRIO

Por *Christiano Cassettari*

O § 2º do art. 70-A da LRP estabelece que, se um dos conviventes se fizer representar no requerimento de início do processo de habilitação, na conversão da união estável em casamento em que não haverá celebração (habilitadas as partes, já é feito o registro direto), a procuração deverá ser outorgada por instrumento público, e seu prazo de eficácia será de, no máximo, 30 dias. A ideia é evitar fraude, pois a procuração para requerer o início do processo de habilitação, ordinariamente, não exige forma pública, criando a lei, *in casu*, uma exceção.

Art. 11. (...)
"Art. 70-A. (...)
§ 3º Se estiver em termos o pedido, será lavrado o assento da conversão da união estável em casamento, independentemente de autorização judicial, prescindindo o ato da celebração do matrimônio."

COMENTÁRIO

Por *Christiano Cassettari*

O § 3º do art. 70-A da LRP confirma que não haverá celebração na conversão de união estável em casamento, sendo registrado o ato após o término do processo de habilitação, reconhecendo que as partes estão aptas.

Como já dito no comentário do *caput* desse artigo, o pedido de conversão da união estável em casamento não é feito ao Juiz de Direito, mas ao Registrador Civil, nem será encaminhado a ele, como ocorre com a habilitação de casamento comum, derrogando, assim, o art. 1.726 do CC.

Art. 11. (...)
"Art. 70-A. (...)
§ 4º O assento da conversão da união estável em casamento será lavrado no Livro B, sem a indicação da data e das testemunhas da celebração, do nome do presidente do ato e das assinaturas dos companheiros e das testemunhas, anotando-se no respectivo termo que se trata de conversão de união estável em casamento."

 COMENTÁRIO

Por *Christiano Cassettari*

O § 4º do art. 70-A da LRP confirma que o registro da conversão de união estável em casamento deverá ser feito no Livro "B", e não no B-AUX como alguns estados determinavam em seus códigos de normas das corregedorias, em razão da omissão da legislação sobre o livro correto para se fazer tal registro.

A dúvida se deve ao fato decorrente de o registro do casamento religioso com efeito civil ser feito sem a assinatura das partes, pois a celebração não é feita pelo Juiz de Paz, mas por autoridade religiosa. Como, na conversão de união estável em casamento, não há celebração, algumas pessoas diziam, equivocadamente – na nossa opinião –, que o registro teria que ser feito no livro B-AUX.

Esse dispositivo põe uma pá de cal na discussão.

Como não há celebração na conversão da união estável em casamento, a norma determina que o registro será feito sem a indicação da data e das testemunhas da celebração, do nome do presidente do ato e das assinaturas dos companheiros e das testemunhas, anotando-se, no respectivo termo, que se trata de conversão de união estável em casamento.

Art. 11. (...)
"Art. 70-A. (...)
§ 5º A conversão da união estável dependerá da superação dos impedimentos legais para o casamento, sujeitando-se à adoção do regime patrimonial de bens, na forma dos preceitos da lei civil."

 COMENTÁRIO

Por *Christiano Cassettari*

O § 5º do art. 70-A da LRP estabelece que a conversão da união estável em casamento só poderá ocorrer se não existir nenhum impedimento matrimonial, até porque, se ele existir, as partes não vivem em união estável, mas em concubinato, conforme o conceito descrito no art. 1.727 do CC.

Questão importante que o dispositivo veio deixar clara é de a conversão de união estável em casamento sujeitar-se às regras previstas na lei, quanto aos regimes de bens.

Isso quer dizer que o regime da separação obrigatória, previsto no art. 1.641 do CC, se aplica na união estável.

Dessa forma, dissipa-se a dúvida e as respostas desencontradas, que são oferecidas no caso clássico de conversão. Ainda que as partes constituam união estável, regida pelo regime da comunhão parcial de bens, por força do art. 1.725 do CC, e, após um dos conviventes completar 70 anos, decidam convertê-la em casamento, este vigorará com o regime da separação obrigatória de bens, conforme impõe o art. 1.641, I, do CC.

Muitos entendem que a regra da comunhão parcial deve ser levada ao casamento, já que a união começou antes de a pessoa completar 70 anos. Com a nova lei, a dúvida se dissipa (seja justa ou não), pois o casamento derivado de conversão será convertido em separação obrigatória.

Essa regra deve ser observada pelos registradores civis de todo o País, mas entendemos que é inconstitucional por desrespeitar o art. 226 da CF, já que dificulta a conversão em casamento, devendo ser objeto de controle pelo STF. Aguardemos!!!

Art. 11. (...)
"Art. 70-A. (...)
§ 6º Não constará do assento de casamento convertido a partir da união estável a data do início ou o período de duração desta, salvo no caso de prévio procedimento de certificação eletrônica de união estável realizado perante oficial de registro civil."

 COMENTÁRIO

Por *Christiano Cassettari*

O § 6º do art. 70-A da LRP estabelece que, na conversão da união estável em casamento, o registrador civil está proibido de fazer constar a data de início da união, já que o procedimento não passa por uma ação judicial em que poderia ser feita uma instrução processual para apurar, corretamente, a data do início. Há, porém, uma exceção, na hipótese de ter sido feito, previamente ao pedido de conversão, o procedimento de certificação eletrônica no RCPN, hipótese em que será colocada, no casamento, como data do início, a de quando foi feita a certificação citada. A escritura pública e a sentença judicial não substituem a certificação, segundo o texto do dispositivo.

Art. 11. (...)

"Art. 70-A. (...)

§ 7º Se estiver em termos o pedido, o falecimento da parte no curso do processo de habilitação não impedirá a lavratura do assento de conversão de união estável em casamento."

 COMENTÁRIO

Por *Christiano Cassettari*

O § 7º do art. 70-A da LRP estabelece que o momento em que as partes devem estar vivas e dotadas de capacidade é o da realização do requerimento de conversão da união estável em casamento, feito ao registrador civil. Como não há celebração, e nenhum outro ato que exija a presença das partes, o registro do casamento poderá ocorrer, ainda que uma das partes faleça após ter feito o requerimento ao registrador, no curso do processo de habilitação.

Art. 11. (...)

"Art. 94-A. Os registros das sentenças declaratórias de reconhecimento e dissolução, bem como dos termos declaratórios formalizados perante o oficial de registro civil e das escrituras públicas declaratórias e dos distratos que envolvam união estável, serão feitos no Livro E do registro civil de pessoas naturais em que os companheiros têm ou tiveram sua última residência, e dele deverão constar:

I – data do registro;

II – nome, estado civil, data de nascimento, profissão, CPF e residência dos companheiros;

III – nome dos pais dos companheiros;

IV – data e cartório em que foram registrados os nascimentos das partes, seus casamentos e uniões estáveis anteriores, bem como os óbitos de seus outros cônjuges ou companheiros, quando houver;

V – data da sentença, trânsito em julgado da sentença e vara e nome do juiz que a proferiu, quando for o caso;

VI – data da escritura pública, mencionados o livro, a página e o tabelionato onde foi lavrado o ato;

VII – regime de bens dos companheiros;

VIII – nome que os companheiros passam a ter em virtude da união estável."

COMENTÁRIO

Por *Christiano Cassettari*

O art. 94-A não existia na LRP, sendo nela colocado pela Lei 14.382/2022 para transformar em lei o conteúdo do Provimento 37 do CNJ, de 07/07/2014, da lavra do eminente professor da Uerj Guilherme Calmon Nogueira da Gama, Conselheiro à época em que estava como Presidente em exercício. O citado provimento veio para autorizar o registro da União Estável no Livro "E" do Registro Civil das Pessoas Naturais.

É muito antiga a polêmica dos problemas que a união estável gera na sociedade, por falta de publicidade registral. Ocorre que esse tipo de forma de constituição de família foi criado para ser mesmo uma união informal, pois sua criação se dá pela ocorrência de um ato-fato jurídico, e não por qualquer documento, seja contrato, seja sentença, tampouco um registro. Contudo, ao longo do tempo, desde sua primeira regulamentação pela Lei 8.971/1994, houve tanto da doutrina quanto da jurisprudência, um equivocado desejo, na nossa opinião, de igualar os efeitos dessa união aos do casamento, o que gera muitos problemas em nossa sociedade, pois ela não foi criada para receber todos os efeitos do matrimônio, motivo pelo qual várias tentativas de resolver problemas são criadas, diuturnamente. Mais um exemplo disso é a possibilidade de se registrar a união estável.

Esse foi o motivo do porquê se discutiu por muito tempo, qual seria o *locus* competente para esse tipo de registro (já se ventilou os Registros de Títulos e Documentos e de Imóveis), até que o Provimento 37/2014 do CNJ, acertadamente reconhece que se for necessário registrar, o local correto é o Registro Civil das Pessoas Naturais. Assim sendo, a citada norma do CNJ autorizou e estabeleceu as diretrizes para que esse registro fosse feito.

O art. 94-A que está sendo incluído na Lei 6.015/1973 foi nessa norma inspirado, e, no seu *caput*, estabelece que:

(i) é possível registrar união estável no Livro "E" do Registro Civil das Pessoas Naturais;

(ii) o cartório competente para esse registro é de onde os companheiros têm ou tiveram sua última residência;

(iii) podem ser registradas uniões estáveis que já existem (vigentes) ou que já foram extintas, hipótese em que se registra a sua existência e se averba sua extinção.

É necessário ter em mãos, para registrar a união estável, a sentença declaratória de união estável transitada em julgado, ou um termo declaratório de união estável firmado no Registro Civil das Pessoas Naturais, ou uma escritura pública.

Inicialmente, cumpre destacar que, apesar de o art. 1.725 do CC permitir que seja possível fazer um contrato de convivência de união estável por instrumento particular, mesmo válido e eficaz, ele não é passível de registro, pois não se enquadra nos requisitos anteriores, conforme já constava no Provimento 37/2014 do CNJ.

Em segundo lugar, a lei criou o Termo Declaratório de União Estável, que será feito no Registro Civil das Pessoas Naturais, de forma muito mais simples para que as pessoas possam documentar a existência da união fática, e seja mais fácil para o governo controlar tais informações, já que os cartórios de todo o Brasil são obrigados a encaminhar aos órgãos públicos, por imposição de lei, as informações dos atos que produzm. Esse termo pode ser feito ainda que as partes não desejem o registro no Livro "E".

Em terceiro lugar, aparecem, no dispositivo, oito incisos que indicam os elementos do registro a ser celebrado no RCPN. Saltam aos olhos duas questões fundamentais que a norma aprimora no Provimento do CNJ. Uma é a necessidade de se verificar o estado civil das partes, assim como se faz no casamento, exigindo certidões atualizadas de nascimento ou casamento, dependendo do caso concreto. Outra é a possibilidade de mudança de nome, tal qual ocorre no casamento, para permitir que as partes possam incluir o sobrenome do outro ao seu nome. Lembrando que a união estável se forma também entre pessoas de sexos distintos ou idênticos.

Art. 11. (...)
"Art. 94-A. (...)
§ 1º Não poderá ser promovido o registro, no Livro E, de união estável de pessoas casadas, ainda que separadas de fato, exceto se separadas judicialmente ou extrajudicialmente, ou se a declaração da união estável decorrer de sentença judicial transitada em julgado."

 COMENTÁRIO

Por *Christiano Cassettari*

Mesmo com a possibilidade de se formar a união estável tendo pessoas casadas que estejam separadas de fato, por força do § 1º do art. 1.723 do CC, o § 1º do art. 94-A da LRP estabelece que essa união estável não poderá ser registrada, apesar de existir, tudo no intuito de impedir uma confusão de direitos, considerando que o casamento, embora falido, ainda não foi extinto formalmente. Exceção à regra é criada no próprio dispositivo para os separados por sentença transitada em julgado (judicialmente) ou por escritura pública (extrajudicialmente), pois comprovam o fim, ao menos, do regime de bens.

Nesse caso, tais documentos não devem ser aceitos pelo registrador para a prática do ato em comento, que deverá exigir uma certidão atualizada com essa informação, ou seja, com a averbação no assento do casamento, indicando que este terminou, pois só assim se garante que a publicidade registral seja dada para a sociedade, conforme determina o art. 10 do CC.

> **Art. 11.** (...)
> "Art. 94-A. (...)
> § 2º As sentenças estrangeiras de reconhecimento de união estável, os termos extrajudiciais, os instrumentos particulares ou escrituras públicas declaratórias de união estável, bem como os respectivos distratos, lavrados no exterior, nos quais ao menos um dos companheiros seja brasileiro, poderão ser levados a registro no Livro E do registro civil de pessoas naturais em que qualquer dos companheiros tem ou tenha tido sua última residência no território nacional."

 COMENTÁRIO

Por *Christiano Cassettari*

O § 2º do art. 94-A da LRP esclarece que é possível comprovar a existência da união estável com sentença ou escritura produzidas em outro país. A resposta é afirmativa e inclui também os distratos. A competência registral na hipótese será do cartório da residência (e não domicílio) que os companheiros tenham ou tiveram como última antes de saírem do país, acabando, finalmente, com a regra de que tudo deveria ser registrado no Distrito Federal, quando as partes não tinham mais domicílio no Brasil, ainda que nunca tivessem tido nenhuma relação com a capital federal.

> **Art. 11.** (...)
> "Art. 94-A. (...)
> § 3º Para fins de registro, as sentenças estrangeiras de reconhecimento de união estável, os termos extrajudiciais, os instrumentos particulares ou escrituras públicas declaratórias de união estável, bem como os respectivos distratos, lavrados no exterior, deverão ser devidamente legalizados ou apostilados e acompanhados de tradução juramentada."

COMENTÁRIO

Por *Christiano Cassettari*

O § 3º do art. 94-A da LRP indica, na hipótese tratada no inciso anterior, de o pedido de registro se basear em sentença ou escritura produzidas no exterior, a necessidade de tradução por tradutor juramentado (com inscrição ativa nas Juntas Comerciais brasileiras) e legalização pelos consulados ou embaixadas do Brasil no país de origem, sendo dispensada essa exigência se o documento estiver apostilado (para que o documento público nacional produza efeitos no exterior), por ser o país signatário da Convenção da Apostila. Questão intrigante é a da inclusão, na lei, do documento particular, demonstrando um preconceito com o documento particular brasileiro que não é aceito para registro, mas o estrangeiro sim.

Art. 11. (...)
"Art. 116. (...)
I – Livro A, para os fins indicados nos incisos I e II do *caput* do art. 114 desta Lei; e
II – Livro B, para matrícula das oficinas impressoras, jornais, periódicos, empresas de radiodifusão e agências de notícias."

COMENTÁRIO

Por *Leonardo Brandelli*

Os livros A e B do Registro Civil de Pessoas Jurídicas são os livros nos quais são realizados os atos de registro (*lato sensu*) desse Serviço Registral.

O livro A é aquele em que serão feitos os registros e as averbações pertinentes às pessoas jurídicas cuja atribuição registral pertença ao Registro Civil de Pessoas Jurídicas, e não a outro Registro, como à Junta Comercial. Tais atos estão legalmente previstos nos incisos I, II e III[24] do art. 114 da LRP.

---

[24] Embora a nova redação do inciso I do art. 116 remeta apenas aos incisos I e II do art. 114, estão também insertos, no livro A, os atos registrais previstos no inciso III do art. 114, relativos aos partidos políticos. A Lei 9.096/1995, com as alterações promovidas pela Lei 13.877/2019, passou a prever, em seus arts. 8º e 10, § 2º, que o partido político será registrado no Registro Civil de Pessoa Jurídica da circunscrição em que tiver sede e que os órgãos de direção nacional, estadual, distrital e municipal serão registrados na circunscrição em que forem situados, o que levou à alteração das Normas de Serviço do

O livro B, por sua vez, é o livro no qual serão feitas as matrículas dos meios de comunicação em geral, cuja previsão legal encontra-se no parágrafo único do art. 114, o qual contém a seguinte redação: "No mesmo cartório será feito o registro dos jornais, periódicos, oficinas impressoras, empresas de radiodifusão e agências de notícias a que se refere o art. 8º da Lei nº 5.250, de 9-2-1967".

A nova redação dos incisos I e II do art. 166 exclui o número de páginas, que correspondia a 300, em razão das novas tecnologias. Se o § 3º do art. 1º da Lei de Registros Públicos estabeleceu com a Lei 14.382/2022 que os "registros serão escriturados, publicizados e conservados em meio eletrônico", não há mais sentido em manter-se um número máximo de folhas para os livros, visto que a lei determina que sejam digitais.

Art. 11. (...)
"Art. 121. O registro será feito com base em uma via do estatuto, compromisso ou contrato, apresentada em papel ou em meio eletrônico, a requerimento do representante legal da pessoa jurídica.
§ 1º É dispensado o requerimento de que trata o *caput* deste artigo caso o representante legal da pessoa jurídica tenha subscrito o estatuto, compromisso ou contrato.
§ 2º Os documentos apresentados em papel poderão ser retirados pelo apresentante nos 180 (cento e oitenta) dias após a data da certificação do registro ou da expedição de nota devolutiva.
§ 3º Decorrido o prazo de que trata o § 2º deste artigo, os documentos serão descartados."

 COMENTÁRIO

Por *Leonardo Brandelli*

A redação do art. 121 da Lei 6.015/1973 dispunha que:

> Para o registro serão apresentadas duas vias do estatuto, compromisso ou contrato, pelas quais far-se-á o registro mediante petição do representante legal da

---

Extrajudicial, expedidas pela Corregedoria-Geral de Justiça do Estado de São Paulo, que, na alínea *a* do item 1 do Capítulo XVIII, passou a estipular que é "atribuição dos Oficiais de Registro Civil das Pessoas Jurídicas: a) registrar os atos constitutivos, contratos sociais e estatutos das sociedades simples; das associações, incluídos os sindicatos; dos partidos políticos e seus diretórios; das organizações religiosas; das fundações de direito privado; das empresas individuais de responsabilidade limitada, de natureza simples".

sociedade, lançando o oficial, nas duas vias, a competente certidão do registro, com o respectivo número de ordem, livro e folha. Uma das vias será entregue ao representante e a outra arquivada em cartório, rubricando o oficial as folhas em que estiver impresso o contrato, compromisso ou estatuto.

A nova redação dada ao artigo pela Lei 14.382/2022 simplifica os documentos necessários ao registro em razão das novas tecnologias, exigindo, para registro, apenas uma via do ato de constituição ou alteração da pessoa jurídica, em caso de apresentação de documento físico, ou que seja ele apresentado em meio eletrônico.

Não há mais a exigência, por absoluta desnecessidade, de que o ato constitutivo ou modificativo seja apresentado em duas vias físicas, uma vez que os registros passam a ser eletrônicos, ficando o documento também eletronicamente arquivado, e não fisicamente – como ocorria no passado –, de modo que o ato pode ser apresentado de forma eletrônica, ou, caso seja fisicamente apresentado, o será em apenas uma via, a qual será devolvida após o registro.

Elimina-se igualmente o requerimento para registro a ser feito pelo representante da pessoa jurídica quando ele tiver subscrito o ato constitutivo ou modificativo, visto que, em tal hipótese, já terá demonstrado a sua ciência e aquiescência.

Uma vez que os registros passam a ser eletrônicos, podendo ser expedidas certidões eletrônicas, a fim de dispensar o papel, e o usuário é responsável pelos documentos submetidos a registro, eventuais atos de constituição ou modificação de pessoas jurídicas que sejam apresentados em via física deverão ser retirados da Serventia Registral no prazo de 180 dias após a colocação à disposição do usuário, seja pela expedição de uma nota devolutiva, em caso de qualificação registral negativa, seja por meio do registro e sua certificação, na hipótese de qualificação registral positiva.

Em caso de não retirada dos documentos no prazo de 180 dias, os documentos poderão ser descartados pelo Oficial, isto é, poderão ser eliminados de forma segura, e, caso o usuário pretenda posteriormente uma cópia autêntica de tais documentos, poderá obtê-la por meio de certidão a ser expedida pelo Oficial, mediante o pagamento de emolumentos.

Art. 11. (...)

"Art. 127-A. O registro facultativo para conservação de documentos ou conjunto de documentos de que trata o inciso VII do *caput* do art. 127 desta Lei terá a finalidade de arquivamento de conteúdo e data, não gerará efeitos em relação a terceiros e não poderá servir como instrumento para cobrança de dívidas, mesmo que de forma velada, nem para protesto, notificação extrajudicial, medida judicial ou negativação nos serviços de proteção ao crédito ou congêneres.

§ 1º O acesso ao conteúdo do registro efetuado na forma prevista no *caput* deste artigo é restrito ao requerente, vedada a utilização do registro para qualquer outra finalidade, ressalvadas:

I – requisição da autoridade tributária, em caso de negativa de autorização sem justificativa aceita; e

II – determinação judicial.

§ 2º Quando se tratar de registro para fins de conservação de documentos de interesse fiscal, administrativo ou judicial, o apresentante poderá autorizar, a qualquer momento, a sua disponibilização para os órgãos públicos pertinentes, que poderão acessá-los por meio do Serp, sem ônus, nos termos estabelecidos pela Corregedoria Nacional de Justiça do Conselho Nacional de Justiça, dispensada a guarda pelo apresentante.

§ 3º A certificação do registro será feita por termo, com indicação do número total de páginas registradas, dispensada a chancela ou rubrica em qualquer uma delas.

§ 4º (Vetado)."

COMENTÁRIO

Por *Leonardo Brandelli*

O Registro de Títulos e Documentos, registro jurídico que é, produz, em regra, uma alteração na eficácia do ato jurídico publicizado. Trata-se de publicidade jurídica, a qual produz, como efeito mínimo, a oponibilidade *erga omnes* do publicizado, em razão da cognoscibilidade gerada.

Dessa forma, o Registro de Títulos e Documentos, em regra, é um meio de publicidade tal qual qualquer outro registro jurídico (*v.g.*, o Registro de Imóveis, a Junta Comercial ou o Registro Civil de Pessoas Naturais), de modo que gera, minimamente, a absolutividade da situação jurídica publicizada por gerar cognoscibilidade jurídica.

Excepcionalmente, na situação prevista no inciso VII do art. 127 da LRP, que é agora regulamentado pelo art. 127-A da mesma lei, não há a geração de cognoscibilidade e de alteração eficacial do publicizado. Não há, dito de outra forma, tecnicamente, publicidade jurídica. Há mero arquivamento qualificado, com importantes efeitos probatórios, mas não publicitários.

Pode-se dizer, de certa maneira, que o Registro de Títulos e Documentos é registro e não registro. É, majoritária e regularmente, uma espécie de registro jurídico, que gera cognoscibilidade e produz alteração da eficácia da publicidade, para, minimamente, tornar a situação jurídica publicizada oponível contra todos. Além disso, é, na situação do aludido inciso VII, um não registro jurídico, visto que, na situação ali prevista, não gerará cognoscibilidade e oponibilidade.

Na hipótese prevista no inciso VII do art. 127 da LRP, o Registro de Títulos e Documentos funcionará como um arquivo qualificado, a gerar certos benefícios probatórios por conta da fé pública do arquivado, mas não haverá aí um labor de publicidade jurídica.

Trata-se do chamado registro para fins de conservação, o qual não se confunde com o registro derivado da atribuição residual que tem o Registrador de Títulos e Documentos (art. 127, parágrafo único, da LRP). Neste há publicidade, naquele não.

O art. 127-A regulamenta o registro para fins de conservação, esclarecendo que não se trata de hipótese de publicidade jurídica, de modo que não gerará cognoscibilidade do registrado, não produzindo, consequentemente, eficácia em relação a terceiros que não participaram do ato jurídico registrado.

Trata-se de arquivamento, o qual tem por condão tornar certo, a partir do momento do registro, em razão da fé pública do Oficial, o conteúdo do documento registrado, bem como a sua existência na data do registro.

Há aqui uma atuação da fé pública do Registrador a fim de autenticar, com presunção *juris tantum*, o conteúdo do documento registrado e a existência deste na data do registro, os quais se tornam certos pela conjugação do arquivamento com a fé pública.

Entretanto, uma vez que não se trata de labor de registro jurídico, mas de mero arquivamento, não há qualquer alteração na eficácia do ato jurídico registrado, o qual, após o registro, manterá a eficácia jurídica que já tinha.

Estará o documento a salvo de extravios e receberá ele prova qualificada de seu conteúdo e de sua data, mas manterá a eficácia jurídica que já tinha antes do registro, a qual em nada é alterada, como visto, por não se tratar de labor de registro jurídico, mas de um mero arquivamento qualificado.

É dizer: se o instrumento continha um negócio jurídico nulo, nulo permanecerá; se não se tratava de um título executivo, continuará sem sê-lo; se era instrumento particular, manterá essa eficácia; se não era um título apto a ser protestado, assim permanecerá após o registro. Por outro lado, se havia ali um título apto a ser protestado ou a servir de título executivo, manterá tais características, obviamente, após o registro, servindo eventual certidão registral para tais fins.

Essa é a interpretação que se deve ter da expressão contida no *caput* do art. 127-A ora analisado: "não poderá servir como instrumento para cobrança de dívidas, mesmo que de forma velada, nem para protesto, notificação extrajudicial, medida judicial ou negativação nos serviços de proteção ao crédito ou congêneres".

A leitura da redação duvidosa pode fazer parecer que o registro diminui a eficácia do documento, o que não ocorre. O registro nem acresce eficácia nem retira. A certidão do documento registrado exara o mesmo efeito material e processual que tem o próprio documento registrado. Nem mais, nem menos. Há, apenas, uma melhora probatória.

Uma vez que, como vimos, não há aqui publicidade jurídica em jogo, mas mero arquivamento, o acesso ao conteúdo do registro somente poderá ser franqueado ao próprio requerente do registro, ou a representante ou autorizado seu, e a ninguém mais, salvo requisição de autoridade tributária ou determinação judicial (§ 1º).

O requerente do registro para fins de conservação poderá autorizar terceiros a ter acesso ao conteúdo do registro.

Caso o documento registrado tenha interesse fiscal, administrativo ou judicial, e o requerente do registro autorize as autoridades administrativas ou judiciais pertinentes a terem acesso ao conteúdo do registro, o que poderá ocorrer por meio do Serp, ficará dispensado o apresentante da guarda do documento, visto que está ele arquivado com fé pública. A negativa injustificada de autorização para acesso ao fisco, de documento com interesse fiscal, poderá dar ensejo à requisição do documento pela autoridade fiscal.

A falta de autorização poderá ser também suprida por decisão judicial que analise e conceda acesso a alguém ao conteúdo do registro.

Em nosso sentir, a autorização poderá ser dada, e revogada, a qualquer tempo, assim como poderá ser direcionada ao próprio registro, ou ser dada em documento apartado, a ser utilizado pelo autorizado quando necessário.

Por fim, quando se tratar de registro para fins de conservação, não haverá necessidade de uma certificação especial em cada página, bastando que se certifique por termo com a indicação do total de páginas registradas, incluindo ainda o esclarecimento de que se trata de registro para fins de conservação.

Art. 11. (...)
"Art. 129. (...)
2º) (Revogado);
(...)
5º) os contratos de compra e venda em prestações, com reserva de domínio ou não, qualquer que seja a forma de que se revistam, e os contratos de alienação ou de promessas de venda referentes a bens móveis;
(...)
9º) os instrumentos de sub-rogação e de dação em pagamento;
10º) a cessão de direitos e de créditos, a reserva de domínio e a alienação fiduciária de bens móveis; e
11º) as constrições judiciais ou administrativas sobre bens móveis corpóreos e sobre direitos de crédito.
§ 1º A inscrição em dívida ativa da Fazenda Pública não se sujeita ao registro de que trata o *caput* deste artigo para efeito da presunção de fraude de que trata o art. 185 da Lei nº 5.172, de 25 de outubro de 1966 (Código Tributário Nacional).

§ 2º O disposto no *caput* deste artigo não se aplica ao registro e à constituição de ônus e de gravames previstos em legislação específica, inclusive o estabelecido:

I – na Lei nº 9.503, de 23 de setembro de 1997 (Código de Trânsito Brasileiro); e

II – no art. 26 da Lei nº 12.810, de 15 de maio de 2013."

 COMENTÁRIO

Por *Leonardo Brandelli*

As alterações promovidas pela Lei 14.382/2022 no art. 129 da LRP, nos itens 1º a 10, devem ser analisadas conjuntamente, porque sua matriz publicitária é a mesma e muito mais ampla do que o rol do citado artigo, e a previsão desses itens legislativos é meramente exemplificativa, e não taxativa.

Vejamos.

A publicidade das situações jurídicas que tenham potencialidade de afetar a terceiros é instituto jurídico inserido no âmago do direito civil, embora nem tão percebido nem tão explorado pelos civilistas pátrios.

A necessidade de se tornarem cognoscíveis as relações jurídicas que produzam – ou devam produzir – efeitos perante terceiros, de caráter real ou caráter pessoal, é uma realidade jurídica que encontrou diferentes respostas ao longo da evolução do Direito.

A publicidade é o oposto da clandestinidade e pode ser definida, nas precisas palavras de José María Chico y Ortiz, como "aquel requisito que, añadido a los que rodean a las situaciones jurídicas, asegura frente a todos la titularidad de los derechos y protege al adquirente que confía en sus pronunciamentos, facilitando de esta manera el crédito y protegiendo el tráfico jurídico".[25]

Assim, sem um meio eficaz de publicidade, não se terá um efetivo direito real, oponível a terceiros, uma vez que estes o desconhecerão; poder-se-á chamar de direito real, mas, em verdade, não o será, ou não o será em sua plenitude, por encontrar sérias restrições jurídicas decorrentes da ignorância de sua existência por terceiros. O mesmo se diga a respeito dos direitos puramente obrigacionais que devam ser oponíveis em relação a terceiros, como certos direitos de preempção, por exemplo: se não forem publicizados, sua oponibilidade esvai-se.

---

[25] CHICO Y ORTIZ, José María. *Estudios sobre derecho hipotecário*. 4. ed. Madrid: Marcial Pons, 2000. t. I. p. 180.

"La publicidad en materia de derechos reales, es la exteriorización de las situaciones jurídicas reales (referidas a cosas individualizadas), a los efectos de que, posibilitando su cognoscibilidad por los terceros interesados, puedan serles oponibles." (...) Siendo oponibles *erga omnes*, no se concibe que el sujeto pasivo de la relación jurídica real esté obligado a respetarlos, si no se los conoce.[26]

Mutatis mutandis, a lição de Vivar aplica-se também aos direitos obrigacionais que devam ter eficácia perante terceiros. Embora a relatividade do direito obrigacional seja uma de suas notas características, ainda utilizada pela doutrina, é crescente a confrontação a esse princípio por haver cada vez mais direitos pessoais oponíveis a terceiros. Precisa, nesse ponto, a lição de João de Matos Antunes Varela:

> Mas a *relatividade* essencial do direito de crédito não obsta: *a)* a que a lei considere excepcionalmente oponíveis a terceiros algumas relações que, na sua essência, são autênticas *relações obrigacionais; b)* a que a relação de crédito, na sua *titularidade*, constitua um valor *absoluto*, como tal oponível a terceiros.[27]

É o que ocorre, por exemplo, com o direito de preempção do locatário de imóvel urbano. A tais direitos pessoais, para que sejam oponíveis a terceiros, há a necessidade de publicidade tal qual nos direitos reais.

Essa necessidade imperiosa de se acharem meios eficazes de publicidade sempre foi compreendida ao longo da evolução histórica das ciências jurídicas, tendo-se oferecido em cada momento histórico o instrumento adequado para tanto.

No direito grego, as celebrações de negócios jurídicos em mercados, em praças públicas, ou na presença de três vizinhos, davam conta de fornecer a tais negócios a publicidade almejada, tornando os direitos ali adquiridos oponíveis a terceiros, visto que celebrados publicamente.[28]

Também o Egito faraônico conheceu e reconheceu a necessidade da publicidade de certos direitos, em especial os imobiliários, exigindo a intervenção de autoridades públicas e de certos membros da comunidade com o intuito de atingir tal fim.[29]

---

[26] VIVAR, Beatriz Areán de Díaz de. *Tutela de los derechos reales y del interés de los terceros*: acciones reales y publicidad de los derechos reales. Buenos Aires: Abeledo-Perrot, 1979. p. 99.

[27] VARELA, João de Matos Antunes. *Das obrigações em geral*. 9. ed. Coimbra: Almedina, 1996. v. I. p. 178-179.

[28] MONTES, Angel Cristóbal. *Direito imobiliário registral*. Porto Alegre: SAFE e IRIB, 2005. p. 45.

[29] POZO, Luis Fernández Del. *La propiedad inmueble y el registro de la propiedad en el Egipto faraónico*. Madrid: Colegio de Registradores de la Propiedad y Mercantiles de España, [s.d.]. p. 121.

Da mesma forma, o direito romano instituía certas formalidades aos negócios jurídicos que pretendessem criar, transmitir ou modificar certos direitos sobre determinados bens. Assim a *mancipatio* – que consistia na transmissão da propriedade de certos bens mediante uma solenidade específica diante de pelo menos cinco testemunhas especialmente convocadas para o ato – e a *in iure cessio* – cuja publicidade do direito era alcançada mediante a intervenção judicial e o reconhecimento pelo órgão judicante do direito transmitido.[30]

Nas sociedades mais priscas, a publicidade era alcançada de maneira mais simplificada, por meio da celebração mediante formalidades ou em locais onde os membros da sociedade pudessem tomar conhecimento. Numa sociedade sem maiores complexidades, de proporções populacionais modestas como as que existiam na ocasião, a publicidade ancorada em uma publicidade da tradição ou em uma publicidade possessória era mais do que suficiente. Vender um imóvel em uma praça pública grega era garantir que todos os demais tomariam ciência, direta ou indiretamente, do negócio celebrado. Ademais, a posse fazia presumir a propriedade ou outro direito real praticamente de maneira absoluta, diante da menor complexidade das relações jurídicas, em que a existência de um direito imobiliário oponível a terceiros implicava a transmissão possessória, a qual tornava público o direito. Todavia, com a evolução social e jurídica, tais instrumentos publicitários não mais se fizeram suficientes, permanecendo, contudo, e de forma cada vez mais premente, a necessidade de se publicizarem certas relações jurídicas.

O crescimento populacional e a formação de grandes metrópoles, marcadas pela impessoalidade, pela industrialização da sociedade, pela criação de novos institutos jurídicos que dão vazão às novas necessidades sociais (como a propriedade fiduciária em garantia, por exemplo) e pela complexidade, enfim, das relações jurídicas e sociais escancarada em uma sociedade de massas, teve o condão de rapidamente tornar obsoletas as tecnologias publicitárias existentes, reclamando a incoação de outras mais eficientes.

Nesse momento, surge a instituição registral, como fenômeno mais ou menos recente. Aparece como instituição específica e especializada a dar uma publicidade eficiente a determinadas situações jurídicas, sendo reconhecida, atualmente, em todo o mundo, como o mais eficaz instrumento de publicidade. E sua importância é sempre crescente, à medida que, cada vez mais, surgem novas situações jurídicas, e faz-se presente a necessidade da publicidade registral em virtude de os direitos apresentarem a nota de potencialidade de atingir a esfera jurídica de terceiros.

Os direitos puramente privados e *inter partes* são cada vez mais raros. As funções social e econômica dos direitos, aliadas ao interesse público que permeia

---

[30] KASER, Max. *Direito privado romano*. Lisboa: Fundação Calouste Gulbenkian, 1999. p. 64-68.

muitos dos institutos jurídicos, fazem que haja uma necessidade cada vez mais latente de publicidade, e a instituição registral é o meio hodierno eficaz e de primorosa tecnologia jurídica apta a conseguir tal desiderato.

Tal característica dos registros públicos é tão forte no direito atual que alguns autores sequer admitem outra publicidade que não seja a registral, isto é, não admitem eficácia *erga omnes* fora da instituição registral; outros, por seu turno, admitem publicidade exógena (decorrente da aparência ou da posse, por exemplo) para direitos de menor importância jurídica ou econômica, para os quais não haja obrigatoriedade de registro.[31]

O registro cria uma publicidade muito mais sólida e eficiente do que os institutos de publicidade até então existentes, como a tradição e a posse, por exemplo. Nesse sentido, alerta Pontes de Miranda que os "direitos, as pretensões, as ações e as exceções existem no mundo jurídico, porque são *efeitos* de fatos jurídicos, isto é, de fatos que entraram no mundo jurídico" e que lá "são notados, vistos (em sentido amplíssimo) pela *aparência* deles (...). Mas a aparência do fato e do efeito, ou só de efeito, pode ser falsa (...), às vezes há o ser que não aparece, e há o que aparece sem ser. A técnica jurídica tenta, com afinco, obviar a esse desajuste entre a realidade jurídica e a aparência". E arremata mostrando que é a publicidade registral quem tem a nobre missão de conseguir tal intento.[32]

Veja-se, por exemplo, a locação de um bem móvel. Há nela a transferência possessória (sem que haja *traditio*, diante da falta do elemento subjetivo), a qual poderá induzir terceiros a acreditar que o possuidor é proprietário, se não houver alguma forma de se publicizar a situação jurídica verdadeira, a fim de torná-la cognoscível e oponível contra todos, que podem, assim, saber que se se trata apenas de posse decorrente de um contrato de locação.

Como corolário da evolução jurídica, percebe-se a existência de um caminho natural de valorização cada vez maior da publicidade registral, como o meio eficaz de dar a conhecer certas situações jurídicas a terceiros alheios a ela.

Há uma tendência mundial de se concentrarem, no Registro Imobiliário, todas as situações jurídicas que digam respeito aos imóveis e que devam ser oponíveis a terceiros, sem o que não poderá haver tal oponibilidade de maneira absoluta, mas somente diante de uma análise casuística que reclama a verificação acerca de ter havido, ou não, no caso concreto, conhecimento da situação jurídica por parte do terceiro.

---

[31] Ver CORNEJO, Américo Atílio. *Curso de derechos reales*: parte general. Salta: Virtudes, 2005. p. 190-191.
[32] PONTES DE MIRANDA, F. C. *Tratado de direito privado*. 3. ed. Rio de Janeiro: Borsoi, 1971. t. XI. p. 232 e ss.

Este último caso tem sido reiteradamente abandonado por ser contrário à segurança jurídica, à segurança do tráfico, à boa-fé objetiva que deve permear as relações jurídicas, à proteção dos adquirentes de direitos publicizáveis (em grande parte consumidores) etc.[33]

> A complexidade do mundo moderno exige garantias cada vez maiores para seus protagonistas: o adquirente deseja contar com uma informação idônea acerca da titularidade do direito que lhe pretende transmitir o alienante, assim como os gravames ou limitações que podem afetá-lo; o credor hipotecário quer saber se o imóvel oferecido em garantia pertence ao constituinte da hipoteca ou se existem outros gravames que poderiam prejudicar a hipoteca; os credores em geral necessitam conhecer o estado patrimonial do devedor, com vistas a evitar os inconvenientes e prejuízos que lhes acarretaria a realização por este último de atos de disposição ocultos. Vemos então a enorme importância jurídica e econômica que adquire a publicidade na vida contemporânea, sendo, a todas luzes, evidente que ela não pode estar dada somente pela tradição (...) senão através dos registros imobiliários, convertidos hoje em verdadeiros baluartes da segurança do tráfico jurídico.[34]

Outra não é a percepção de Roberto H. Brebbia:

> La publicidad tiene por finalidad esencial lograr la oponibilidad del acto frente a terceros, tiende a la protección de los terceros. En este siglo, la publicidad registral ha logrado un desarrollo notorio (...). La doctrina recomienda y la legislación ordena frecuentemente el registro de variados actos jurídicos.[35]

Inegável a tendência civilista e registral mundial de se levarem ao registro imobiliário todas as situações jurídicas imobiliárias, reais e pessoais, que tenham o condão de atingir terceiros. Sem o registro, os terceiros de boa-fé não podem ser atingidos porque não se lhes pode exigir o conhecimento da situação jurídica sobre a qual não há cognoscibilidade (a não ser que se prove que tivessem conhecimento do fato por outro meio).

Também José Luis Pérez Lasala alerta para o fato de que hoje os efeitos *erga omnes* se produzem em virtude da inscrição no registro da propriedade. "Si los actos inscribibles son derechos reales, coincidirán los efectos *erga omnes* que les

---

[33] Veja-se, a respeito: ALPA, Guido et al. *Istituzioni di diritto privato a cura di Mario Bessone*. 10. ed. Torino: G. Giappichelli, 2003. p. 1217 e ss.
[34] VIVAR, Beatriz Areán de Díaz de. *Tutela de los derechos reales y del interés de los terceros*: acciones reales y publicidad de los derechos reales. Buenos Aires: Abeledo-Perrot, 1979. p. 100.
[35] BREBBIA, Roberto H. *Hechos y actos jurídicos*. Buenos Aires: Astrea, 1995. p. 392.

concede el derecho civil con la oponibilidad que les otorga la inscripción.[36] Si los actos inscribibles son derechos de crédito, la inscripción les concederá oponibilidad *erga omnes*".[37]

Resta, assim, clara, por um lado, a possibilidade de que certa relação contratual seja oponível a terceiros que dela não participaram, e, por outro lado, que, para ser possível atingir tal desiderato, há a necessidade de tornar cognoscível, aos terceiros, a relação contratual que se lhes quer opor, por meio do instituto da publicidade registral.

Pode-se dizer que a publicidade registral consiste no maior fator de revisão do princípio da relatividade dos contratos, bem como de todo o direito obrigacional, por ser a hipótese em que mais frequentemente se observa a quebra daquele preceito hoje combatido.

Nesse fenômeno, o Registro de Títulos e Documentos tem um papel fundamental, porque tem talvez a maior atribuição publicitária de todos, abrangendo todas as possibilidades de publicização de situações jurídicas cuja publicidade não esteja expressamente afetada a outro registro jurídico por lei.

Enquanto no Registro de Imóveis, por exemplo, há majoritariamente a publicidade constitutiva de direitos reais, no Registro de Títulos e Documentos é onde se processa majoritariamente a publicidade declaratória de direitos obrigacionais, que obterão eficácia *erga omnes*.

Visto que a publicidade registral constitui a principal quebra da relatividade dos contratos, por gerar cognoscibilidade de seu conteúdo e, assim, torná-lo oponível *erga omnes*, importante se faz analisar algumas hipóteses em que, no ordenamento jurídico pátrio, isso ocorre.

Não se trata aqui de registrar contratos que tenham vocação para constituir direitos reais quando registrados. Trata-se de registrar direitos obrigacionais, que adquirem eficácia real após o registro, em razão da oponibilidade, mas continuam sendo, em sua natureza jurídica, obrigacionais.

Um primeiro exemplo, clássico, em que uma relação meramente obrigacional torna-se oponível a terceiros mediante a publicidade registral, é o consistente no contrato de locação de imóvel urbano.

O contrato de locação de imóvel urbano que contenha cláusula de vigência (cláusula que, em um contrato por prazo determinado, estipule que a locação permanecerá em vigor mesmo que o imóvel seja alienado), prevista no art. 8º da

---

[36] Alguns sistemas registrais, como o brasileiro, por exemplo, vão mais longe ainda, em relação aos direitos reais, dando-lhes efeito constitutivo do direito, como regra.

[37] LASALA, José Luis Pérez. *Derechos reales y derechos de crédito*. Buenos Aires: Depalma, 1967. p. 38.

Lei 8.245/1991, poderá ser registrado na matrícula do imóvel locado (art. 167, I, 3, da Lei 6.015/1973), tornando tal cláusula, assim, oponível ao terceiro adquirente. Se não houver o registro no Registro de Imóveis, não haverá oponibilidade, e a questão resolver-se-á em perdas e danos entre locador e locatário.

Note-se que, após o registro, continua havendo um direito meramente obrigacional, que não se transmuda em direito real pelo registro, mas passa a haver um direito obrigacional oponível a terceiros, em razão do instituto jurídico da publicidade.

O mesmo ocorre com o direito de preempção que tem o locatário, decorrente desse tipo de locação (art. 27 da Lei 8.245/1991). Tal direito poderá tornar-se oponível a terceiros mediante averbação na matrícula do imóvel locado (art. 167, II, 16, da Lei 6.015/1973). Havendo a averbação, o direito será oponível *erga omnes*, tendo, por isso, o locatário preterido, na preferência, o direito de adjudicar o imóvel no prazo decadencial de 6 meses. Se não houver a publicidade pela averbação, o direito mantém-se *inter partes*, resolvendo-se em perdas e danos (art. 33 da Lei 8.245/1991).

O conteúdo restante do contrato de locação, igualmente, poderá atingir oponibilidade contra terceiros alheios à relação contratual, mediante registro no Registro de Títulos e Documentos do domicílio das partes contratantes (art. 129, 1º, e 130, da Lei 6.015/1973).

O contrato de fiança celebrado também pode atingir a oponibilidade a terceiros se registrado no Registro de Títulos e Documentos do domicílio das partes (art. 129, 3º, da Lei 6.015/1973). Tal oponibilidade agregará novo vulto ao direito do credor, uma vez que se trata de garantia fidejussória.

Também a compra e venda com reserva de domínio terá eficácia perante terceiros quando registrada no Registro de Títulos e Documentos do domicílio do comprador (art. 522 do CC e art. 129, 5, da Lei 6.015/1973). O mesmo ocorre com qualquer contrato de alienação de bens móveis, os quais para terem eficácia perante terceiros, deverão ser registrados no Registro de Títulos e Documentos do domicílio das partes.

Inúmeros são os exemplos em que determinados direitos, oriundos de relações contratuais, sem perder sua característica de serem direitos obrigacionais, ganham eficácia real pela publicidade registral, isto é, tornam-se oponíveis a terceiros pela cognoscibilidade gerada por um registro público.

Entretanto, é de se salientar que, diante do princípio da taxatividade que permeia os registros públicos, não é qualquer relação obrigacional que poderá ser publicizada a fim de tornar-se oponível a terceiros, mas tão somente aquelas eleitas pelo legislador.

Todavia, apesar da taxatividade preconizada, há uma importante porta de acesso ao sistema registral de títulos e documentos para situações obrigacionais relevantes juridicamente, qual seja: uma cláusula geral de publicidade. Trata-se do art. 221 do CC, o qual precisa ser bem compreendido.

Consiste o art. 221 do CC em uma cláusula geral de publicidade, que permite às partes dar oponibilidade *erga omnes* às suas situações jurídicas obrigacionais, de modo que os arts. 127 e 129 da LRP são, hodiernamente, apenas exemplificativos. As possibilidades publicitárias do RTD são bastante mais amplas do que as previsões dos aludidos artigos, em razão da cláusula geral de publicidade prevista no CC.

Reza o aludido art. 221 do CC que os efeitos do instrumento particular "não se operam, a respeito de terceiros, antes de registrado no registro público". O registro público referido aqui, em regra, é o de Títulos e Documentos do domicílio das partes contratantes, porque é nele que se publicizam todas as situações jurídicas a que se pretenda atribuir eficácia real e que não tenham determinação legal de publicidade em outro registro jurídico.

Decorre do citado artigo que qualquer direito obrigacional pode adquirir eficácia real pela publicidade no RTD (excluída a competência específica de outro registro). Não é registro para mera conservação; trata-se de publicidade declarativa, da qual surgem a oponibilidade e a utilizabilidade *erga omnes*.

Sob o manto da teoria contratual moderna, Miguel Maria de Serpa Lopes, analisando idêntico preceito insculpido no Código Civil de 1916, em seu art. 135, asseverou que a interpretação de tal dispositivo deveria ser no sentido de que, se o contrato fosse não translativo da propriedade, a única eficácia que o registro agregaria ao ato seria a de autenticar o conteúdo e a data do contrato, uma vez que este não poderia produzir efeitos senão entre as partes contratantes.

Serpa Lopes distinguiu entre contratos meramente obrigacionais, para os quais o RTD teria apenas a eficácia de fixar data e conteúdo, e contratos que versassem sobre coisa ou direito real, quando o efeito seria o da eficácia *erga omnes*.[38]

A opinião de Serpa Lopes estava de acordo com a ideia moderna de contrato e o princípio da relatividade de seus efeitos, o qual era entendido de modo absoluto, mas não pode mais prosperar atualmente.

Alguns autores, como Carvalho Santos, interpretaram o citado art. 135 do CC/1916 de maneira mais restrita, inadequada até mesmo para os padrões da época, asseverando que o registro teria a eficácia contra terceiros meramente de autenticação de data e quando muito de conteúdo,[39] ao que Pontes de Miranda chamou de interpretação "infantil" e de "escassa cultura jurídica".[40]

---

[38] SERPA LOPES, Miguel Maria de. *Tratado dos registros públicos*. 6. ed. Brasília: Brasília Jurídica, 1996. v. II. p. 73 e ss.
[39] CARVALHO SANTOS, J. M. *Código Civil brasileiro interpretado*. 8.ed. v. 3. p. 160.
[40] PONTES DE MIRANDA, F. C. *Tratado de direito privado*. 3. ed. Rio de Janeiro: Borsoi, 1971. v. 3. p. 373.

Todavia, parece-nos que o contrato pós-moderno e a superação do princípio da relatividade dos efeitos contratuais reclamam uma releitura do dispositivo do Código Civil em questão.

A interpretação adequada do art. 221 do CC deve ir além e significar que a publicidade de qualquer situação jurídica obrigacional instrumentalizada pela via particular pode ser publicizada e absolutivizada.

Tal interpretação já foi antevista por Pontes de Miranda, que forneceu ao antigo art. 135 do CC/1916 uma hermenêutica mais correta e mais adequada aos postulados materiais que movem o RTD.

Asseverou, em lição ainda válida, que quaisquer "efeitos do ato jurídico, inclusive o da transferência do direito, só se iniciam, como constituídos, a respeito de terceiros, com o registro que caiba na espécie", complementando que o "registro de títulos e documentos (...) confere (...) eficácia a respeito de terceiros. Essa eficácia, sem o registro, não a têm atos jurídicos de direito civil e atos jurídicos de direito comercial. A função principal do registro de títulos e documentos é exatamente o de publicidade, isto é, de ter eficácia *erga omnes*".[41]

Dessa forma, quaisquer efeitos dos atos jurídicos, de direito obrigacional ou direito real, mas com matriz obrigacional, somente têm alcance em relação a terceiros, que não participaram da relação jurídica, após o registro.

Hoje, é imperioso concluir que qualquer dever, obrigação, direito ou pretensão que sejam objeto do conteúdo obrigacional por instrumento particular, por decorrência do art. 221 do diploma civil, possam ser publicizados, para eficácia perante terceiros, mediante registro no Registro de Títulos e Documentos do domicílio das partes contratantes.

Se, por qualquer razão, houver interesse em tornar oponível a terceiros a situação jurídica contratual, ou, mais amplamente, obrigacional, poder-se-á fazê-lo mediante a publicidade registral adequada, conforme se depreende do art. 221 do CC, dando-se uma interpretação mais condizente com a nova teoria contratual. E a publicidade registral adequada, quando a lei não dispuser expressamente qual seja, será a do Registro de Títulos e Documentos.

Diante do anteriormente demonstrado, percebe-se que quaisquer situações jurídicas que tenham a pretensão de produzir efeitos ultrajantes devem ser publicizadas juridicamente, sem o que não objetarão tal eficácia. Isso vale não apenas para as situações jurídicas decorrentes do direito obrigacional e instrumentalizadas pela via particular mas também para todas as demais situações jurídicas, como as decorrentes de atos judiciais, em processos judiciais. Sem publicidade registral,

---

[41] PONTES DE MIRANDA, F. C. *Tratado de direito privado*. 4. ed. São Paulo: Ed. RT, 1974. t. III. p. 370-373.

elas não obterão eficácia *erga omnes*, e permanecerão eficazes apenas entre as partes do processo. O mesmo vale para as situações jurídicas derivadas de atos administrativos, os quais são públicos, porém, destes, não decorre publicidade jurídica, a qual é obtida pelos registros jurídicos.

Daí a visceral importância da inserção do item 11º do art. 129 da LRP, que fez a Lei 14.382/2022.

Dispõe ele que "as constrições judiciais ou administrativas sobre bens móveis corpóreos e sobre direitos de crédito" devem ser publicizadas no Registro de Títulos e Documentos para que tenham oponibilidade perante terceiros, isto é, para que obtenham eficácia *erga omnes*.

Todos os "embaraços" à propriedade das coisas móveis ou à titularidade de direitos de crédito, judicial ou administrativamente determinados, deverão ser registrados no Registro de Títulos e Documentos que tenha atribuição territorial para tanto, a fim de que adquiram oponibilidade contra terceiros.

Assim, por exemplo, uma penhora ou uma decretação de indisponibilidade, para que obtenham eficácia *erga omnes* devem ser registradas.

Sem o registro, a eficácia da constrição será relativa, incidindo apenas em relação às partes integrantes da relação jurídica processual judicial ou administrativa, não produzindo efeitos contra terceiros, de modo que não poderá a constrição afetá-los.

Ninguém pode ser obrigado a respeitar situação jurídica que não conhece e que não lhe foi dada a oportunidade de conhecer por meio de publicidade jurídica, de modo que o terceiro que negocia sobre bem constrito, mas cuja constrição não tenha sido publicizada, é terceiro de boa-fé, que não pode ser prejudicado em sua aquisição. É o chamado terceiro registral de boa-fé.

Surgem, dessa sistemática, duas consequências: (i) o beneficiado pela constrição, se pretender torná-la oponível *erga omnes* e, assim, protegê-la de modo absoluto, deverá registrá-la; (ii) o terceiro, se pretender celebrar negócio jurídico sobre certa coisa móvel ou direito de crédito, deverá verificar se há registro de constrição judicial ou administrativa que lhe seja oponível, de modo que o seu desconhecimento negligente afastará a boa-fé.

Publicizada a constrição, será ela cognoscível e, portanto, oponível a terceiros, que não poderão alegar desconhecimento, porque este sempre decorrerá de um descumprimento seu de buscar a informação publicizada.

Não publicizada a constrição, será ela oponível apenas *inter partes* e não poderá afetar terceiros de boa-fé, os quais serão protegidos em suas aquisições. A ausência de publicidade legalmente determinada implica, para terceiros, presunção de inexistência da constrição.

Os §§ 1º e 2º do art. 129 da LRP excepcionaram a regra, estabelecendo uma lacuna registral que não é adequada para fins de segurança jurídica, ao preverem que não se sujeitam ao registro a inscrição em dívida ativa da Fazenda Pública para o efeito da presunção de fraude de que trata o art. 185 do CTN e os gravames previstos em legislação específica, em especial os estabelecidos nas Leis 9.503/1997 e 12.810/2013.

Diga-se, por fim, que o registro em RTD que não seja o que tenha atribuição territorial para o ato não produz a eficácia *erga omnes* para a situação jurídica publicizada, sendo, a rigor, nulo.

Art. 11. (...)
"Art. 130. Os atos enumerados nos arts. 127 e 129 desta Lei serão registrados no domicílio:
I – das partes, quando residirem na mesma circunscrição territorial;
II – de um dos devedores ou garantidores, quando as partes residirem em circunscrições territoriais diversas; ou
III – de uma das partes, quando não houver devedor ou garantidor.
§ 1º Os atos de que trata este artigo produzirão efeitos a partir da data do registro.
§ 2º O registro de títulos e documentos não exigirá reconhecimento de firma, e caberá exclusivamente ao apresentante a responsabilidade pela autenticidade das assinaturas constantes de documento particular.
§ 3º O documento de quitação ou de exoneração da obrigação constante do título registrado, quando apresentado em meio físico, deverá conter o reconhecimento de firma do credor."

COMENTÁRIO

Por *Leonardo Brandelli*

A atribuição territorial para o registro em títulos e documentos foi alterada pela nova redação do art. 130 da LRP.

A redação anterior determinava o registro, no RTD, do domicílio das partes contratantes, e, quando estas residissem em circunscrições territoriais diversas, o registro deveria ser feito em todas elas.

Como o RTD é um registro jurídico e consiste em um meio de publicidade jurídica, incidem sobre ele as regras acerca da publicidade, entre estas está a de que o meio publicitário deve, efetivamente, gerar cognoscibilidade, o que exige regras de atribuição territorial seguras.

Antes do Serp, o registro em todos os RTDs do domicílio das partes do contrato era necessário para que pudesse ser localizada a informação publicizada de maneira rápida e barata. O Serp, todavia, entendeu-se, tornou a regra desnecessária, razão pela qual a nova redação do art. 130 altera a regra de "competência" dos registros em RTD.

Pela nova redação, o registro deverá ser feito no domicílio das partes, se for o mesmo, ou, não sendo, no domicílio de qualquer uma das partes. Bastará um registro doravante, não mais sendo necessário o registro no domicílio de todas as partes quando diverso.

O efeito produzido pelo registro, decorrente da publicidade jurídica, que retroagia à data do instrumento quando registrado dentro do prazo de 20 dias, passa agora contar da data do registro, o que é critério mais adequado e mais condizente com a publicidade registral.

Não importa a data de feitura do instrumento registrado, a publicidade produzirá efeitos a partir da data em que ela existir, isto é, a partir da data do registro. É critério mais seguro para fins de estabelecer a ordem de aquisição de eficácia *erga omnes* para direitos contraditórios.

Por fim, a nova redação do art. 130 elimina a necessidade de reconhecimento de firma para registro em RTD de instrumento particular, atribuindo com exclusividade ao apresentante do título registral a responsabilidade pela autenticidade das assinaturas, sendo, entretanto, exigido o reconhecimento de firma nos documentos físicos consistentes em quitação ou exoneração de obrigação constante de título registrado.

O registro, assim, de um contrato de compra e venda parcelada de coisa móvel, com condição resoluta consistente no adimplemento das prestações, para seu registro, não exige o reconhecimento de firma. Todavia, o documento que der quitação das parcelas do preço para fins de publicizar a inocorrência da condição resoluta, para ser publicizado no RTD, exigirá reconhecimento de firma.

> **Art. 11.** (...)
> "Art. 132. No registro de títulos e documentos, haverá os seguintes livros:
> (...)
> IV – Livro D – indicador pessoal, substituível pelo sistema de fichas, a critério e sob a responsabilidade do oficial, o qual é obrigado a fornecer com presteza as certidões pedidas pelos nomes das partes que figurarem, por qualquer modo, nos livros de registros;
> V – Livro E – indicador real, para matrícula de todos os bens móveis que figurarem nos demais livros, devendo conter sua identificação, referência aos números de ordem dos outros livros e anotações necessárias, inclusive direitos e ônus incidentes sobre eles;
> VI – Livro F – para registro facultativo de documentos ou conjunto de documentos para conservação de que tratam o inciso VII do *caput* do art. 127 e o art. 127-A desta Lei; e

VII – Livro G – indicador pessoal específico para repositório dos nomes dos apresentantes que figurarem no Livro F, do qual deverá constar o respectivo número do registro, o nome do apresentante e o seu número de inscrição no Cadastro de Pessoas Físicas da Secretaria Especial da Receita Federal do Brasil do Ministério da Economia ou, no caso de pessoa jurídica, a denominação do apresentante e o seu número de inscrição no Cadastro Nacional da Pessoa Jurídica da Secretaria Especial da Receita Federal do Brasil do Ministério da Economia."

 COMENTÁRIO

Por *Leonardo Brandelli*

A nova redação do *caput* do art. 132 da LRP, dada pela Lei 14.382/2022, tratou de eliminar a referência ao número de folhas que devem conter os livros de Registro de Títulos e Documentos, o que é coerente com a instituição do Serp.

Uma vez que os livros registrais passam a ser eletrônicos, não faz sentido estabelecer-se um número de folhas para eles, de modo que a nova redação é coerente com o novo sistema de registro eletrônico.

O inciso V cria o Livro E, de indicador real, no qual deve haver a inscrição de todos os bens móveis que figurarem nos demais livros, sendo ele indexado pelos próprios bens, e devendo conter a identificação dos bens e a referência aos números de ordem dos outros livros, além de anotações necessárias, inclusive direitos e ônus incidentes sobre eles.

Trata-se de indexador real que deve conter todos os bens que sejam objeto de registro, seja qual for o ato jurídico registrado. Deverá, dessa forma, constar, no indicador, por exemplo, um bem móvel que tenha sido objeto de compra e venda ou de penhora.

Visto que o Serp tem o objetivo de viabilizar "a consulta: a) às indisponibilidades de bens decretadas pelo Poder Judiciário ou por entes públicos; b) às restrições e aos gravames de origem legal, convencional ou processual incidentes sobre bens móveis e imóveis registrados ou averbados nos registros públicos", e que a "consulta a que se refere o inciso X do *caput* deste artigo será realizada com base em indicador pessoal ou, quando compreender bem especificamente identificável, mediante critérios relativos ao bem objeto de busca" (art. 3º da Lei 14.382/2022), surge a necessidade de que o RTD tenha um indicador real de bens móveis.

Não se trata aqui da instituição de um fólio real para os bens móveis, a teor do que ocorre com a matrícula imobiliária, do Registro de Imóveis. Tendo em vista que o RTD não é um registro de bens móveis, não é disso que se trata. Consiste o indicador real, como se disse, em um livro indexado pelos bens que constam dos registros, a fim de possibilitar a busca a partir deles.

Para que constem no indicador real, os bens devem ser identificáveis, isto é, devem ser passíveis de serem individualizados, por meio de características suficientes. Não há necessidade de que sejam identificados, bastando que sejam identificáveis, ainda que se trate de bens fungíveis.

Cria-se, ademais, o Livro F, para registro facultativo de documentos ou conjunto de documentos para fins de conservação, de que tratam o inciso VII do *caput* do art. 127 e o art. 127-A desta Lei.

Os registros para fins de conservação, que não produzem publicidade registral, serão registrados em um livro específico, separados dos registros para fins publicitários, os quais serão efetivados nos livros B e C.

Os apresentantes de títulos para registro para fins de mera conservação devem ser inscritos em um indicador especial, diverso do indicador pessoal indexado pelos nomes das partes que figurarem nos demais livros de registro.

Os apresentantes de títulos para registro para conservação deverão ter seus nomes inscritos no Livro G, de indicador pessoal específico para repositório dos nomes dos apresentantes que figurarem no Livro F, do qual deverão constar o respectivo número do registro, o nome do apresentante e o seu número de inscrição no CPF ou, no caso de pessoa jurídica, a denominação do apresentante e o seu número de inscrição no CNPJ.

As demais partes que figurarem nos atos registrados nos demais livros de registro deverão ter seus nomes inscritos no Livro D.

Art. 11. (...)
"Art. 161. As certidões do registro de títulos e documentos terão a mesma eficácia e o mesmo valor probante dos documentos originais registrados, físicos ou nato-digitais, ressalvado o incidente de falsidade destes, oportunamente levantado em juízo.
§ 1º (Revogado).
§ 2º (Revogado)."

COMENTÁRIO

Por *Leonardo Brandelli*

A alteração levada a cabo no art. 161 da LRP tem o condão de reforçar o valor da certidão expedida pelo Registro de Títulos e Documentos, a qual tem o mesmo valor probante e a mesma eficácia do documento registrado.

O valor da certidão de RTD é o mesmo do original. Nem mais, nem menos.

Como o documento é registrado em um registro público, e o Oficial público é dotado de fé pública, sendo atribuída, portanto, autenticidade às suas certificações, a certidão do registro deve ter, necessariamente, o mesmo valor do documento registrado.

Em verdade, a certidão do RTD atribui mais eficácia mesmo do que o próprio documento registrado, porque, além de toda a eficácia contida no documento registrado, a qual é mantida na certidão, esta comprova a eficácia decorrente da publicidade jurídica, em regra, a da oponibilidade *erga omnes*, visto que o registro jurídico agrega eficácia à situação jurídica publicizada.

Acrescentou-se ao art. 161 a expressão "mesma eficácia", a fim de fortalecer esse entendimento, de que a certidão do RTD produz o mesmo espectro de existência, validade e eficácia jurídica que produz o documento registrado, gerando mais o efeito de comprovar a publicidade registral efetivada, assim como a eficácia daí agregada.

A certidão de RTD, portanto, serve, tanto quanto o documento registrado, para todos os fins necessários, inclusive, em nosso entender, como título para o Registro de Imóveis.

Certidão é documento originário, que tem o mesmo valor que o original. Não se confunde com cópia autenticada, que é cópia, embora com fé pública de que corresponda ao original, mas não é documento originário, porque extraída de documento que não integra o protocolo notarial – cópia autenticada de um traslado não tem o mesmo valor que o próprio traslado, que é originário, embora original seja o livro.

Sendo, pois, documento originário, adquire todas as características jurídicas do documento certificado e registrado, acrescido da própria eficácia agregada pelo registro.

Art. 11. (...)
"Art. 167. (...)
I – (...)
18. dos contratos de promessa de venda, cessão ou promessa de cessão de unidades autônomas condominiais e de promessa de permuta, a que se refere a Lei nº 4.591, de 16 de dezembro de 1964, quando a incorporação ou a instituição de condomínio se formalizar na vigência desta Lei;"

COMENTÁRIO

Por *Leonardo Brandelli*

O texto legal trata do registro dos pré-contratos de alienação de unidades autônomas, prontas ou em construção, quando há registro de incorporação imobiliária ou instituição condominial na vigência da Lei 4.591/1964.

Tais contratos, quando publicitados no Registro de Imóveis, têm o condão de fazer nascer um direito real de aquisição para o adquirente, oponível *erga omnes*.

Sem o registro, o direito de aquisição existirá, mas estará na esfera obrigacional, com eficácia *inter partes*, de modo que o seu registro tem grande importância e altera substancialmente a situação jurídica das partes contratantes.

A redação anterior estabelecia que seria feito o registro "dos contratos de promessa de venda, cessão ou promessa de cessão de unidades autônomas condominiais a que alude a Lei 4.591, de 16 de dezembro de 1964, quando a incorporação ou a instituição de condomínio se formalizar na vigência desta Lei".

Vê-se, assim, que a alteração efetivada pela Lei 14.382/2022 apenas incluiu, no dispositivo legal, a possibilidade expressa do registro da promessa de permuta, de suas cessões e promessas de cessão.

Tal possibilidade já existia prevista no art. 32, *a*, da Lei 4.591/1964, de modo que a legalidade registral já estava ali atendida, e não exigia a inserção da promessa de permuta no rol do art. 167, I, da Lei de Registros Públicos, para que pudesse ser registrada.

A alteração legislativa ora levada a cabo, nesse tocante, consiste, assim, em uma harmonização da Lei 6.015/1973 com o restante da legislação.

Nas hipóteses em que o incorporador imobiliário seja promissário permutante, a promessa de permuta poderá ser registrada, bem como serão igualmente registradas as cessões e promessas de cessão dessa permuta que se referirem às unidades autônomas, presentes ou futuras, conforme sejam formadas após a instituição condominial ou durante a incorporação imobiliária.

Art. 11. (...)
"Art. 167. (...)
30. da permuta e da promessa de permuta;"

 COMENTÁRIO

Por *Leonardo Brandelli*

A alteração legislativa insere a possibilidade de registro da promessa de permuta.

A possibilidade de registro da promessa de permuta fora da hipótese de incorporação imobiliária (art. 32 da Lei 4.591/1964) era controversa.

Alguns a viam, mesmo fora da hipótese da incorporação imobiliária, diante da similitude existente entre os contratos de promessa de compra e venda e de promessa de permuta.[42]

---

42 Veja-se: LIMA, Frederico Henrique Viegas de. Comentários ao art. 167, I, 30, da Lei nº 6.015/73. In: ARRUDA ALVIM, José Manoel de; CLÁPIS, Alexandre Laizo; CAMBLER, Everaldo Augusto. *Lei de Registros Públicos comentada*. 2. ed. Rio de Janeiro: Forense, 2.019. p. 760-763.

Esse foi o entendimento vigente na V Jornada de Direito Civil do Conselho da Justiça Federal, da qual foi exarado o Enunciado 435, estabelecendo que "o contrato de promessa de permuta de bens imóveis é título passível de registro na matrícula imobiliária".

O entendimento contrário, pela impossibilidade do registro da promessa de permuta, excetuada a hipótese prevista no art. 32 da Lei 4.591/1964, era corrente, por exemplo, no estado de São Paulo, por haver entendimento pacífico do Conselho Superior da Magistratura nesse sentido.

Entendia o Conselho que o art. 167, I, da LRP é taxativo, e que, portanto, a ausência de previsão expressa da promessa de permuta naquele rol impedia seu registro, sendo exemplo desse entendimento o acórdão exarado na Apelação 1099413-38.2015.8.26.0100.[43]

A nova redação do art. 167, I, 30, da Lei 6.015/1973, trazida pela Lei 14.382/2022, espanca qualquer dúvida sobre a possibilidade de registro da promessa de permuta, permitindo-o expressamente e incluindo-o no rol de atos registráveis da lei de registros públicos.

Não restam mais dúvidas acerca da possibilidade do registro da promessa de permuta, para o fim de criar um direito real de aquisição, seja a promessa derivada de uma situação de incorporação imobiliária, seja ela derivada de qualquer outra situação negocial.

---

[43] Apelação 1099413-38.2015.8.26.0100. "Registro de imóveis – Dúvida – Promessa de permuta – Impossibilidade de registro, à míngua de previsão no rol do art. 167, I, da Lei 6015/73, que é taxativo – Direito de superfície veiculado em contrato particular – Impossibilidade de registro, pela necessidade da forma pública, nos moldes dos artigos 1369 do Código Civil e 21 da Lei 10.257/01 – Dúvida procedente – Recurso improvido. (...) O rol de atos passíveis de registro perante o Cartório de Registro de Imóveis é taxativamente previsto no artigo 167, I, da lei 6.015/73. Negócio jurídico cuja natureza não se amolde a qualquer das alíneas do inciso em pauta não pode ser registrado. Para o mesmo Norte aponta o entendimento deste Conselho Superior da Magistratura, como se colhe, *v.g.*, do seguinte julgado, por mim relatado: 'O rol dos atos suscetíveis de registro é taxativo, quer dizer, a enumeração é *numerus clausus*, razão pela qual apenas os atos expressamente previstos em lei, ainda que fora da lista do artigo 167, I, da Lei nº 6.015/1973, são passíveis de registro. Ao fazer o juízo de legalidade do título, o Oficial, de maneira correta, verificou que não existe previsão legal para o seu registro. Ao contrário da regra de que, ausente vedação expressa, permite-se o ato, aqui, em matéria registrária, ausente previsão expressa, não se permite o ato.' (Apelação Cível n.º 1057061-65.2015.8.26.0100, j. 8/4/16) Neste passo, não se vê, das hipóteses mencionadas no art. 167, I, da Lei de Registros Públicos, qualquer alusão a promessa de permuta, natureza do contrato sob análise. O item 30 do inciso aludido prevê a possibilidade de registro "da permuta". Não, porém, da promessa de permuta. (...) A seu turno, o artigo 32, a, da Lei 4591/64 permite promessa de permuta apenas entre incorporador e proprietário, situação distinta da ora versada. Desta feita, à míngua de norma legal autorizadora, o registro almejado haveria mesmo de ser declinado" (Manoel de Queiroz Pereira Calças, Corregedor-Geral da Justiça e Relator, *DJe* 07/11/2016, SP).

A alteração do texto legal levou o Conselho Superior da Magistratura do Estado de São Paulo e rever o seu posicionamento na Apelação Cível 1108217-82.2021.8.26.0100, assim ementada:

> Registro de Imóveis – Dúvida julgada procedente – Instrumento particular – Termos do contrato que deixam clara a existência de contrato de compromisso de permuta – Precedentes do E. Conselho Superior da Magistratura, admitindo o registro do título – Alteração legislativa que incluiu, expressamente, o compromisso de permuta no rol do art. 167, inciso I, da Lei nº 6.015/1973 – Penhora dos direitos inscritos – Possibilidade – Óbices afastados – Apelação provida, com observação.

Art. 11. (...)
"Art. 167. (...)
44. da legitimação fundiária;"

 COMENTÁRIO

Por *Leonardo Brandelli*

O registro da legitimação fundiária já estava previsto no art. 167, I, 44, da Lei 6.015/1973 desde a edição da Lei 13.465/2017, de modo que a Lei 14.382/2022 nada insere e nada altera a esse respeito, apenas repete o que já existe.

A legitimação fundiária consiste em uma forma de aquisição originária do direito de propriedade, derivada de um título administrativo, no âmbito da regularização fundiária, e seu registro, como se disse, está já previsto no rol do art. 167, I, da LRP desde a sua criação.

Art. 11. (...)
"Art. 167. (...)
45. do contrato de pagamento por serviços ambientais, quando este estipular obrigações de natureza *propter rem*; e"

 COMENTÁRIO

Por *Leonardo Brandelli*

Também a redação do art. 167, I, 45, da LRP, ora inserta pela novel Lei 14.382/2022, já existia, *ipsis litteris*, desde a edição da Lei 14.119/2021.

Trata-se de previsão de registro dos contratos de pagamento por serviços ambientais, com o intuito de publicizar as obrigações de natureza *propter rem* que dele constem.

Aludida Lei 14.119/2021 estabeleceu medidas de incentivo à conservação do meio ambiente, regulando os contratos de pagamento por serviços ambientais nos arts. 12 a 14.

As obrigações assumidas de conservação ambiental podem adquirir natureza jurídica de direito real, quando vinculadas por meio de servidão ambiental (art. 12, parágrafo único, da Lei 14.119/2021), hipótese em que a servidão será averbada[44] no Registro de Imóveis (art. 9º-A da Lei 6.938/1981 e art. 167, II, 23, da Lei 6.015/1973).

Todavia, ainda que não haja vinculação real por meio de servidão ambiental, o art. 22 da Lei 14.119/2021 estabelece que:

> As obrigações constantes de contratos de pagamento por serviços ambientais, quando se referirem à conservação ou restauração da vegetação nativa em imóveis particulares, ou mesmo à adoção ou manutenção de determinadas práticas agrícolas, agroflorestais ou agrossilvopastoris, têm natureza *propter rem* e devem ser cumpridas pelo adquirente do imóvel nas condições estabelecidas contratualmente.

Em tais casos, as obrigações devem ser publicizadas no Registro Imobiliário, por meio de registro, para que adquiram oponibilidade *erga omnes*.

O caráter *propter rem* das obrigações nascerá do registro no registro de imóveis, e não da estipulação contratual. Enquanto apenas contratualmente previstas, permanecem na esfera obrigacional, mantendo sua eficácia somente entre as partes contratantes, mas não em relação a futuros adquirentes do imóvel.

Art. 11. (...)
"Art. 167. (...)
46. do ato de tombamento definitivo, sem conteúdo financeiro;"

 COMENTÁRIO

Por *Leonardo Brandelli*

O tombamento significa a inscrição nos livros do tombo dos "bens móveis e imóveis existentes no país e cuja conservação seja de interesse público, quer por sua vinculação a fatos memoráveis da história do Brasil, quer por seu excepcional

---

[44] A lei instituiu aqui um ato de averbação, em completa atecnia com o sistema registral, visto que um ato de criação de direito real dever ser registrado, e não averbado.

valor arqueológico ou etnográfico, bibliográfico ou artístico", nos termos do art. 1º do Decreto-lei 25/1937.

O tombamento definitivo de bens imóveis deve ser registrado no Livro 3 do Registro de Imóveis, bem como deve ser averbado na matrícula do imóvel tombado (art. 13, *caput*, do Decreto-lei 25/1937).

No estado de São Paulo, as normas de serviço da Corregedoria-Geral da Justiça já estipulavam a necessidade/possibilidade desse registro, com vistas à previsão legal federal, no item 84 do Capítulo XX, o qual dispõe que:

> Os atos de tombamento definitivo de bens imóveis, requeridos pelo órgão competente, federal, estadual ou municipal, do serviço de proteção ao patrimônio histórico e artístico, serão registrados, em seu inteiro teor, no Livro 3, além de averbada a circunstância à margem das transcrições ou nas matrículas respectivas, sempre com as devidas remissões.

Inclui-se, agora, a possibilidade que já havia por força do citado Decreto-lei, no rol dos atos registráveis do inciso I do art. 167 da Lei 6.015/1973, o que não era necessário, embora possa tornar mais clara a previsão legal.

Conforme o subitem 83.4 do Capítulo XX das normas de serviço de São Paulo, em determinação que segue acertada, o registro será feito mediante a apresentação de título consistente em certidão do correspondente ato administrativo ou legislativo, ou de mandado judicial, dos quais constem, minimamente, a localização do imóvel e sua descrição, admitindo-se esta por remissão ao número da matrícula ou transcrição; as restrições às quais o bem imóvel está sujeito; quando certidão de ato administrativo ou legislativo, a indicação precisa do órgão emissor e da lei que lhe dá suporte, bem como no caso de se tratar de ato de tombamento definitivo; quando se tratar de mandado judicial, a indicação precisa do Juízo e do processo judicial correspondente, da natureza do provimento jurisdicional definitivo; e a anuência ou a notificação dos proprietários, na hipótese de tombamento administrativo.

Art. 11. (...)
"Art. 167. (...)
II – (...)
8. da caução e da cessão fiduciária de direitos reais relativos a imóveis;"

 COMENTÁRIO

Por *Leonardo Brandelli*

A nova redação, dada pela Lei 14.382/2022, alterou a parte final do dispositivo. Onde se dizia "de direitos relativos a imóveis", passou-se a dizer "de direitos reais relativos a imóveis", restringindo, indevidamente, o escopo de aplicação do dispositivo legal, uma vez que a caução de certos direitos pessoais poderá ser averbada, e a cessão é de créditos imobiliários, obrigacional, portanto.

Trata-se, aqui, da averbação de dois institutos diversos: a caução e a cessão fiduciária. O primeiro refere-se a direitos reais ou a direitos obrigacionais com eficácia real. O segundo, entretanto, não se refere diretamente a direitos reais, mas a créditos garantidos por direitos reais, de modo que a redação do texto legal não é precisa, e a antiga talvez fosse mais adequada.

Caução é termo genérico, que, em um sentido mais amplo, significa segurança, garantia de qualquer situação jurídica, não apenas em sentido obrigacional, e, em sentido estrito, significa gênero de garantia especial de uma obrigação, podendo ser, nesse senso, a caução, real ou fidejussória.

A natureza jurídica da caução, portanto, é de garantia, fidejussória ou real. O texto legal ora em comento refere-se à caução de direitos relativos a imóveis, de modo que não é qualquer caução que poderá ser objeto de averbação; as referentes a móveis, por exemplo, não poderão.

A caução imobiliária real poderá focar o próprio bem imóvel (em verdade, no direito de propriedade sobre ele) ou certos direitos reais passíveis de garantia real, ou direitos outros. No primeiro caso, a caução poderá ter a forma de hipoteca, alienação fiduciária ou anticrese.

Vê-se, assim, que nem toda caução é averbada. Em verdade, como regra, a caução que recaia diretamente sobre a propriedade do imóvel, ou em outros direitos reais passíveis de garantia real, será registrada, e não averbada.

A hipoteca, a alienação fiduciária e a anticrese são objetos de registro, e não de averbação, conforme estipula o art. 167, I, 2, 11 e 35, da Lei 6.015/1973, o qual contém regra especial em relação a essa regra geral da caução, de modo que os direitos imobiliários caucionados passíveis desses direitos reais de garantia o serão por meio deles, implementáveis por ato de registro, portanto.

Assim, por exemplo, o direito real de aquisição de coisa imóvel, por ser direito real imobiliário alienável, pode ser objeto de hipoteca, de maneira que sua *caução* terá natureza jurídica de hipoteca, e será registrado, mas não averbado.

Nos termos dos arts. 1.225, VII, 1.417 e 1.418 do CC, o compromissário comprador de compromisso de compra e venda registrado de bem imóvel adquire a titularidade de direito real à aquisição do imóvel.

Tal direito real de aquisição de bem imóvel é direito real imobiliário, coisa imóvel, portanto, nos termos do art. 80, I, do CC, e alienável, sendo, portanto, hipotecável.

Irrelevante, para tanto, se o compromisso está quitado ou não, bastando que esteja registrado, isto é, que tenha sido constituído o direito real. Certamente que, se não estiver quitado, e sendo contrato sinalagmático, que contém uma cláusula resolutiva tácita, e poderá ter uma expressa (arts. 474 e 475 do CC), resolvida a propriedade, resolvida estará também a hipoteca, posterior que é (art. 1.359 do CC).

Os arts. 17, III, e 21 da Lei 9.514/1997 preveem, expressamente, a possibilidade da hipoteca de tal direito, chamando-o de *caução de direito aquisitivo sobre imóvel* e estabelecendo um regramento expresso para o caso de o compromisso de compra e venda que gerou o direito não estar quitado e haver inadimplemento por parte do devedor.

Todavia, a caução imobiliária dada em contrato de locação de imóvel urbano, não obstante ter natureza jurídica de hipoteca, será averbada na matrícula do imóvel, por expressa determinação legal (arts. 37 e 38 da Lei 8.245/1991).[45]

Há certos direitos que, apesar de imobiliários, não são passíveis de serem objeto de direitos reais de garantia. Não é todo bem imóvel que pode ser hipotecado, por exemplo. Não o podem os direitos hereditários, os quais, embora sejam bens imóveis nos termos do art. 80, II, do CC, não estão sujeitos a registro nos registros imobiliários nem podem ser especializados antes da partilha.

Caso tais direitos sejam caucionados processualmente (art. 919, § 1º, do CPC, por exemplo), não serão objeto de ato registral no Registro de Imóveis.

Tratando-se de direitos sobre imóveis, mas que sejam obrigacionais, há que se distinguir entre os que tenham eficácia *erga omnes* e os que não tenham tal eficácia.

Sendo caucionado um direito obrigacional imobiliário com eficácia real, como o direito de preempção que tem o locatário de imóvel urbano que tenha averbado o contrato (art. 167, II, 16, da Lei 6.015/1973 e arts. 27 e 33 da Lei 8.245/1991), deverá haver a averbação da caução para que esta também surta eficácia *erga omnes*. Caso o direito não tenha sido averbado e, portanto, tenha sua eficácia restrita às partes do contrato, a sua caução não será averbada, porque permanece na esfera meramente obrigacional.

No que toca à caução de direitos creditórios, ela não deve, em princípio, ser publicizada no Registro Imobiliário, porque se trata de questão meramente obrigacional, com eficácia *inter partes*.[46] Todavia, se o crédito é assegurado mediante garantia real imobiliária registrada, a caução deve, então, ser publicizada nos termos dessa alínea, a fim de torná-la oponível contra todos, como ocorre, por exemplo, na

---

[45] Esse tem sido o entendimento a respeito da matéria: trata-se de ato de averbação, porque a lei de locações determina que a garantia seja averbada. Para nós, a sorte deveria ser outra: trata-se de garantia de hipoteca, cujo ato registral é o de registro *stricto sensu*, e a lei de locações é atécnica e assim deveria ser interpretada, e não como se tivesse o legislador conscientemente escolhido o ato registral equivocado.

[46] No caso da caução do art. 17 da Lei 9.514/1997, embora a caução seja considerada garantia real mobiliária pelo próprio texto da lei, o crédito caucionado permanece como um direito obrigacional.

hipótese do art. 17 da Lei 9.514/1997. Não porque se trate a caução de um direito real imobiliário, mas porque a especialidade do direito real de garantia assim o exige.

No que diz respeito à cessão fiduciária do crédito, trata-se de situação obrigacional, em princípio, que não se submete à publicidade registral. A cessão, por exemplo, do crédito de um contrato de compra e venda a prazo, sem garantia real imobiliária, não será averbada na matrícula do imóvel.

Todavia, visto que a cessão fiduciária opera a transferência do crédito, embora fiduciariamente (art. 18 da Lei 9.514/1997), e por consequência das garantias reais imobiliárias existentes, haverá a necessidade de averbação da cessão para que esta se torne oponível a terceiros, por conta da especialidade dos direitos reais de garantia. Antes da averbação, a transmissão do crédito não terá eficácia *ultra partes*.

A cessão fiduciária não é de um direito real imobiliário propriamente, apesar de a redação do texto legal induzir a isso. A cessão é do crédito, este garantido por um direito real. Altera-se – momentaneamente, se houver adimplemento – com a cessão fiduciária a titularidade do crédito garantido, e a especialidade da garantia real imobiliária exige a publicidade dessa alteração (uma vez que a garantia segue o crédito) para que seja ela oponível a terceiros. Dito de outra forma, a cessão opera na esfera obrigacional, mas tem aptidão para irradiar efeitos na esfera real, o que exige a sua publicidade.

Art. 11. (...)
"Art. 167. (...)
II – (...)
21. da cessão do crédito com garantia real sobre imóvel, ressalvado o disposto no item 35 deste inciso;"

COMENTÁRIO

Por *Leonardo Brandelli*

A redação anterior desse dispositivo legal referia-se apenas à "cessão do crédito imobiliário", o que era duplamente incorreto. A cessão de créditos assegurados por garantia real imobiliária, ainda que não imobiliários, deve ser publicizada porque altera a especialidade da garantia. Por outro lado, créditos imobiliários sem garantia real imobiliária não são publicitados, porque irradiam eficácia apenas obrigacional, de modo que a sua cessão também não está submetida à publicidade registral imobiliária.

A nova redação corrige a impropriedade, estabelecendo que a cessão de qualquer crédito deve ser averbada, desde que o crédito esteja assegurado por uma garantia real imobiliária.

Qualquer crédito, imobiliário ou não, nasce e irradia efeitos meramente obrigacionais, a princípio, e, dessa feita, tem eficácia limitada às partes do negócio jurídico, sem sujeição à publicidade jurídica.

Há casos, entretanto, em que tais créditos – imobiliários ou não – são assegurados por um direito real de garantia imobiliário, o qual, para nascer, deve ser publicizado no Registro Imobiliário com seus elementos essenciais de especialidade.

Nessas hipóteses, a alteração nos elementos de especialidade do direito real de garantia exige publicidade, para que a alteração possa ter oponibilidade *erga omnes*.

A cessão do crédito altera um importante elemento de especialidade do direito real de garantia, que é o que identifica o credor, e, portanto, deve ser averbada no Registro Imobiliário.

A cessão do crédito importa alteração na sua titularidade, o que exige publicidade registral para que a especialidade da garantia seja adequada.

Embora o item fale apenas na cessão de crédito, importante gizar que também a cessão do débito ou mesmo a cessão de contrato, que se refiram a contratos com garantia real imobiliária, devem ser averbadas para fins de oponibilidade, porque alteram elementos essenciais da especialidade da garantia real (art. 246 da Lei 6.015/1973).

Tem-se, assim, que a cessão do crédito com garantia real será objeto, necessariamente, de averbação no Registro Imobiliário (art. 167, II, 21, da Lei 6.015/1973). Todavia, tem-se entendido haver uma exceção, nos casos em que o crédito estiver representado por cédula de crédito imobiliário escritural, hipótese em que se tem entendido – erradamente, em nosso entender – que a averbação registral está dispensada, perante uma escolha legislativa, infeliz, diante da publicidade que permeia os direitos reais (art. 22, § 2º, da Lei 10.931/2004).

Nas hipóteses de cédula de crédito imobiliário escritural, pela interpretação que tem prevalecido, a lei dispensou a averbação da cessão, bastando que a informação seja levada ao agente custodiante da cédula, o qual deverá informar, por ocasião da averbação de cancelamento, o atual credor, caso seja diverso do credor que consta no registro de imóveis. Nada obsta, entretanto, que se requeira a averbação.

Esse é o entendimento que tem tido o órgão correcional máximo do Poder Judiciário paulista, nos termos do item 261 do Capítulo XX das NSCGJSP.

Contudo, parece-nos tecnicamente mais acertada a opinião esposada por Sérgio Jacomino, para quem a indicação da cessão à entidade custodiante não elide a necessidade de averbação do Registro Imobiliário, porque, além da circulação da cédula, há transmissão de direito real imobiliário – a propriedade fiduciária, a qual só ocorre com a publicidade registral imobiliária.[47]

---

[47] JACOMINO, Sérgio. A CCI cartular, a transmissão da propriedade e a ilusão do registro. Disponível em: <https://cartorios.org/2012/03/12/cci-cartular-e-a-necessidade-do-registro/>. Acesso em: 10/10/2022.

Por fim, o ora comentado item 21 estabelece uma ressalva à sua aplicação, prevista no item 35 desse inciso, a cujos comentários se remete o leitor.

Art. 11. (...)
"Art. 167. (...)
II – (...)
30. da sub-rogação de dívida, da respectiva garantia fiduciária ou hipotecária e da alteração das condições contratuais, em nome do credor que venha a assumir essa condição nos termos do art. 31 da Lei nº 9.514, de 20 de novembro de 1997, ou do art. 347 da Lei nº 10.406, de 10 de janeiro de 2002 (Código Civil), realizada em ato único, a requerimento do interessado, instruído com documento comprobatório firmado pelo credor original e pelo mutuário, ressalvado o disposto no item 35 deste inciso;"

COMENTÁRIO

Por *Leonardo Brandelli*

A sub-rogação de dívida garantida por garantia real imobiliária será averbada no Registro Imobiliário porque altera a situação jurídica publicizada.

Há exaustão de comandos a respeito da sub-rogação, e talvez nenhum fosse necessário, uma vez que o *caput* do art. 246 já determina a averbação das "ocorrências que, por qualquer modo, alterem o registro ou repercutam nos direitos relativos ao imóvel". Nesse sentido, preveem a averbação da sub-rogação esse item 30, o *caput* do art. 246 e o item 35 desse inciso I.

Diante da profusão de previsões para a averbação da sub-rogação, há que se diferenciar os comandos legais, sem que decorra disso, entretanto, algum efeito prático importante: o item 30 do inciso I refere-se à sub-rogação pessoal ativa convencional que não decorra de portabilidade; sendo hipótese de portabilidade, o dispositivo legal aplicável será o item 35 do inciso I do art. 167 da LRP, e, por isso, é excepcionado da aplicação desse item 30. O *caput* do art. 246 da LRP, por sua vez, acaba por conter a previsão legal para a sub-rogação pessoal ativa legal, bem como para a real.

Esse item 30 pretendeu tratar, inicialmente, da chamada *portabilidade* de financiamento, a qual se viu inserida no ordenamento jurídico pela Lei 12.703/2012, que trouxe à vida jurídica esse item, bem como o § 3º do art. 25 da Lei 9.514/1997, cujos conteúdos eram tecnicamente imprecisos, tendo sido o primeiro alterado, e o segundo revogado, pela posterior Lei 12.810/2013. Todavia, a portabilidade foi agora deslocada para o item 35, remanescendo esse item 30 para as demais sub-rogações pessoais ativas convencionais.

Trata-se aqui de hipótese de sub-rogação de crédito[48] – e não de dívida, a qual decorre de negócio jurídico entabulado entre credor e terceiro não interessado, ou entre devedor e terceiro não interessado, e independe, no primeiro caso, da vontade do devedor e, no segundo, da vontade do credor originário.

A sub-rogação pessoal, como é sabido, poderá ser legal, se efetivada por pessoas juridicamente interessadas (art. 346 do CC e art. 31, *caput*, da Lei 9.514/1997), ou convencional, quando levada a termo por terceiros juridicamente não interessados.

Excepcionalmente, no art. 1.368 do CC, há a previsão de caso em que, existindo o pagamento da dívida, haverá sub-rogação legal, ainda que seja não interessado o terceiro que paga, na hipótese em que a dívida é garantida por propriedade fiduciária. Essa hipótese será tratada nos comentários ao art. 246, visto que se trata de averbação de sub-rogação legal.

A sub-rogação convencional está regulada no art. 347 do CC (antes, no art. 986 do CC/1916) e pode decorrer da vontade do credor (inciso I do art. 347 do CC) ou do devedor (inciso II do mesmo artigo). Esta última hipótese também é prevista no parágrafo único do art. 31 da Lei 9.514/1997.

A referência ao art. 31 da Lei 9.514/1997, nesse item 30 do inciso II, do art. 167 da LRP, há que ser bem compreendida. Foi excluído dele o art. 346 do CC, que trata de sub-rogação legal, tendo sido feita referência apenas ao art. 347 do mesmo diploma legal, que regula a sub-rogação convencional, de modo que o item trata apenas desta última. A sub-rogação legal tem sua averbação permitida no art. 246 da LRP.

Nesse contexto, a remissão ao art. 31 da Lei 9.514/1997 deve ser entendida como sendo ao seu parágrafo único, que trata de hipótese de sub-rogação convencional, e aplicável apenas em casos que não se enquadrem como portabilidade (arts. 33-A a 33-F da mesma lei), hipótese em que o permissivo legal seria descolado para o tem 35 desse inciso. O *caput* do citado art. 31, que trata de sub-rogação legal, tem seu fundamento legal de averbação registral imobiliária no *caput* do art. 246 da LRP.

A averbação de que trata esse item em comento é decorrente de sub-rogação pessoal ativa convencional, a qual, como visto, pode decorrer da vontade do credor (inciso I do art. 347 do CC) ou do devedor (inciso II do mesmo artigo e parágrafo único do art. 31 da Lei 9.514/1997).

A primeira possibilidade (art. 347, I, do CC) é aquela em que a sub-rogação do crédito se dá por meio de acordo entre o credor e um terceiro não interessado.

---

[48] É a chamada sub-rogação pessoal ativa, na qual há substituição quanto aos direitos relacionados com o crédito (TARTUCE, Flávio. *Manual de direito civil*: volume único. 12. ed. Rio de Janeiro: Forense; São Paulo: Método, 2022. p. 418).

Credor e terceiro celebram um negócio jurídico no qual o terceiro paga o credor originário, que, por sua vez, lhe concede sub-rogação de seus direitos creditórios, a qual deve ser contemporânea ao pagamento.[49]

Nessa espécie, a sub-rogação é independente da vontade do devedor. Basta o acordo de vontades entre credor e terceiro.

O terceiro, nesse caso, pode ser qualquer pessoa que não tenha interesse jurídico na obrigação.

Há que se interpretar, nesse caso, qual o sentido do texto desse item 30, que exige "documento comprobatório firmado pelo credor original e pelo mutuário". Parece que o item exige sempre a participação do credor originário e do devedor para que seja feita a averbação nesse caso, embora a sub-rogação em si se dê sem a participação do devedor. A participação do devedor não significa participação no negócio de sub-rogação, do qual não é parte, mas ciência da sub-rogação, a qual é necessária por força dos arts. 348 e 290 do CC, e a lei entendeu por bem exigi-la para a averbação.

A segunda possibilidade é aquela derivada da vontade do devedor que se entrelaça com a vontade de um terceiro não interessado na obrigação, por meio de um negócio jurídico, cuja previsão legal encontra-se no inciso II do art. 347 do CC e no parágrafo único do art. 31 da Lei 9.514/1997.

A sub-rogação convencional, que decorre da vontade do devedor, ocorre por meio de um negócio jurídico celebrado entre devedor e um terceiro não interessado na obrigação, independentemente do consentimento do credor. Feito o pagamento ao credor originário, ocorrerá a sub-rogação pactuada, independentemente da vontade do credor, o qual apenas dará – necessariamente – quitação ao novo credor do que recebeu. O adimplemento é ato-fato jurídico, e a transmissão do crédito não se dá por vontade do credor (o que ocorre na cessão ou na sub-rogação do inciso I do art. 347 do CC), mas por vontade do devedor e do terceiro, mediante autorização legal.

É nesse sentido a interpretação que se deve dar ao texto desse item 30, que exige "documento comprobatório firmado pelo credor original e pelo mutuário": o que se exige é negócio jurídico firmado pelo novo credor e pelo devedor. O credor original deve apenas dar quitação do adimplemento, no próprio instrumento, ou em documento apartado.

O devedor, pretendendo liberar-se do credor originário, celebra contrato com um terceiro que empresta os recursos para a quitação integral do credor originário, ao mesmo tempo que se sub-roga no crédito.

---

[49] Veja-se: SERPA LOPES, Miguel Maria de. *Curso de direito civil*. Rio de Janeiro: Livraria Freitas Bastos, 1955. v. II. p. 267-269.

Visto que se trata de sub-rogação convencional, isto é, que decorre da vontade das partes, e não da lei, há a necessidade de o contrato celebrado entre devedor e terceiro estipular, expressamente, que o valor emprestado pelo terceiro ao devedor destina-se ao pagamento do credor originário e que ocorrerá a sub-rogação, caso contrário, haverá simples quitação da dívida, sem sub-rogação.

É a vontade de sub-rogar que faz que haja continuidade da relação jurídica originária, em vez de extinção daquela e nascimento de uma nova, hipótese que implicaria extinção das garantias originárias, e criação de outras novas. É dizer: a tomada de um empréstimo com um terceiro não interessado pode significar a mantença da relação jurídica originária, ou a sua substituição por um novo negócio jurídico, ou o simples adimplemento, conforme haja, ou não, vontade manifestada no sentido de sub-rogar, de novar, ou de pagar em nome próprio.

Se for feito o pagamento por terceiro não interessado, em nome próprio, sem que haja a estipulação negocial de sub-rogação, haverá simples pagamento, tendo quem pagou o direito ao reembolso.[50]

Se a vontade manifestada for de novar, a obrigação originária será extinta e substituída pela nova, e, nesse caso, registralmente, deverá haver averbação de extinção da garantia inicial, e novo registro para a nova garantia.[51]

Havendo, entretanto, a tomada do empréstimo para pagar o credor originário, substituindo este pelo terceiro que concedeu o empréstimo, haverá sub-rogação.

Em precisa lição de Pontes de Miranda, no "adimplemento com sub-rogação, adimple-se, mas continua-se a dever. É adimplemento sem liberação. O credor sai da relação jurídica; mas outrem lhe fica no lugar. Satisfaz-se o credor, sem que o devedor se libere. Outrem, em verdade, adimpliu, e não o devedor, que há de adimplir a quem adimpliu".[52]

Muda-se o polo da relação jurídica, mas esta permanece, razão pela qual o ato registral é o de averbação de sub-rogação, e jamais de averbação de cancelamento de garantia e instituição de novas garantias, o que somente poderia ocorrer se houvesse a extinção da obrigação originária e constituição de uma nova, autônoma.

As garantias constituídas para o reforço da obrigação permanecem hígidas, uma vez que são acessórias da obrigação garantida, que remanesce, apenas com outra titularidade no polo ativo.

---

[50] Art. 305 do CC: "O terceiro não interessado, que paga a dívida em seu próprio nome, tem direito a reembolsar-se do que pagar; mas não se sub-roga nos direitos do credor. Parágrafo único. Se pagar antes de vencida a dívida, só terá direito ao reembolso no vencimento".
[51] Art. 360 e ss. do CC.
[52] PONTES DE MIRANDA, F. C. *Tratado de direito privado*. 3. ed. Rio de Janeiro: Borsoi, 1971. t. XXIV. p. 283.

A sub-rogação convencional por iniciativa do devedor, ao contrário da legal ou da convencional que decorra de iniciativa do credor, possibilita que devedor e novo credor consintam não somente acerca de sua existência como também a respeito de novo conteúdo acerca das cláusulas contratuais da obrigação sub-rogada, sem que isso desnature o instituto.

Consoante já demonstrou Serpa Lopes,[53] a sub-rogação convencional entre devedor e terceiro é um meio de liberar o devedor de um credor, substituído por outro que ofereça mais benefícios, como uma taxa de juros menor ou mais prazo para pagamento, e, tendo em vista que é ela convencional, nada impede a repactuação voluntária entre devedor e novo credor no negócio jurídico que estabelece a sub-rogação. Se isso ocorrer, a averbação conterá não apenas a notícia da sub-rogação do crédito como também os elementos objetivos de especialidade nos quais houve alteração voluntária.

Aqui poderia surgir a dúvida, que é espancada já pelo próprio item 30 ora em comento: havendo sub-rogação e alteração dos elementos objetivos de especialidade, deveria haver duas averbações? O texto legal determina que seja apenas uma averbação, na qual se publicize tanto a sub-rogação quanto a alteração dos elementos objetivos de especialidade das garantias reais imobiliárias registradas.

A sub-rogação será averbada pouco importando se as partes são ou não instituições financeiras, ou se a dívida refere-se a financiamento imobiliário. Embora seja mais frequente tratar-se de instituições financeiras, não é requisito de aplicação do instituto. Tampouco é requisito que o crédito sub-rogado seja imobiliário, bastando, para a averbação em Registro de Imóveis, que seja garantido por direito real imobiliário de garantia.

Entretanto, tratando-se de financiamento imobiliário, levado a cabo por instituição financeira, há regramento específico para o período de negociações previamente à sub-rogação, insculpido nos arts. 33-A a 33-F da Lei 9.514/1997, para o qual se aplica o item 35 do inciso II do art. 167 da LRP.

Art. 11. (...)
"Art. 167. (...)
II – (...)
34. da existência dos penhores previstos no art. 178 desta Lei, de ofício, sem conteúdo financeiro, por ocasião do registro no livro auxiliar em relação a imóveis de titularidade do devedor pignoratício ou a imóveis objeto de contratos registrados no Livro nº 2 – Registro Geral;"

---

[53] SERPA LOPES, Miguel Maria de. *Curso de direito civil*. Rio de Janeiro: Livraria Freitas Bastos, 1955. v. II. p. 269-272.

 COMENTÁRIO

Por *Leonardo Brandelli*

O item 34 do inciso II do art. 167 da LRP foi incluído pela Lei 14.382/2022. Não havia disposição similar antes.

Ele determina que os penhores previstos no art. 178 da LRP, que serão registrados no Livro 3, sejam averbados na matrícula do imóvel em que estão situados os bens empenhados, para fins remissivos.

Primeiramente, parece-nos desnecessária a averbação, haja vista que a publicidade constitutiva do penhor decorre do registro no Livro 3, e não da averbação no Livro 2, a qual não pode, por conseguinte, ter sequer eficácia declarativa, uma vez que esta está já contida naquela. A eficácia da averbação, portanto, somente pode ser meramente remissiva, o que, pela boa técnica, poderia se dar por meio de anotações internas, e não por meio de um ato registral verdadeiro, que deveria ter efeito ao menos publicitário.

Parece que aqui o direito brasileiro inaugura a publicidade-notícia de que trata o direito italiano, a qual não deveria sequer existir, por não ser, em verdade, publicidade.[54]

Qual a razão de informar, em uma matrícula de um imóvel, que existe registrado um penhor de bem que está nele situado? Não se trata de direito real imobiliário e não há vinculação com o imóvel, exceto para fins de estabelecer a competência registral. O efeito publicitário já decorreu do registro do penhor. Era o que bastaria para constituir o direito real. A averbação agora determinada não passa de mera remissão, efetivamente, e nenhum prejuízo haveria em não realizá-la.

Os penhores sobre coisas que não impliquem transmissão possessória, para serem constituídos, devem ser registrados no Registro de Imóveis, e, como não se trata de bens imóveis, o seu registro se dará no Livro 3.

Assim, o penhor rural, que abrange tanto o penhor agrícola quanto o pecuário, como o penhor mercantil e o industrial, serão registrados, com efeito constitutivo, no Registro de Imóveis que tenha atribuição territorial sobre o(s) imóvel(is) no(s) qual(is) estão localizados os bens empenhados. É o que decorre dos arts. 1.438 e 1.448 do CC.

O item 34 determina a averbação dos penhores previstos no art. 178 da LRP. Todavia, aludido artigo somente contém a previsão de registro do penhor industrial. O Código Civil, por seu turno, amplia esse rol para abarcar também, como

---

[54] BRANDELLI, Leonardo. *Registro de imóveis:* eficácia material. Rio de Janeiro: Forense, 2016. p. 114.

vimos, o penhor rural e o mercantil. Todos eles serão registrados no Livro 3 do Registro de Imóveis, de modo que, parece-nos, a todos se aplica a determinação de averbação na matrícula do imóvel em que estejam situados.

A averbação deverá ser feita de ofício, conjuntamente com o registro do penhor no Livro 3, e será uma averbação sem conteúdo financeiro para fins de cobrança de emolumentos.

Contudo, a averbação somente poderá ser feita se a propriedade do bem imóvel no qual se situam os bens empenhados for do devedor pignoratício ou se, não sendo dele a propriedade, ele for titular de outro direito real que o torne titular do *jus frendi*, como o usufruto, ou ainda, se houver algum contrato registrado na matrícula que autorize a posse do devedor, como um contrato de locação, ou, finalmente, não sendo nenhuma das hipóteses anteriores, se houver anuência do proprietário do imóvel para a averbação.

Não sendo alguma das hipóteses anteriores, não será possível a realização da averbação.

Art. 11. (...)
"Art. 167. (...)
II – (...)
35. da cessão de crédito ou da sub-rogação de dívida decorrentes de transferência do financiamento com garantia real sobre imóvel, nos termos do Capítulo II-A da Lei nº 9.514, de 20 de novembro de 1997; e"

 COMENTÁRIO

Por *Leonardo Brandelli*

Esse item trata da chamada *portabilidade* de financiamento imobiliário, razão pela qual, devem as partes concedentes do mútuo integrar o sistema financeiro, devendo, da mesma forma, tratar-se de crédito imobiliário, isto é, voltado à aquisição, à construção ou ao desenvolvimento de empreendimentos imobiliários.

O instituto se viu inserido no ordenamento jurídico pela Lei 12.703/2012, que trouxe à vida jurídica o item 30 do inciso I do art. 167 da Lei 6.015/1973, bem como o § 3º do art. 25 da Lei 9.514/1997, cujos conteúdos eram tecnicamente imprecisos, tendo sido o primeiro alterado, e o segundo revogado, pela posterior Lei 12.810/2013.

A redação do item 30 do inciso I do art. 167 da Lei 6.015/1973, dada pela Lei 12.703/2012, foi a seguinte: "da substituição de contrato de financiamento imobiliário e da respectiva transferência da garantia fiduciária ou hipotecária, em ato único, à instituição financeira que venha a assumir a condição de credora em decorrência da portabilidade do financiamento para o qual fora constituída a garantia".

O § 3º do art. 25 da Lei 9.514/1997, por sua vez, teve a seguinte redação: "Nas hipóteses em que a quitação da dívida decorrer da portabilidade do financiamento para outra instituição financeira, não será emitido o termo de quitação de que trata este artigo, cabendo, quanto à alienação fiduciária, a mera averbação da sua transferência".

Percebe-se, prontamente da leitura, a obscuridade conceitual instituída por meio de termos juridicamente imprecisos e até opacos, como *substituição de contrato* e *portabilidade*, que soavam mais como peças de publicidade do que termos que designam algum instituto jurídico.

A chamada portabilidade é, em verdade, uma sub-rogação, conhecida de longa data do Direito, o que levou a outra redação desse item 30, dada pela Lei 12.810/2013:

> (...) da sub-rogação de dívida, da respectiva garantia fiduciária ou hipotecária e da alteração das condições contratuais, em nome do credor que venha a assumir tal condição na forma do disposto pelo art. 31 da Lei nº 9.514, de 20 de novembro de 1997, ou do art. 347 da Lei nº 10.406, de 10 de janeiro de 2002 – Código Civil, realizada em ato único, a requerimento do interessado instruído com documento comprobatório firmado pelo credor original e pelo mutuário.

Agora, a Lei 14.382/2022 desloca a averbação da portabilidade para esse item 35, estando ela regulamentada no Capítulo II-A da Lei 9.514, de 20 de novembro de 1997.

Tem-se, por primeiro, que se entendeu que a portabilidade poderá ser implementada por meios de cessão ou de sub-rogação, razão pela qual esse item 35 foi excepcionado nos itens 21 e 30 desse mesmo inciso II.

Diferem a cessão e a sub-rogação porque, na segunda, há o adimplemento da dívida em relação ao credor original, ao passo que, na primeira, não há o adimplemento da obrigação, havendo apenas o pagamento de algum preço de mercado estabelecido, o qual pode não coincidir com o valor da obrigação. Ademais, na cessão, há uma transferência do crédito, enquanto, na sub-rogação, tecnicamente, não há transferência alguma, havendo somente uma substituição da posição do credor, pois, conforme alerta Serpa Lopes, "o credor não pode transmitir uma qualidade que perde no momento mesmo de receber a prestação".[55] A cessão do crédito, além do mais, é sempre obra do credor, ao passo que isso não ocorre na sub-rogação.

---

[55] SERPA LOPES, Miguel Maria de. *Curso de direito civil*. Rio de Janeiro: Livraria Freitas Bastos, 1955. v. II. p. 257.

Embora a lei informe que a portabilidade possa se dar por meio da cessão (veja-se o item 21 do inciso II do art. 167 da LRP), todo o regramento previsto nos arts. 33-A a 33-F da Lei 9.514/1997 trata de uma dinâmica de sub-rogação, de modo que esta parece ser o caminho natural de uma portabilidade, devendo, entretanto, aplicar-se aquele regramento, no que couber, caso o instituto seja operacionalizado por meio de cessão.

Trata-se aqui, em verdade, de hipótese de sub-rogação convencional de crédito, a qual decorre de negócio jurídico entabulado entre devedor e terceiro não interessado e independe da vontade do credor originário.

A sub-rogação convencional que decorre da vontade do devedor ocorre por meio de um negócio jurídico celebrado entre devedor e um terceiro não interessado na obrigação (nesse caso, uma instituição financeira), independentemente do consentimento do credor. Feito o pagamento ao credor originário, ocorrerá a sub-rogação pactuada, independentemente da vontade do credor, o qual apenas dará – necessariamente – quitação ao novo credor do que recebeu. O adimplemento é ato-fato jurídico, e a transmissão do crédito não se dá por vontade do credor (o que ocorre na cessão), mas por vontade do devedor e do terceiro, mediante autorização legal.

É nesse sentido a interpretação que se deve dar ao texto do art. 33-A da Lei 9.514/1997, que exige "documento que ateste, para todos os fins de direito, inclusive para efeito de averbação, a validade da transferência": o que se exige é negócio jurídico firmado pelo novo credor e pelo devedor. O credor original deve apenas dar quitação do adimplemento, no próprio instrumento, ou em documento apartado.

O devedor, pretendendo liberar-se do credor originário, celebra contrato com um terceiro que empresta os recursos para a quitação integral do credor originário, ao mesmo tempo que se sub-roga no crédito.

Visto que se trata de sub-rogação convencional, isto é, que decorre da vontade das partes, e não da lei, há a necessidade de o contrato celebrado entre devedor e terceiro estipular, expressamente, que o valor emprestado pelo terceiro ao devedor destina-se ao pagamento do credor originário e que ocorrerá a sub-rogação, caso contrário, haverá simples quitação da dívida, sem sub-rogação.

É a vontade de sub-rogar que faz que haja continuidade da relação jurídica originária, em vez de extinção daquela e nascimento de uma nova, hipótese que implicaria extinção das garantias originárias, e criação de outras novas. É dizer: a tomada de um empréstimo com um terceiro não interessado pode significar a mantença da relação jurídica originária, ou a sua substituição por um novo negócio jurídico, conforme haja, ou não, vontade manifestada no sentido de sub-rogar.

Havendo a tomada do empréstimo para pagar o credor originário, substituindo este pelo terceiro que concedeu o empréstimo, haverá sub-rogação.

Em precisa lição de Pontes de Miranda, no "adimplemento com sub-rogação, adimple-se, mas continua-se a dever. É adimplemento sem liberação. O credor sai da relação jurídica; mas outrem lhe fica no lugar. Satisfaz-se o credor, sem que o devedor se libere. Outrem, em verdade, adimpliu, e não o devedor, que há de adimplir a quem adimpliu".[56]

Muda-se o polo da relação jurídica, mas esta permanece, razão pela qual o ato registral é o de averbação de sub-rogação, e jamais de averbação de cancelamento de garantia e instituição de novas garantias, o que somente poderia ocorrer se houvesse a extinção da obrigação originária e constituição de uma nova, autônoma.

As garantias constituídas para o reforço da obrigação permanecem hígidas, uma vez que são acessórias da obrigação garantida, que remanesce, apenas com outra titularidade no polo ativo.

A sub-rogação convencional, ao contrário da legal, possibilita que devedor e novo credor consintam não apenas acerca de sua existência como também a respeito de novo conteúdo acerca das cláusulas contratuais da obrigação sub-rogada, sem que isso desnature o instituto.

Consoante já demonstrou Serpa Lopes,[57] a sub-rogação convencional é um meio de liberar o devedor de um credor, substituído por outro que ofereça mais benefícios, como uma taxa de juros menor ou mais prazo para pagamento, e, tendo em vista que é ela convencional, nada impede a repactuação voluntária entre devedor e novo credor no negócio jurídico que estabelece a sub-rogação. Se isso ocorrer, a averbação conterá não apenas a notícia da sub-rogação do crédito como também os elementos objetivos de especialidade nos quais houve alteração voluntária.

Aqui poderia surgir a dúvida: havendo sub-rogação e alteração dos elementos objetivos de especialidade, deveria haver duas averbações? Parece-nos que a melhor técnica determina que seja apenas uma averbação, na qual se publicize tanto a sub-rogação quanto a alteração dos elementos objetivos de especialidade das garantias reais imobiliárias registradas. É, aliás, o já prescrito pelo item 30 do inciso II do art. 167 da LRP para os demais casos de sub-rogação pessoal convencional.

A hipótese aqui ventilada nesse item trata, como vimos, da sub-rogação de crédito decorrente de financiamento imobiliário, levado a cabo por instituições financeiras, de modo que se entendeu por bem estabelecer um regramento específico para o período de negociações prévio à sub-rogação, insculpido nos arts. 33-A a 33-F da Lei 9.514/1997, o qual garante ao mutuário algumas prerrogativas que lhe põem a salvo de certos abusos que poderiam ocorrer.

---

[56] PONTES DE MIRANDA, F. C. *Tratado de direito privado*. 3. ed. Rio de Janeiro: Borsoi, 1971. t. XXIV. p. 283.
[57] SERPA LOPES, Miguel Maria de. *Curso de direito civil*. Rio de Janeiro: Livraria Freitas Bastos, 1955. v. II. p. 269-272.

Art. 11. (...)
"Art. 167. (...)
II – (...)
36. do processo de tombamento de bens imóveis e de seu eventual cancelamento, sem conteúdo financeiro."

 COMENTÁRIO

Por *Leonardo Brandelli*

Como vimos por ocasião dos comentários ao art. 167, I, 46, da LRP, o tombamento significa a inscrição nos livros do tombo dos "bens móveis e imóveis existentes no país e cuja conservação seja de interesse público, quer por sua vinculação a fatos memoráveis da história do Brasil, quer por seu excepcional valor arqueológico ou etnográfico, bibliográfico ou artístico", nos termos do art. 1º do Decreto-lei 25/1937.

O tombamento será provisório ou definitivo conforme esteja com seu processo em curso, com o procedimento previsto no citado Decreto-lei 25/1937, ou esteja já encerrado, com as inscrições no livro do tombo feitas, nos termos do *caput* do art. 10 do referido decreto-lei: "O tombamento dos bens, a que se refere o art. 6º desta lei, será considerado provisório ou definitivo, conforme esteja o respectivo processo iniciado pela notificação ou concluído pela inscrição dos referidos bens no competente Livro do Tombo".

O tombamento definitivo de bens imóveis, como vimos, deve ser registrado no Livro 3 do registro de Imóveis, bem como deve ser averbado na matrícula do imóvel tombado (art. 13, *caput*, do Decreto-lei 25/1937), havendo remissões recíprocas entre os atos registrais.

No que diz respeito ao tombamento provisório, visto que produz já todos os efeitos do tombamento definitivo, embora não possa ser registrado no Livro 3, o que é exclusividade do tombamento definitivo,[58] pode ser ele averbado na matrícula do imóvel, tornando-o oponível *erga omnes*.

Em relação ao tombamento definitivo, há a necessidade da averbação como decorrência do art. 13 do Decreto-lei 25/1937; quanto ao tombamento provisório, há a possibilidade da averbação, caso se queira alcançar o efeito publicitário.

---

[58] Art. 10, parágrafo único, do Decreto-lei 25/1937: "Para todas os efeitos, salvo a disposição do art. 13 desta lei, o tombamento provisório se equiparará ao definitivo".

No estado de São Paulo, com vistas na previsão legal federal, as normas de serviço da Corregedoria-Geral da Justiça já estipulavam a necessidade/possibilidade dessa averbação (itens 84 e 84.2 do Capítulo XX), agora inserida no inciso II do art. 167 da LRP.

Inclui-se, agora, a possibilidade que já havia por força do citado decreto-lei, no rol dos atos averbáveis do inciso II do art. 167 da Lei 6.015/1973, o que não era necessário, embora possa tornar mais clara a previsão legal.

O cancelamento do tombamento, seja provisório, seja definitivo, será também objeto de averbação na matrícula em que averbado o tombamento, bem como no registro do Livro 3, em que registrado o tombamento definitivo.

Conforme o subitem 84.3 do Capítulo XX das normas de serviço de São Paulo, em determinação que segue acertada, o registro e a averbação serão feitos mediante a apresentação de título consistente em certidão do correspondente ato administrativo ou legislativo, ou de mandado judicial, dos quais constem, conforme o caso, minimamente, a localização do imóvel e sua descrição, admitindo-se esta por remissão ao número da matrícula ou transcrição; as restrições a que o bem imóvel está sujeito; quando certidão de ato administrativo ou legislativo, a indicação precisa do órgão emissor e da lei que lhe dá suporte, bem como no caso de se tratar de ato de tombamento definitivo; quando mandado judicial, a indicação precisa do Juízo e do processo judicial correspondente, da natureza do provimento jurisdicional definitivo; e a anuência ou a notificação dos proprietários, na hipótese de tombamento administrativo.

Art. 11. (...)
"Art. 167. (...)
Parágrafo único. O registro previsto no item 3 do inciso I do *caput* e a averbação prevista no item 16 do inciso II do *caput* deste artigo serão efetuados no registro de imóveis da circunscrição onde o imóvel estiver matriculado, mediante apresentação de uma via do contrato assinado pelas partes, admitida a forma eletrônica e bastando a coincidência entre o nome de um dos proprietários e o do locador."

COMENTÁRIO

Por *Leonardo Brandelli*

O parágrafo único do art. 167 da LRP trata do contrato de locação de imóvel urbano.

A matéria era tratada no inciso III do art. 169, tendo havido agora o deslocamento para o parágrafo único do art. 167, ambos da LRP.

O inciso III do art. 169 assim estipulava:

O registro previsto no nº 3 do inciso I do art. 167, e a averbação prevista no nº 16 do inciso II do art. 167 serão efetuados no cartório onde o imóvel esteja matriculado mediante apresentação de qualquer das vias do contrato, assinado pelas partes e subscrito por duas testemunhas, bastando a coincidência entre o nome de um dos proprietários e o locador.

A matéria é deslocada mantendo-se praticamente o seu conteúdo. Em verdade, elimina-se a exigência de testemunhas instrumentais, e prevê-se, expressamente, a possibilidade – já existente no ordenamento jurídico – do contrato instrumentalizado eletronicamente.

Mantém-se a relativização da continuidade subjetiva, o que é adequado ao contrato de conteúdo meramente obrigacional que será publicizado, ao estabelecer-se que o locador deve coincidir com o nome de um dos proprietários, ainda que outros haja.

Há também, embora nada seja dito, relativização da continuidade objetiva, uma vez que se permite a locação de parte da coisa, o que poderá, evidentemente, ser publicizado, descrevendo-se, precisamente, a parte locada.

Mantém-se, entretanto, a impropriedade de se exigir que o locador coincida com "um dos proprietários", o que não é exigível em um contrato de locação. Não é apenas o proprietário que pode locar; outros titulares de direitos reais têm igual prerrogativa. Podem, por exemplo, o compromissário comprador ou o usufrutuário, de modo que nem sempre o locador coincidirá com um dos proprietários. Poderá coincidir, por exemplo, com o usufrutuário.

Não se registra, aqui, o contrato de locação propriamente, mas o direito de preempção e o direito de vigência.

É caso clássico de uma relação meramente obrigacional que se torna oponível a terceiros, *erga omnes*, é dizer, mediante a publicidade registral. Há direitos obrigacionais que adquirem eficácia real, absolutividade, permanecendo, entretanto, obrigacionais.

O contrato de locação de imóvel urbano que contenha cláusula de vigência (cláusula que, em um contrato por prazo determinado, estipule que a locação permanecerá em vigor mesmo que o imóvel seja alienado), prevista no art. 8º da Lei 8.245/1991, poderá ser registrado na matrícula do imóvel locado (art. 167, I, 3, da Lei 6.015/1973), tornando tal cláusula, assim, oponível ao terceiro adquirente. Se não houver o registro no Registro de Imóveis, não haverá oponibilidade, e a questão resolver-se-á em perdas e danos entre locador e locatário.

Note-se que, após o registro, continua havendo um direito meramente obrigacional, que não se transmuda em direito real pelo registro, mas passa a haver um direito obrigacional oponível a terceiros, em razão do instituto jurídico da publicidade.

O mesmo ocorre com o direito de preempção que tem o locatário, decorrente desse tipo de locação (art. 27 da Lei 8.245/1991), independentemente de previsão contratual expressa. É direito que decorre da lei. Tal direito poderá tornar-se oponível a terceiros mediante averbação na matrícula do imóvel locado (art. 167, II, 16, da Lei 6.015/1973). Havendo a averbação, o direito será oponível *erga omnes*, tendo, por isso, o locatário preterido na preferência o direito de adjudicar o imóvel no prazo decadencial de 6 meses. Se não houver a publicidade pela averbação, o direito mantém-se *inter partes*, resolvendo-se a afronta em perdas e danos (art. 33 da Lei 8.245/1991), mas não sendo afetado o terceiro adquirente de boa-fé.

Art. 11. (...)

"Art. 169. Todos os atos enumerados no art. 167 desta Lei são obrigatórios e serão efetuados na serventia da situação do imóvel, observado o seguinte:

I – as averbações serão efetuadas na matrícula ou à margem do registro a que se referirem, ainda que o imóvel tenha passado a pertencer a outra circunscrição, observado o disposto no inciso I do § 1º e no § 18 do art. 176 desta Lei;

II – para o imóvel situado em duas ou mais circunscrições, serão abertas matrículas em ambas as serventias dos registros públicos; e

III – (revogado);

IV – aberta matrícula na serventia da situação do imóvel, o oficial comunicará o fato à serventia de origem, para o encerramento, de ofício, da matrícula anterior.

§ 1º O registro do loteamento e do desmembramento que abranger imóvel localizado em mais de uma circunscrição imobiliária observará o disposto no inciso II do *caput* deste artigo, e as matrículas das unidades imobiliárias deverão ser abertas na serventia do registro de imóveis da circunscrição em que estiver situada a unidade imobiliária, procedendo-se às averbações remissivas.

§ 2º As informações relativas às alterações de denominação de logradouro e de numeração predial serão enviadas pelo Município à serventia do registro de imóveis da circunscrição onde estiver situado o imóvel, por meio do Serp, e as informações de alteração de numeração predial poderão ser arquivadas para uso oportuno e a pedido do interessado.

§ 3º Na hipótese prevista no inciso II do *caput* deste artigo, as matrículas serão abertas:

I – com remissões recíprocas;

II – com a prática dos atos de registro e de averbação apenas no registro de imóveis da circunscrição em que estiver situada a maior área, averbando-se, sem conteúdo financeiro, a circunstância na outra serventia; e

III – se a área for idêntica em ambas as circunscrições, adotar-se-á o mesmo procedimento e proceder-se-á aos registros e às averbações na serventia de escolha do interessado, averbada a circunstância na outra serventia, sem conteúdo financeiro."

COMENTÁRIO

Por *Leonardo Brandelli*

O art. 169 da LRP consagra o chamado princípio da inscrição, e, nesse tocante, nada inovou a Lei 14.382/2022. As situações jurídicas imobiliárias que devam produzir efeitos perante terceiros devem ser, necessariamente, publicizadas no Registro de Imóveis para que possam atingir tal efeito.

Embora o *caput* do artigo refira-se somente aos atos previstos no art. 167, em verdade há o ônus de publicizar não apenas aqueles mas quaisquer outros que tenham previsão legal para registro, incluindo-se aí os enquadráveis na cláusula geral de publicidade prevista no art. 246, *caput*, da LRP.

O *caput* do art. 169 em comento diz que são *obrigatórios* os registros dos atos enumerados no art. 167 (e também os do art. 246, e os de qualquer outro artigo de lei que preveja a publicidade registral imobiliária de alguma situação jurídica), todavia não há algum prazo estabelecido para que o registro seja feito nem há alguma punição para a não realização do registro pela parte interessada.[59]

No direito brasileiro, há um ônus de publicizar, isto é, se a parte interessada quiser atingir a eficácia que será dada pela publicidade registral, deverá promover o registro; caso contrário, tal eficácia não será dada. É nesse sentido que deve ser entendido o termo "obrigatórios" do *caput*.

Há também, no mais das vezes, um *dever* de publicizar, decorrente do princípio da boa-fé objetiva, de modo que certas pessoas devem dar a conhecer, registralmente, determinadas situações jurídicas, sob pena de agirem em desacordo com os ditames da boa-fé objetiva e responderem por isso.

Todavia, a decorrência direta do art. 169, *caput*, é a de que há, no direito registral imobiliário brasileiro, a obrigatoriedade – o ônus legal – de que sejam levados ao Registro Imobiliário todos os atos jurídicos que devam ser publicizados[60], *conditio sine qua non* para que se alcance o efeito que tenha o registro para a situação (constitutivo ou declarativo, conforme o caso).

---

[59] Em Portugal, por exemplo, há prazo para que o registro seja feito, e há multa cominada para o caso de o registro não ser feito no prazo determinado, previstos nos arts. 8º-C e 8º-D do Código do Registro Predial (disponível em: <https://www.pgdlisboa.pt/leis/lei_mostra_articulado.php?nid=488&tabela=leis>. Acesso em: 13/09/2022).

[60] As chamadas *cargas ocultas*, isto é, situações jurídicas imobiliárias que afetam terceiros e que não estão publicizadas no registro imobiliário, decorrentes, *v.g.*, da lei, existem em todos os sistemas registrais (ALDE GROUP SEMINAR. European property law rights and wrongs. *European Land Registry Association – ELRA Annual Publication*, n. 4, p. 100-103), e devem ser mantidas no mínimo possível, sendo desejável que não existam. No entanto, a sua existência, excepcional, não invalida a regra, ora estabelecida.

Sem o devido registro, ou o direito não nascerá, ou ele não será oponível *erga omnes*. É o que preconiza o princípio registral[61] imobiliário da inscrição, decorrente dos arts. 1.227 e 1.245 do CC, bem como dos arts. 167, 169, 172 e 246 da Lei 6.015/1973.

De acordo com referido princípio, os atos previstos em lei como registráveis devem ser, obrigatoriamente, registrados, sob pena de não produção dos efeitos que seriam alcançados com o registro.

Assim, uma compra e venda imobiliária não registrada (que, lembre-se, contém em si também o negócio de transmissão) permanecerá na esfera meramente obrigacional – contendo nela a obrigação de transmitir a propriedade e o direito potestativo à criação do direito real –, não produzindo efeitos reais, isto é, não havendo a transmissão do direito real de propriedade do vendedor para o comprador, o que ocorre, no direito civil pátrio, no momento da execução do negócio de transmissão, jungido juridicamente a compra e venda, mediante registro no Registro Imobiliário que tenha atribuição territorial.

Da mesma forma, um direito de propriedade imobiliário adquirido por sucessão não será oponível a terceiros que não os envolvidos no processo sucessório (meeiro, herdeiros e legatários), bem como não será disponível como direito de propriedade oponível *erga omnes*[62].

Embora o art. 172 da Lei 6.015/1973 refira-se tão somente aos direitos reais imobiliários, a norma contida no princípio da inscrição aplica-se também aos direitos obrigacionais com eficácia real, para sua oponibilidade a terceiros. Veja-se, para confirmar o asseverado, exemplificativamente, o caso do direito de preempção do locatário em locação de imóvel urbano (art. 167, II, 16, da Lei 6.015/1973 e art. 33 da Lei 8.245/1991[63]).

---

[61] Não será objeto do presente trabalho a análise técnica de verificação a respeito de tratar-se, ou não, os intitulados princípios registrais imobiliários de verdadeiros princípios jurídicos. Optar-se-á por utilizar a nomenclatura consagrada de *princípios registrais*, sem que isso importe, todavia, em uma concordância com que tais normas sejam realmente princípios jurídicos.

[62] É certo que o direito de propriedade do herdeiro pode ser disposto antes mesmo do registro, porém o será na forma de cessão de direitos hereditários, e não como direito de propriedade com a característica da absolutividade.

[63] O direito de preferência que tem o locatário de imóvel urbano existe independentemente de sua averbação no registro imobiliário, porém ele somente é oponível a terceiros, isto é, somente permite a adjudicação do imóvel, esteja ele com quem estiver, se tiver havido a sua publicidade tempestiva. Sem o registro, há um direito puramente obrigacional, o qual se resolverá em perdas e danos; com o registro, passa-se a ter um direito obrigacional com eficácia real, isto é, com eficácia *erga omnes*, de modo que pode ser oposto a qualquer pessoa. Sem o registro, a oponibilidade a algum terceiro dependerá da comprovação de que o terceiro em questão conhecia de fato a existência do direito de preempção.

Todas as situações jurídicas que devam ser oponíveis a terceiros contêm previsão legal para sua publicidade registral no álbum imobiliário[64], vale dizer, todas as situações jurídicas que devam ser oponíveis a terceiros devem ser publicizadas no registro imobiliário, sem o que não atingirão referida oponibilidade, permanecendo na esfera meramente obrigacional, com eficácia *inter partes*.

Nos casos apontados, não basta outra forma de publicidade, como a processual ou a notarial. Ou há conhecimento efetivo, no caso concreto, o qual deve ser provado por aquele que alega, ou a cognoscibilidade foi gerada pela publicidade registral imobiliária, não servindo outra forma de publicidade.

Os atos jurídicos que versam sobre direitos reais ou direitos obrigacionais com eficácia real imobiliários, instrumentalizados (conforme a solenidade exigida por lei) pela forma pública (quaisquer que sejam – tanto notarial como judicial ou administrativa) ou particular, devem ser publicizados no registro imobiliário, sob pena de permanecerem na esfera puramente obrigacional.

Mesmo os atos judiciais, relativos a imóveis, que devam ser oponíveis a terceiros que não participaram, de alguma forma, do processo, somente o serão se publicizados no registro imobiliário, não tendo a publicidade processual o condão de tornar os atos praticados no processo oponíveis a terceiros, pois a relação processual é uma relação jurídica e, apesar de pública, é pública no mesmo sentido da publicidade notarial, no sentido negativo, de ser acessível a quem queira tomar conhecimento de seu conteúdo, mas não gera cognoscibilidade, não é uma publicidade ativa. Se o ato processual, que diga respeito a imóveis, pretender tornar-se oponível *erga omnes*, deverá ser publicizado no registro imobiliário, *conditio sine qua non* para que alcance a aludida eficácia, salvo, excepcionalmente, quando provar-se, no caso concreto, que houve efetivo conhecimento da situação. Dito de modo mais técnico, a forma processual-judicial não é publicidade. Não em matéria imobiliária.

Sem a publicidade registral, nos casos em que ela deva ocorrer, não se alcançará o efeito declarativo ou constitutivo que dela decorreria.

Do comando legal decorre, além do ônus de publicizar para que se alcance certo efeito decorrente da cognoscibilidade, a inoponibilidade das situações jurídicas não publicizadas.

O registro imobiliário faz presunção *juris tantum* do seu conteúdo, tanto positivamente, no sentido de o que estiver publicizado existir (para as próprias partes, inclusive no caso de registro constitutivo) e ser oponível (isto é, produzir eficácia contra) a terceiros na exata forma em que está publicizado, enquanto não

---

[64] Salvo alguma *hidden charge* decorrente de lei, o que, como já visto, não desnatura a regra ora tratada.

houver o cancelamento ou a retificação do registro[65], quanto negativamente, no sentido de o que não estiver publicizado, e seja publicizável, não ser oponível a terceiros, ou não existir (caso o registro seja constitutivo).

No que toca ao aspecto negativo da publicidade, seu efeito decorre do descumprimento de um ônus legal, isto é, de uma determinação legal de que se tome certa atitude para que se alcance certo efeito, e não de um dever decorrente da boa-fé objetiva, muito embora a quebra do ônus legal possa até implicar ofensa à boa-fé objetiva e gerar o dever de indenizar.

Do ônus de publicizar, decorre o ônus jurídico de buscar a informação publicizada quando se pretender negociar direitos sujeitos à publicidade registral imobiliária. São tais ônus verso e anverso de um mesmo fenômeno.

Diante da impossibilidade cada vez mais presente de se conhecer realmente a situação jurídica do *alter*, o direito estabelece formas de cognoscibilidade das situações jurídicas, estipulando um ônus[66] jurídico de buscar o conhecimento, passando a tutelar aqueles que agiram de maneira diligente, em consonância com os padrões jurídicos exigidos pelo ordenamento jurídico, e que, por terem assim agido, serão considerados de boa-fé (subjetiva), se, por acaso, algo existir, mas cuja informação estiver em local onde não lhe era determinado procurar[67].

O terceiro adquirente que cumpre seu ônus será, então, tutelado. Nenhum sentido jurídico haveria em exigir-se que todos os direitos imobiliários absolutos sejam publicizados no registro imobiliário, sem o que não poderão adquirir a absolutividade, e, ao mesmo tempo, exigir de um terceiro adquirente uma extensa e cara busca de informações extrarregistrais. Ora, se há, para o credor de um direito (seja que direito for – um crédito trabalhista ou fiscal cuja venda do imóvel possa frustrar; um direito ao reconhecimento de uma nulidade de um negócio translativo; uma penhora etc.) que possa afetar um direito imobiliário, o ônus legal de publicizar esse seu direito, a fim de que possa ele ser oponível a terceiros, não há sentido, nem jurídico, nem econômico, em obrigar esse terceiro a buscar infindáveis informações extrarregistrais, que deveriam constar no

---

[65] Veja-se arts. 1.245 e 1.247 do CC.
[66] E não um dever, visto que não há exigibilidade por parte de outrem, e há liberdade de escolha para quem age, porém, se não agir da forma que o ordenamento jurídico determina, não obterá certo efeito.
[67] Não se trata aqui de um dever decorrente do princípio da boa-fé objetiva, o qual determina que a conduta se dê em consonância com certos padrões de cooperação, e o qual é exigível pela outra parte, mas de um ônus legal para que seja caracterizada a boa-fé subjetiva, isto é, de um ônus determinado pela norma jurídica, diretamente (e não como decorrência do princípio da boa-fé objetiva) para que se possa alcançar certo objetivo (a boa-fé subjetiva), o qual não é exigível. Por se tratar de um ônus legal, não pode ser um dever decorrente da boa-fé objetiva.

registro imobiliário e que, caso não constem, trazem o significado de que alguém não cumpriu seu ônus legal de publicidade e, portanto, não poderá alcançar o efeito da oponibilidade *erga omnes*.

Observa Salvatore Pugliatti que, no conhecimento legal gerado pela cognoscibilidade da publicidade, há um ônus de conhecimento, há uma necessidade legal de agir em consonância com certo comportamento, o qual possibilitará que se atinja o conhecimento[68]. Ao descumprir esse ônus legal de agir, a pessoa passa a um estado de má-fé subjetiva, eis que seu desconhecimento será injustificado, não tendo, portanto, o interessado o direito de alegá-lo, porque este decorreu de inércia sua.

A publicidade gera, a um só tempo, um direito subjetivo de obtenção das informações publicizadas e um ônus de, ao se celebrar um ato jurídico que diga respeito a uma situação jurídica objeto de publicidade, acessar a informação publicizada, uma vez que, acessando-a ou não, ela será considerada como conhecida. Esse ônus decorre da lei[69], e não do princípio da boa-fé objetiva.

A boa-fé objetiva em certos momentos gera a obrigação de publicizar algo. O registro é sempre obrigatório no sentido de que, sem ele, não se alcançará certo efeito (oponibilidade contra todos, constituição do direito etc.), porém é facultativo no sentido de que, se a pessoa não quiser tais efeitos, não poderá ser obrigada a registrar.

Entretanto, embora legalmente não esteja a pessoa obrigada a registrar se não quiser obter certos efeitos, pode essa obrigação decorrer do princípio da boa-fé objetiva, isto é, o dever de conduta proba, colaborativa, em relação aos demais interessados, decorrente deste princípio da boa-fé objetiva, o qual, se descumprido, pode gerar o dever de indenizar. O dever de "consideração com o *alter*", o "mandamento de consideração",[70] em que consiste a boa-fé objetiva, pode determinar que a pessoa publicize o ato, sob pena de lhe ser imposta a obrigação de indenizar, embora a lei lhe dê a faculdade de somente publicizar se quiser atingir certa eficácia.

Desse modo, muitas vezes, haverá o ônus legal de publicizar, sob pena de não se atingir certo efeito, juntamente com o dever de publicizar decorrente da boa-fé objetiva, sob pena de indenizar o dano que se causar a outrem pelo descumprimento dessa obrigação.

---

[68] PUGLIATTI, Salvatore. La pubblicità. In: ALPA, Guido; ZATTI, Paolo. *Letture di diritto civile*. Padova: CEDAM, 1990. p. 666.

[69] Não necessariamente de um texto expresso de lei, mas da lei que institui a publicidade com efeitos mínimos de oponibilidade, o que tem o condão de tornar, por si só, obrigatório ao terceiro buscar as informações que lhe são oponíveis.

[70] SILVA, Clóvis do Couto e. *A obrigação como processo*. São Paulo: José Bushatsky, 1976. p. 33-34.

Todavia, o *ter que acessar* a informação publicizada ao celebrar um ato jurídico que diga respeito a ela, uma vez que o conhecimento legal ocorrerá por meio do seu acesso ou não, é um ônus (não exigível, mas que a falta de seu cumprimento terá o condão do não alcance de certo efeito, nesse caso, a boa-fé subjetiva) imposto pelo ordenamento jurídico, e não um dever (exigível de outrem) imposto pelo princípio da boa-fé objetiva.

A publicidade deve ser feita no Registro de Imóveis que tenha atribuição territorial para o imóvel objeto da situação jurídica a ser publicizada, estabelecendo o art. 169 regras que regulamentam como deve ser feita a publicidade em caso de interconexão entre circunscrições imobiliárias em razão de o imóvel estar situado em mais de uma, ou primeiro em uma e depois em outra em virtude de reorganização de circunscrições.

Sendo o ato registral feito em circunscrição imobiliária incorreta, será nulo.

Os atos de registro *stricto sensu* devem ser feitos, necessariamente, no Registro Imobiliário que tem atribuição para o imóvel, de modo que, caso tenha a atribuição passado de uma circunscrição imobiliária para outra, o registro deve ser feito na nova, mesmo que o imóvel esteja ainda matriculado na antiga.

Nesse caso, deverá ser aberta matrícula na serventia da nova circunscrição, mediante certidão expedida pelo Registro da circunscrição anterior, ocasião em que deverá o Oficial da nova serventia comunicar o fato à serventia de origem, para o encerramento, de ofício, da matrícula anterior.

Sendo o ato de averbação, e existindo já matrícula aberta na serventia da nova circunscrição imobiliária, deverá nela ser praticado.

Os atos de averbação, entretanto, em caso de alteração de circunscrição imobiliária, quando ainda não houver matrícula aberta na nova serventia registral, serão efetuados na matrícula ou à margem do registro à que se referirem, observado o disposto no inciso I do § 1º e no § 18 do art. 176 da LRP, para cujos comentários se remete o leitor.

Nas hipóteses em que o imóvel esteja situado em duas ou mais circunscrições imobiliárias, deverão ser abertas matrículas em ambos os Registros Imobiliários, com remissões recíprocas, devendo os atos registrais ser praticados apenas no Registro Imobiliário da circunscrição em que esteja situada a maior parte do imóvel, devendo os atos ser transportados, por meio de averbação sem conteúdo financeiro, para as outras serventias.

Sendo a área, em ambas as circunscrições, idêntica, haverá abertura de matrícula em todas, com remissões recíprocas, e os atos de registro serão feitos na serventia registral de escolha da parte interessada, devendo o transporte ser feito para as demais serventias por meio de averbação sem conteúdo financeiro. A escolha, nesse caso, será feita por ocasião da primeira prática de ato registral e fixará a atribuição registral para os demais atos subsequentes.

Esse procedimento será adotado também para os registros de loteamentos e desmembramentos em que a gleba se situe em mais de uma circunscrição imobiliária. Após o registro do loteamento ou do desmembramento, feitas as remissões recíprocas, deverão ser abertas as matrículas dos lotes nas respectivas circunscrições imobiliárias a que pertençam, não podendo o lote situar-se em mais de uma circunscrição, nos termos do § 1º do art. 21 da Lei 6.766/1979.[71]

Por fim, o § 2º do art. 169 da LRP determina que os municípios enviem as informações relativas às alterações de denominação de logradouro e de numeração predial para os Registros de Imóveis por meio do Serp, o que demandará, ainda, regulamentação.

As informações a respeito das alterações de denominações de logradouros, uma vez que podem ser averbadas de ofício, parece, deverão ser recebidas e os registros atualizados, ao passo que as informações a respeito da numeração predial, cuja atualização depende de provocação da parte interessada, serão arquivadas para uso oportuno e a pedido do interessado.

> **Art. 11.** (...)
> "Art. 176. (...)
> § 1º (...)
> I – cada imóvel terá matrícula própria, que será aberta por ocasião do primeiro ato de registro ou de averbação caso a transcrição possua todos os requisitos elencados para a abertura de matrícula;
> (...)
> § 14. É facultada a abertura da matrícula na circunscrição onde estiver situado o imóvel, a requerimento do interessado ou de ofício, por conveniência do serviço.
> § 15. Ainda que ausentes alguns elementos de especialidade objetiva ou subjetiva, desde que haja segurança quanto à localização e à identificação do imóvel, a critério do oficial, e que constem os dados do registro anterior, a matrícula poderá ser aberta nos termos do § 14 deste artigo.
> § 16. Se não forem suficientes os elementos de especialidade objetiva ou subjetiva, será exigida a retificação, no caso de requerimento do interessado na forma prevista no § 14 deste artigo, perante a circunscrição de situação do imóvel.
> § 17. Os elementos de especialidade objetiva ou subjetiva que não alterarem elementos essenciais do ato ou negócio jurídico praticado, quando não constantes do título ou do acervo registral, poderão ser complementados por outros documentos ou, quando se tratar de manifestação de

---

[71] Parece-nos que o restante do aludido art. 21, com exceção do § 1º, perdeu sua eficácia por ter sido derrogado tacitamente pelo § 1º do art. 169 da LRP.

vontade, por declarações dos proprietários ou dos interessados, sob sua responsabilidade.

§ 18. Quando se tratar de transcrição que não possua todos os requisitos para a abertura de matrícula, admitir-se-á que se façam na circunscrição de origem, à margem do título, as averbações necessárias."

COMENTÁRIO

Por *Leonardo Brandelli*

O art. 169, I, da LRP determina que os atos registrais imobiliários de averbação, em caso de alteração de circunscrição imobiliária, quando ainda não houver matrícula aberta na nova serventia registral, serão efetuados na matrícula ou à margem do registro a que se referirem.

A regra será a prática também dos atos de averbação na nova circunscrição imobiliária, a teor do que ocorre com os atos de registro *stricto sensu*, devendo ser aberta matrícula com base em certidão expedida pela serventia da circunscrição anterior.

Estando o imóvel matriculado na circunscrição anterior, ou transcrito, desde que tenha, na transcrição, os elementos necessários à abertura de matrícula, deverá haver abertura de matrícula na serventia da nova circunscrição, e lá deverá ser praticado o ato de averbação.

Caso, todavia, a transcrição da circunscrição antiga não contenha os elementos necessários a permitir a abertura de matrícula na serventia da nova circunscrição, então a averbação poderá ser feita à margem da inscrição existente na serventia da circunscrição antiga.

Os elementos de especialidade objetiva e subjetiva exigidos para a abertura de matrícula são os constantes do art. 176, § 1º, II, da LRP. No entanto, estabeleceu o § 15 do art. 176 do mesmo texto legal que, na hipótese de imóvel estar ainda inscrito no sistema anterior ao da Lei 6.015/1973, a abertura de matrícula será possível ainda que ausentes alguns elementos de especialidade objetiva ou subjetiva, desde que haja segurança quanto à localização e à identificação do imóvel, a critério do oficial, e que constem os dados do registro anterior.

É dizer: ainda que falte, na transcrição existente, algum elemento exigido pelo art. 176, § 1º, II, da LRP, se a sua ausência não impossibilitar a segura localização e identificação do imóvel, será possível a abertura de matrícula. É o caso, por exemplo, de faltar a área do imóvel, havendo sua precisa descrição perimetral.

Quando o imóvel estiver transcrito, a abertura de matrícula na nova circunscrição somente poderá ser feita a requerimento do interessado, entretanto, não tendo havido alteração de circunscrição, na própria serventia registral em que se situa a transcrição, poderá haver abertura de matrícula tanto a requerimento quanto de ofício, por conveniência do serviço, nos termos do § 14 do art. 176.

Caso não haja, contudo, elementos suficientes de especialidade objetiva ou subjetiva, a abertura da matrícula somente poderá se dar por meio de requerimento do interessado, devendo ser precedida de retificação de registro com intuito de complementar a especialidade, devendo ser efetivada a retificação na serventia da circunscrição imobiliária em que está situada a inscrição do imóvel, para, posteriormente, ser aberta a matrícula na mesma circunscrição ou em outra, caso tenha havido alteração.

Por fim, em relação à alteração levada a cabo pela Lei 14.382/2022 no art. 176 da LRP, o novo § 17 incorporou ao texto legal possibilidade já admitida na *praxis*, bem como na doutrina e jurisprudência, consistente na possibilidade de complementar, por outros documentos, os elementos de especialidade objetiva ou subjetiva que não alterarem elementos essenciais do ato ou negócio jurídico praticado, quando não constantes do título ou do acervo registral. Nesse caso, quando se tratar de manifestação de vontade, o complemento deverá se dar por meio de declarações dos proprietários ou dos interessados, sob sua responsabilidade.

É o caso, por exemplo, de faltar, no título, a profissão dos adquirentes, ou de não constar, no título judicial, o número do CPF de alguma das partes. Por meio de declaração e de cópia autêntica do CPF, poderá haver o complemento da informação, sem que haja necessidade de se retificar o título registral.

Art. 11. (...)
"Art. 188. Protocolizado o título, proceder-se-á ao registro ou à emissão de nota devolutiva, no prazo de 10 (dez) dias, contado da data do protocolo, salvo nos casos previstos no § 1º deste artigo e nos arts. 189, 190, 191 e 192 desta Lei.

§ 1º Se não houver exigências ou falta de pagamento de custas e emolumentos, deverão ser registrados, no prazo de 5 (cinco) dias:

I – as escrituras de compra e venda sem cláusulas especiais, os requerimentos de averbação de construção e de cancelamento de garantias;

II – os documentos eletrônicos apresentados por meio do Serp; e

III – os títulos que reingressarem na vigência da prenotação com o cumprimento integral das exigências formuladas anteriormente.

§ 2º A inobservância do disposto neste artigo ensejará a aplicação das penas previstas no art. 32 da Lei nº 8.935, de 18 de novembro de 1994, nos termos estabelecidos pela Corregedoria Nacional de Justiça do Conselho Nacional de Justiça."

COMENTÁRIO

Por *Leonardo Brandelli*

A alteração promovida pela Lei 14.382/2022 no art. 188 da LRP produziu importantes modificações no que concerne ao prazo que tem o Oficial de Registro de Imóveis para qualificar os títulos e produzir os competentes atos de registro.

A redação anterior informava que "proceder-se-á ao registro, dentro do prazo de 30 (trinta) dias". Era redação ruim porque nada dizia a respeito do prazo quando a qualificação fosse negativa, além de estabelecer prazo tão dilatado quanto ao de validade da prenotação, que, pela redação de então do art. 205 da LRP, era também de 30 dias. Significava isso que, pelo texto legal, poderia o Oficial utilizar o prazo todo de validade da prenotação para qualificar o título e praticar os atos registrais, o que acarretaria, em caso de qualificação negativa, que a prenotação seria encerrada por ter seu prazo expirado sem que a parte interessada tivesse oportunidade de sanar as exigências no mesmo protocolo.

Tal situação levou à criação de normas administrativas estabelecendo prazos menores do que o da validade da prenotação para a qualificação registral e prática dos atos pertinentes. Assim, por exemplo, o item 41 do Capítulo XX das NSCGJSP, que determinava que o "prazo para exame, qualificação e devolução do título, com exigências ou registro, será de 15 (quinze) dias, contados da data em que ingressou na serventia".

A nova redação do art. 188 da LRP é, nesse sentido, melhor, porque esclarece que os prazos ali instituídos o serão não apenas para as hipóteses de qualificação positiva mas também para as de qualificação negativa, além de estabelecer um prazo bastante menor do que o prazo de validade da prenotação (art. 205 da LRP), de modo que, sendo a qualificação negativa, restará a oportunidade de a parte interessada sanar as exigências do Oficial mantendo a prioridade registral.

Os prazos estabelecidos no art. 188 correm em dias úteis e têm sua contagem na forma estabelecida pelo art. 9º da LRP, tendo seu termo inicial na data de prenotação do título no livro de protocolo do Registro de Imóveis, a pedido da parte interessada, momento em que inicia o processo de registro, e vai até o momento em que se põe o título à disposição do apresentante para retirada, ou acompanhado de nota de exigências em caso de qualificação registral negativa, ou acompanhado de certidão que comprove a realização dos atos[72] em caso de qualificação registral positiva.

---

[72] Ver art. 206-A, § 2º, da LRP.

O prazo comum para a atuação do Registrador Imobiliário, estabelecido no *caput* do art. 188, é de 10 dias, úteis como se disse. Nada dizendo diversamente a lei, esse será o prazo que terá o Oficial de Registro para colocar à disposição do usuário o título qualificado com os atos registrais produzidos.

O § 1º estabelece um prazo especial, menor, de 5 dias úteis, para as hipóteses em que sejam protocolados títulos registrais consistentes em escrituras de compra e venda sem cláusulas especiais, requerimentos de averbação de construção e de cancelamento de garantias; documentos eletrônicos apresentados por meio do Serp; e títulos que reingressarem na vigência da prenotação com o cumprimento integral das exigências formuladas anteriormente.

O inciso I prevê hipóteses mais simples de qualificação registral, em que o título registral contém atos jurídicos de menor complexidade, que demandam menor profundidade jurídica de análise. É o caso do cancelamento de garantias reais em razão da quitação, ou dos requerimentos de averbação de construção e demolição, ou ainda dos contratos de compra e venda simples, em que não haja cláusulas especiais.

O inciso II estabelece que o prazo reduzido se aplica aos documentos eletrônicos apresentados por meio do Serp. Parece-nos que aqui está a tratar dos títulos eletrônicos apresentados por meio de extratos eletrônicos, os quais facilitam a qualificação registral (art. 6º da Lei 14.382/2022). Visto que o inciso não limita os títulos em razão da matéria, não faria sentido imaginar que um título registral complexo tivesse seu prazo reduzido apenas pelo fato de ser eletrônico, o que não teria qualquer efeito sobre a rapidez com que se o poderia analisar. O sentido hermenêutico da norma, parece, é o de o prazo ser reduzido quando o título for apresentado por meio de extrato eletrônico via Serp.

Por fim, o inciso terceiro trata do prazo reduzido para os títulos que tenham sido qualificados negativamente e devolvidos com nota de exigência, e que sejam reentrados com o cumprimento das exigências no mesmo protocolo, isto é, dentro do prazo de validade da prenotação. Caso o usuário deixe vencer a prenotação, e reingresse o título em nova prenotação, o prazo volta a correr integralmente, isto é, volta a ser o de 10 dias, e não o de 5 dias.

O prazo comum previsto no *caput* do art. 188 não se aplica a hipóteses especiais de prazos, previstas em lei especiais, uma vez que lei geral posterior não derroga lei especial anterior. Os prazos especiais continuam vigendo.

É o caso, por exemplo, do prazo de 15 dias para registro/devolução de uma alienação fiduciária (art. 52 da Lei 10.931/2004), ou do prazo de 3 dias para o registro/devolução de uma cédula de crédito industrial (art. 38 do Decreto-lei 413/1969).

Parece-nos que, embora os prazos especiais continuem a vigorar, deverão ser contados em dias úteis, salvo disposição expressa em sentido contrário da própria lei que o estabelece. Isso porque a atual redação do art. 9º, § 1º, da LRP passou a determinar a contagem em dias úteis dos prazos fixados para a prática de atos pelos Oficiais de Registro.

Por fim, o *caput* do art. 188 excepciona da aplicação do artigo às hipóteses dos arts. 189 a 192 da LRP.

O art. 189 estabelece situação em que seja apresentado um título de segunda hipoteca, com referência expressa à existência de outra anterior, hipótese em que o Oficial, depois de prenotá-lo, aguardará, durante 30 (trinta) dias, que os interessados na primeira hipoteca promovam a inscrição. Durante esse prazo, o prazo da prenotação não correrá, de modo que não correrá também o prazo para o Oficial praticar seus atos. Esgotado esse prazo de 30 dias, que correrá da data da prenotação, sem que seja apresentado o título anterior, começará a contar o prazo de validade da prenotação, bem como o prazo que tem o Oficial para qualificar e praticar os atos registrais, sendo o segundo título inscrito, caso esteja apto, obtendo preferência sobre aquele primeiro.

O art. 190, por sua vez, estabelece que não "serão registrados, no mesmo dia, títulos pelos quais se constituam direitos reais contraditórios sobre o mesmo imóvel", o que pode levar a que o prazo que tem o Oficial para praticar seus atos seja estendido por um dia útil, o suficiente para cumprir a determinação do art. 190.

Já o art. 191 determina que prevalecerão, "para efeito de prioridade de registro, quando apresentados no mesmo dia, os títulos prenotados no Protocolo sob número de ordem mais baixo, protelando-se o registro dos apresentados posteriormente, pelo prazo correspondente a, pelo menos, um dia útil", hipótese em que também o prazo que tem o Oficial para a prática dos atos será postergado por um dia útil, a fim de se dar cumprimento ao ditame legal.

Finalmente, o art. 192 estabelece que, nas hipóteses dos arts. 190 e 191, não se aplicam às escrituras públicas, da mesma data e apresentadas no mesmo dia, que determinem, taxativamente, a hora da sua lavratura, hipótese em que prevalecerá, para efeito de prioridade, a que foi lavrada em primeiro lugar.

O art. 192 trata de norma em que se estabelece a ordem de prioridade de títulos contraditórios com base em elementos da escritura pública, e não com base na ordem de prenotação. O que importa, aqui, é que se trata de apresentação de títulos contraditórios.

Toda apresentação de títulos contraditórios, seja a do art. 192, seja qualquer outra, implica a primeira prenotação da fila a ser qualificada, no prazo do art. 188 ou outro especial, e a segunda ficar com seu prazo congelado, esperando o encerramento da primeira. Durante esse período em que não corre o prazo da segunda prenotação, evidentemente não corre também o prazo do Oficial, uma vez que somente poderá haver a qualificação do título após o encerramento, positivo ou negativo, da primeira prenotação.

Assim, as hipóteses em que o prazo de qualificação do Oficial não correrá a partir da prenotação, ou será estendido, são todas aquelas em que o prazo da prenotação não esteja ainda correndo, ou as em que o prazo da prenotação é estendido.

Art. 11. (...)
"Art. 194. Os títulos físicos serão digitalizados, devolvidos aos apresentantes e mantidos exclusivamente em arquivo digital, nos termos estabelecidos pela Corregedoria Nacional de Justiça do Conselho Nacional de Justiça."

 COMENTÁRIO

Por *Leonardo Brandelli*

O Registro de Imóveis é digital, sendo digitais os seus procedimentos e os seus atos. O meio físico existirá ainda, por algum tempo, como necessário em um momento de transição, mas ruma para a extinção.

No que toca aos títulos registrais, que são recepcionados pelo Registro de Imóveis, podem ser físicos ou eletrônicos.

Sendo físico o título, ele não será recusado, ainda que o Registro esteja já totalmente em meio eletrônico, mas não será mais arquivado, sendo digitalizado e devolvido ao apresentante.

A redação anterior determinava o arquivamento dos instrumentos particulares apresentados para registro, o que não mais ocorrerá.

Seja qual for a natureza do título, público ou particular, será ele digitalizado e devolvido.

A digitalização e devolução podem se dar no momento do processo registral em que o Oficial entenda ser o melhor, podendo ser tanto na recepção para protocolo, por exemplo, quanto em outro qualquer, devendo, entretanto, o documento ser devolvido ao apresentante, no máximo, por ocasião da entrega do título registrado ou da nota de exigências. Nesta última hipótese, havendo reingresso do título, ele não precisará ser reapresentado fisicamente, por conta do disposto no art. 221, § 4º, da LRP.

Art. 11. (...)
"Art. 198. Se houver exigência a ser satisfeita, ela será indicada pelo oficial por escrito, dentro do prazo previsto no art. 188 desta Lei e de uma só vez, articuladamente, de forma clara e objetiva, com data, identificação e assinatura do oficial ou preposto responsável, para que:
I – (revogado);
II – (revogado);
III – (revogado);

IV – (revogado);

V – o interessado possa satisfazê-la; ou

VI – caso não se conforme ou não seja possível cumprir a exigência, o interessado requeira que o título e a declaração de dúvida sejam remetidos ao juízo competente para dirimi-la.

§ 1º O procedimento da dúvida observará o seguinte:

I – no Protocolo, o oficial anotará, à margem da prenotação, a ocorrência da dúvida;

II – após certificar a prenotação e a suscitação da dúvida no título, o oficial rubricará todas as suas folhas;

III – em seguida, o oficial dará ciência dos termos da dúvida ao apresentante, fornecendo-lhe cópia da suscitação e notificando-o para impugná-la perante o juízo competente, no prazo de 15 (quinze) dias; e

IV – certificado o cumprimento do disposto no inciso III deste parágrafo, serão remetidos eletronicamente ao juízo competente as razões da dúvida e o título.

§ 2º A inobservância do disposto neste artigo ensejará a aplicação das penas previstas no art. 32 da Lei nº 8.935, de 18 de novembro de 1994, nos termos estabelecidos pela Corregedoria Nacional de Justiça do Conselho Nacional de Justiça."

COMENTÁRIO

Por *Leonardo Brandelli*

A nova redação do artigo 198 da LRP, dada pela Lei 14.382/2022, positiva entendimento doutrinário e jurisprudencial a respeito das qualidades que deve ter a nota de exigência do Oficial de Registro, bem como atualiza a suscitação de dúvida para o meio digital, mantendo e organizando os restantes dispositivos legais.

A nota de exigências registral, em caso de qualificação negativa, deverá, segundo o *caput* do artigo, ser elaborada e entregue no prazo previsto no art. 188 da LRP e "de uma só vez, articuladamente, de forma clara e objetiva, com data, identificação e assinatura do oficial ou preposto responsável".

Os prazos para qualificar e elaborar o ato registral correspondente são os mesmos e previstos no art. 188 da LRP, seja a qualificação positiva, seja negativa, e a nota de exigências deve ser feita sempre por escrito, sendo o mais direta e clara possível, de modo que a parte interessada possa interpretá-la e entendê-la, devendo ser, nela, aposta a data em que é feita, além da identificação e da assinatura de seu autor, que deverá ser o Oficial de Registro ou preposto autorizado seu.

A nota, ademais, deve conter todas as exigências existentes, feitas de maneira articulada. Deve ser completa, não podendo ser "em cascata". Evidentemente que a apresentação de novos documentos na reentrada do título, após uma primeira nota de exigências, ou a alteração de documentos anteriormente apresentados, poderá gerar novas exigências, feitas com base nesses novos elementos, e isso não caracterizará "exigência em cascata".

É de se notar, porém, que a realização de exigência em etapas constitui falha administrativa, mas não autoriza o registro do título, porque a legalidade registral se sobrepõe. Significa isso que, se o Oficial, por equívoco, fizer, na reapresentação do título, exigência que podia e devia ter feito quando da apresentação inicial, estará cometendo uma infração administrativa, o que, contudo, não autorizará que o título seja registrado sem o cumprimento da exigência, caso seja ela correta.

Qualificado negativamente o título registral, e feita a nota de exigências, o interessado poderá cumprir as exigências, para, então, lograr o registro em nova apresentação, ou, discordando das exigências, ou não podendo cumpri-las, requererá ao Oficial que suscite a dúvida.

O artigo nada fala acerca da chamada dúvida inversa. Não a autoriza nem desautoriza, de modo que parece permanecer a autorização doutrinária e jurisprudencial de sua existência.

A dinâmica da suscitação de dúvida foi mantida intacta, tendo sido, entretanto, extinta a suscitação física, determinando a lei que seja ela eletrônica.

Uma vez que a legislação tornou o processo digital e vem tornando os Registros Públicos também digitais, não faria sentido o processo de dúvida registral permanecer em meio físico. É processo administrativo registral, dirimido pelo juízo administrativo competente, que deve também correr em meio digital, e assim deixa claro o inciso IV do § 1º.

Art. 11. (...)
"Art. 205. Cessarão automaticamente os efeitos da prenotação se, decorridos 20 (vinte) dias da data do seu lançamento no Protocolo, o título não tiver sido registrado por omissão do interessado em atender às exigências legais.
Parágrafo único. Nos procedimentos de regularização fundiária de interesse social, os efeitos da prenotação cessarão decorridos 40 (quarenta) dias de seu lançamento no Protocolo."

 COMENTÁRIO

Por *Leonardo Brandelli*

O prazo regular de validade da prenotação foi alterado, passando de 30 dias corridos para 20 dias úteis. O prazo especial de validade da prenotação para os procedimentos de regularização fundiária de interesse social foi igualmente alterado, passando a ser de 40 dias úteis, e não mais de 60 dias corridos – como era até então. Ambos os prazos serão contados nos termos do art. 9º, § 3º, da LRP.

A prenotação tem o efeito de estabelecer a prioridade entre títulos que estabeleçam direitos contraditórios, excludentes ou não excludentes, de modo que se trata de grande importância para os direitos publicizáveis a ordem e o prazo de validade das prenotações registrais imobiliárias.

Ao lado do prazo regular de validade da prenotação, estabelecido nesse artigo, deve-se lembrar de que existem inúmeras hipóteses de extensão de validade da prenotação, por exemplo, o prazo de processos administrativos como o registro de loteamento ou a retificação de registro, cujo desenrolar exige mais do que 20 dias úteis, bem como os casos em que o título reingressa no último dia de validade da prenotação, em que fica ela estendida pelo tempo necessário para a prática do ato registral.

Há também hipóteses em que a prioridade registral é fornecida por outro critério que não o da anterioridade da prenotação, como ocorre, por exemplo, nas hipóteses tratadas nos arts. 189 a 192 da Lei 6.015/1973.

Consoante esclarece o *caput* do artigo em comento, a prenotação somente expira ao fim do seu prazo de validade se o registro não se deu pela omissão do interessado, dentro do prazo estabelecido pela lei, em atender às exigências legais, formuladas pelo Oficial em nota devolutiva. Se a desídia for do Oficial, este responderá por ela, mas a prenotação não expirará.

Assim, se, por exemplo, o Oficial, tendo recebido título apto para registro, não efetuar os atos registrais dentro dos 20 dias úteis, levando, digamos, 30 dias úteis, responderá por isso, mas a parte interessada não perderá a validade de sua prenotação. A prenotação, nesse caso, não expirará.

Art. 11. (...)
"Art. 206-A. Quando o título for apresentado para prenotação, o usuário poderá optar:
I – pelo depósito do pagamento antecipado dos emolumentos e das custas; ou
II – pelo recolhimento do valor da prenotação e depósito posterior do pagamento do valor restante, no prazo de 5 (cinco) dias, contado da data da análise pelo oficial que concluir pela aptidão para registro.
§ 1º Os efeitos da prenotação serão mantidos durante o prazo de que trata o inciso II do *caput* deste artigo.
§ 2º Efetuado o depósito, os procedimentos registrais serão finalizados com a realização dos atos solicitados e a expedição da respectiva certidão.

§ 3º Fica autorizada a devolução do título apto para registro, em caso de não efetivação do pagamento no prazo previsto no *caput* deste artigo, caso em que o apresentante perderá o valor da prenotação.

§ 4º Os títulos apresentados por instituições financeiras e demais instituições autorizadas a funcionar pelo Banco Central do Brasil ou por entidades autorizadas pelo Banco Central do Brasil ou pela Comissão de Valores Mobiliários a exercer as atividades de depósito centralizado ou de registro de ativos financeiros e de valores mobiliários, nos termos dos arts. 22 e 28 da Lei nº 12.810, de 15 de maio de 2013, respectivamente, poderão efetuar o pagamento dos atos pertinentes à vista de fatura.

§ 5º O disposto neste artigo aplica-se às unidades federativas que adotem forma de pagamento por meio de documento de arrecadação.

§ 6º A reapresentação de título que tenha sido devolvido por falta de pagamento dos emolumentos, nos termos do § 3º deste artigo, dependerá do pagamento integral do depósito prévio.

§ 7º O prazo previsto no *caput* deste artigo não é computado dentro do prazo de registro de que trata o art. 188 desta Lei."

COMENTÁRIO

Por *Leonardo Brandelli*

O art. 206-A estabelece que, ao apresentar um título para prenotação no Registro Imobiliário, o usuário poderá optar entre o depósito do pagamento antecipado dos emolumentos e das custas ou o recolhimento do valor da prenotação e depósito posterior do pagamento do valor restante.

Os emolumentos são a parte do valor percebido que remunera o serviço prestado pelo Oficial, é a parte do valor percebido que pertence ao Oficial, ao passo que as custas, nos Estados onde houver, é a parte do valor que pertence a outros órgãos e deve ser repassada a eles pelo Oficial, nos termos da legislação estadual pertinente. O Oficial, neste último caso, é mero depositário de valores que não são seus e dos quais não pode se apropriar.

No estado de São Paulo, por exemplo, do valor pago pelo usuário do serviço registral imobiliário, uma parte considerável de, aproximadamente, 40% não se refere a emolumentos, mas a custas pertencentes ao Estado, ao Poder Judiciário, ao Ministério Público e ao fundo de compensação dos atos gratuitos praticados nos Registros Civis de Pessoas Naturais,[73] as quais devem ser simplesmente repassadas pelo Registrador a tais órgãos.

---

[73] Art. 19 da Lei estadual 11.331/2002.

O valor da prenotação é o valor mínimo de depósito a ser efetuado por ocasião da apresentação do título para registro, e, sem esse valor mínimo, não está o Oficial obrigado a protocolar o título, podendo recusar-se a fazê-lo.

Optando o usuário por antecipar o valor total dos emolumentos e das custas, será feito um cálculo prévio para que seja feito o depósito, todavia não quer isso significar que, necessariamente, será esse o valor cobrado. Por ocasião da qualificação do título, será feita a correta análise dos emolumentos e custas devidos, e, tendo havido cobrança a menor no momento da prenotação, será feito pedido de complemento de depósito, a ser efetivado no prazo de 5 dias úteis, para que seja efetuado o ato registral. Caso o depósito prévio tenha sido a maior, deverá o Oficial devolver a quantia que sobejar, após o registro do título. Havendo devolução do título com nota de exigências, deverá ser cobrada a prenotação e devolvido o valor excedente ao apresentante (art. 206 da LRP).

Caso opte o apresentante por depositar apenas o valor da prenotação, pagando o valor restante somente após a qualificação registral, nos termos do inciso II, o título será prenotado com o valor referente aos emolumentos e às custas desse ato registral, e, após a qualificação do título, quando então se terá certeza a respeito dos atos registrais restantes a serem praticados e do valor de emolumentos e custas relativo a eles, informará o Oficial ao apresentante o valor complementar que deverá ser depositado.

Sendo a qualificação negativa, o título será devolvido ao apresentante com nota de exigência, na qual constará o valor dos emolumentos e das custas, que poderá ser depositado na reentrada, juntamente com o cumprimento das exigências, podendo novamente o apresentante optar por pagar o valor faltante nos termos do inciso II.

Sendo, ao contrário, positiva a qualificação, o Oficial informará ao apresentante o valor faltante de custas e emolumentos, o qual deverá ser depositado no prazo de 5 dias, sob pena de devolução do título, com cobrança da prenotação efetivada. Nesse caso, quando da reapresentação do título, não mais haverá a possibilidade do inciso II, devendo o depósito prévio total ser efetuado, sem o que poderá ser recusada a reapresentação dele. Efetuado o depósito, os atos registrais serão realizados.

Em todos os casos, o Oficial não praticará o ato sem que tenha havido o prévio depósito do valor referente a emolumentos e custas, dada a natureza tributária de tais valores, conforme já pacificado pelo STF.

O prazo de 5 dias a partir da comunicação do Oficial ao apresentante acerca do valor restante de custas e emolumentos a ser depositado não está computado no prazo que tem o Oficial para qualificar, de modo que a opção pelo depósito após a qualificação tende a retardar o registro do título, pois, além do prazo para qualificar, correrá o prazo para depositar o complemento emolumentar.

Caso tenha já se encerrado o prazo de validade da prenotação, não perderá ela eficácia, sendo mantida durante o prazo para depósito. Assim, se, por exemplo, o título, após qualificação negativa e devolução, tiver reentrado no último dia de validade da prenotação, a validade será estendida pelo prazo que tem o Oficial para qualificar, mais o prazo que tem o apresentante para depositar.

Art. 11. (...)

"Art. 213. (...)

§ 10. Entendem-se como confrontantes os proprietários e titulares de outros direitos reais e aquisitivos sobre os imóveis contíguos, observado o seguinte:

I – o condomínio geral, de que trata o Capítulo VI do Título III do Livro III da Parte Especial da Lei nº 10.406, de 10 de janeiro de 2002 (Código Civil), será representado por qualquer um dos condôminos;

II – o condomínio edilício, de que tratam os arts. 1.331 a 1.358 da Lei nº 10.406, de 10 de janeiro de 2002 (Código Civil), será representado pelo síndico, e o condomínio por frações autônomas, de que trata o art. 32 da Lei nº 4.591, de 16 de dezembro de 1964, pela comissão de representantes; e

III – não se incluem como confrontantes:

a) os detentores de direitos reais de garantia hipotecária ou pignoratícia; ou

b) os titulares de crédito vincendo, cuja propriedade imobiliária esteja vinculada, temporariamente, à operação de crédito financeiro."

 COMENTÁRIO

Por *Leonardo Brandelli*

A alteração promovida pela Lei 14.382/2022 no § 10 do art. 213 da LRP altera o entendimento acerca de quem sejam os confrontantes que devem assentir para fins de retificação de registro.

A alteração, parece, tende a facilitar a consumação da retificação em razão do entendimento mais restrito que expõe. Apresenta-se como razoável o novo entendimento legal: uma vez que a retificação de registro é retificação *intramuros* que afeta elementos de especialidade de um direito real, parece adequado que apenas os titulares de direitos reais participem do processo. Quem tenha alguma pretensão pessoal – portanto, com eficácia *inter partes* – poderá buscar guarida jurisdicional, mas não terá o direito de participar do processo de retificação porque, em princípio, sua pretensão não pode ter o condão de afetar a esfera real dos direitos.

O parágrafo estabelece que são confrontantes, para fins de retificação de registro, os proprietários e titulares de outros direitos reais e aquisitivos sobre os imóveis contíguos, isto é, são considerados confrontantes apenas os titulares tabulares de direitos reais sobre os imóveis confrontantes, tais como o proprietário, o usufrutuário ou o titular de um direito real de aquisição.

Os titulares de direitos pessoais, ainda que sejam possuidores, não serão considerados confrontantes para fins de retificação de registro. Nessa esteira, não são confrontantes, por exemplo, o locatário (ainda que o contrato esteja registrado para fins de vigência e preferência), ou o mutuário, ou o possuidor, ainda que tenha posse *ad usucapionem*.

Os ocupantes, que, na redação anterior, eram considerados confrontantes e deveriam assentir, não mais são assim considerados.

No entanto, mesmo entre os titulares de direitos reais não são todos considerados confrontantes. O inciso III do parágrafo ora comentado exclui da condição de confrontantes os titulares de direitos reais de garantia, de modo que o titular de um direito de hipoteca, penhor ou propriedade fiduciária não serão considerados confrontantes para fins de retificação de registro, podendo, portanto, ela ser levada a cabo sem a anuência desses titulares.

O condomínio, quando confrontante, continua anuindo por meio de qualquer um dos condôminos, quando condomínio geral, pelo síndico, quando condomínio edilício instituído, ou pela comissão de representantes, quando se tratar de condomínio decorrente de incorporação imobiliária em que ainda não houve o nascimento do condomínio edilício. Nenhuma inovação houve aqui.

> Art. 11. (...)
> "Art. 213. (...)
> § 13. Se não houver dúvida quanto à identificação do imóvel:
> I – o título anterior à retificação poderá ser levado a registro desde que requerido pelo adquirente, promovendo-se o registro em conformidade com a nova descrição; e
> II – a prenotação do título anterior à retificação será prorrogada durante a análise da retificação de registro."

COMENTÁRIO

Por *Leonardo Brandelli*

O § 13 manteve a possibilidade de registro de título produzido anteriormente à retificação de registro que altera a descrição do imóvel, o qual, portanto, contém descrição diversa daquela produzida pela retificação.

Para tanto, há necessidade de o título conter a descrição que anteriormente havia na matrícula do imóvel, de modo que haja certeza quanto ao fato de se tratar do mesmo imóvel (uma descrição diversa, que não existia nem antes nem depois da retificação, não permitia a segurança a respeito de se tratar do mesmo imóvel), e o registro deverá ser requerido pelo próprio adquirente do título, e não por algum outro interessado, excepcionando-se aqui a regra registral de que o registro pode ser promovido por qualquer interessado juridicamente.

O registro, nesse caso, será feito utilizando-se a nova descrição do imóvel, isto é, aquela que é produto da retificação, e não a anterior, constante do título.

Nessa situação, de título anterior à retificação, a prenotação do título ficará sobrestada até o encerramento da retificação. Caso o título seja posterior à retificação, a transmissão poderá ser registrada no curso da retificação, porque, ordinariamente, a sua prenotação não produz prioridade, todavia, nesse caso, deverá o adquirente ser notificado do procedimento em curso para que se manifeste em 15 (quinze) dias.[74]

> **Art. 11.** (...)
> "Art. 216-A. (...)
> § 10. Em caso de impugnação justificada do pedido de reconhecimento extrajudicial de usucapião, o oficial de registro de imóveis remeterá os autos ao juízo competente da comarca da situação do imóvel, cabendo ao requerente emendar a petição inicial para adequá-la ao procedimento comum, porém, em caso de impugnação injustificada, esta não será admitida pelo registrador, cabendo ao interessado o manejo da suscitação de dúvida nos moldes do art. 198 desta Lei."

 COMENTÁRIO

Por *Leonardo Brandelli*

O novo § 10 do art. 216-A inseriu o dever de o Oficial avaliar as eventuais impugnações apresentadas em processos administrativos de usucapião.

Cientificados os legitimados passivos da usucapião, e havendo impugnação, o Oficial deverá avaliá-la, a fim de verificar se se trata de impugnação justificada ou injustificada, exarando decisão a respeito.

---

[74] Veja-se o item 136.4 do Capítulo XX das NSCGJSP: "Ocorrida a transmissão do domínio do imóvel para quem não formulou, não manifestou sua ciência ou não foi notificado do requerimento de retificação, deverá o adquirente ser notificado do procedimento em curso para que se manifeste em 15 (quinze) dias".

Considerando, o Oficial, infundada a impugnação, poderá o impugnante requerer suscitação de dúvida para o juízo competente, hipótese em que o feito administrativo ficará sobrestado até a decisão do Juiz.

Não sendo suscitada a dúvida ou sendo ela julgada procedente, a usucapião extrajudicial seguirá seu curso normal. Caso o juízo competente considere improcedente a dúvida, o processo será, então, extinto e os autos serão entregues ao requerente para que, querendo, promova a usucapião judicial.

Sendo justificada a impugnação, o Oficial remeterá os autos ao juízo competente para o julgamento da suscitação de dúvida, a fim de que decida sobre o acerto/desacerto da decisão que considerou a impugnação justificada. Entendendo o juízo acertada a decisão do Oficial, será encerrado o processo administrativo, e serão os autos entregues ao requerente para que, querendo, promova a usucapião judicial. Entendendo o juízo que a decisão foi equivocada, e reformando-a, o procedimento extrajudicial de usucapião retomará seu curso, como se não tivesse havido impugnação.

Apesar de parecer, pela leitura do § 10 ora em comento, que, em caso de impugnação justificada, o processo, automaticamente, se transformará – de extrajudicial – em judicial, não é disso que se trata. A remessa automática dos autos é para o juízo administrativo, a fim de analisar a correção da decisão do Oficial, para encerrar ou manter o procedimento administrativo.

Havendo o encerramento do procedimento administrativo de usucapião por decisão do juízo administrativo que julgou acertada a decisão do Oficial que considerou a impugnação justificada, ou que julgou desacertada a decisão do Oficial que considerou injustificada a impugnação, os autos serão entregues ao requerente, que poderá, de acordo com sua vontade, ingressar, ou não, com ação judicial de reconhecimento da usucapião, devendo, em tal caso, fazer as adaptações necessárias à petição inicial.

A decisão de ingressar, ou não, com ação judicial de usucapião, é da parte interessada, não podendo ser decorrência automática do insucesso da usucapião administrativa.

A análise acerca de ser justificada ou não a impugnação não é decisão de mérito acerca das alegações, mas, sim, decisão que avalia se há jurídico fundamento na alegação, se há razoabilidade no que é alegado, ou se se trata apenas de alegações genéricas, sem que se apontem fundamentos concretos de impugnação. Havendo razoabilidade na impugnação, a usucapião extrajudicial restará impossibilitada, porque a análise do mérito do alegado deverá ser conduzida judicialmente, sob o crivo do contraditório.

Considera-se infundada, por exemplo, a impugnação já examinada e refutada em casos iguais pelo juízo competente, ou a efetivada pelo interessado que nada alega ou se limita a dizer que a usucapião causará avanço na sua propriedade sem indicar, de forma plausível, onde e de que forma isso ocorrerá, bem como a que não contém exposição, ainda que sumária, dos motivos da discordância manifestada, e também a que ventila matéria absolutamente estranha à usucapião.

O Estado de São Paulo já continha, em suas normas administrativas, a determinação para que o Oficial analisasse o fato de ser a impugnação fundada ou infundada. Tal regramento, parece-nos, continua em vigor porque em consonância com a nova norma federal, sendo encontrado no item 420 do Capítulo XX das NSCGJSP,[75] e pode dar importantes pistas acerca do melhor entendimento a respeito da interpretação do novel § 10.

---

[75] "420 Em caso de impugnação do pedido de reconhecimento extrajudicial da usucapião apresentada por qualquer dos titulares de direitos reais e de outros direitos registrados ou averbados na matrícula do imóvel usucapiendo ou na matrícula dos imóveis confinantes, por ente público ou por terceiro interessado, o oficial de registro de imóveis tentará promover a conciliação ou a mediação entre as partes interessadas. 420.1. Fica dispensada a tentativa de conciliação ou mediação se a impugnação for feita por ente público com base em matéria que envolva direito indisponível, caso em que os autos serão remetidos ao juiz competente na forma do item 420.4. 420.2 Consideram-se infundadas a impugnação já examinada e refutada em casos iguais pelo juízo competente; a que o interessado se limita a dizer que a usucapião causará avanço na sua propriedade sem indicar, de forma plausível, onde e de que forma isso ocorrerá; a que não contém exposição, ainda que sumária, dos motivos da discordância manifestada; a que ventila matéria absolutamente estranha à usucapião. 420.3. Se a impugnação for infundada, o Oficial de Registro de imóveis rejeitá-la-á de plano por meio de ato motivado, do qual constem expressamente as razões pelas quais assim a considerou, e prosseguirá no procedimento extrajudicial caso o impugnante não recorra no prazo de 10 (dez) dias. Em caso de recurso, o impugnante apresentará suas razões ao Oficial de Registro de Imóveis, que intimará o requerente para, querendo, apresentar contrarrazões no prazo de 10 (dez) dias e, em seguida, encaminhará os autos ao juízo competente. 420.4. Se a impugnação for fundamentada, depois de ouvir o requerente o Oficial de Registro de Imóveis encaminhará os autos ao juízo competente. 420.5. Em qualquer das hipóteses acima previstas, os autos da usucapião serão encaminhados ao juízo competente que, de plano ou após instrução sumária, examinará apenas a pertinência da impugnação e, em seguida, determinará o retorno dos autos ao Oficial de Registro de Imóveis, que prosseguirá no procedimento extrajudicial se a impugnação for rejeitada, ou o extinguirá em cumprimento da decisão do juízo que acolheu a impugnação e remeteu os interessados às vias ordinárias, cancelando-se a prenotação. 420.6. No caso da remessa prevista no subitem 420.5, o Oficial de Registro de Imóveis lavrará relatório de ofício, para controle interno e sem ônus para o requerente, do qual constarão todas as informações relevantes do procedimento, juntando cópia aos autos para conhecimento do juízo competente e lançará anotação da remessa efetuada ao juízo competente na coluna de atos formalizados contida no Livro nº 1 – Protocolo. 420.7. Na hipótese da remessa dos autos ao juiz competente, prevista no item 420.5, caso o juiz determine a extinção do processo, o oficial de registro de imóveis entregará os autos do pedido da usucapião ao requerente, acompanhados do relatório circunstanciado, mediante recibo. 420.8. A parte requerente poderá emendar a petição inicial, adequando-a ao procedimento judicial e apresentá-la ao juízo competente da comarca de localização do imóvel usucapiendo."

Art. 11. (...)

"Art. 216-B. Sem prejuízo da via jurisdicional, a adjudicação compulsória de imóvel objeto de promessa de venda ou de cessão poderá ser efetivada extrajudicialmente no serviço de registro de imóveis da situação do imóvel, nos termos deste artigo.

§ 1º São legitimados a requerer a adjudicação o promitente comprador ou qualquer dos seus cessionários ou promitentes cessionários, ou seus sucessores, bem como o promitente vendedor, representados por advogado, e o pedido deverá ser instruído com os seguintes documentos:

I – instrumento de promessa de compra e venda ou de cessão ou de sucessão, quando for o caso;

II – prova do inadimplemento, caracterizado pela não celebração do título de transmissão da propriedade plena no prazo de 15 (quinze) dias, contado da entrega de notificação extrajudicial pelo oficial do registro de imóveis da situação do imóvel, que poderá delegar a diligência ao oficial do registro de títulos e documentos;

III – ata notarial lavrada por tabelião de notas da qual constem a identificação do imóvel, o nome e a qualificação do promitente comprador ou de seus sucessores constantes do contrato de promessa, a prova do pagamento do respectivo preço e da caracterização do inadimplemento da obrigação de outorgar ou receber o título de propriedade;

IV – certidões dos distribuidores forenses da comarca da situação do imóvel e do domicílio do requerente que demonstrem a inexistência de litígio envolvendo o contrato de promessa de compra e venda do imóvel objeto da adjudicação;

V – comprovante de pagamento do respectivo Imposto sobre a Transmissão de Bens Imóveis (ITBI);

VI – procuração com poderes específicos.

§ 2º O deferimento da adjudicação independe de prévio registro dos instrumentos de promessa de compra e venda ou de cessão e da comprovação da regularidade fiscal do promitente vendedor.

§ 3º À vista dos documentos a que se refere o § 1º deste artigo, o oficial do registro de imóveis da circunscrição onde se situa o imóvel procederá ao registro do domínio em nome do promitente comprador, servindo de título a respectiva promessa de compra e venda ou de cessão ou o instrumento que comprove a sucessão."

COMENTÁRIO

Por *Leonardo Brandelli*

Assim como o art. 251-A fala, corretamente, em compromisso de compra e venda, esse art. 216-B fala em promessa de compra e venda, também corretamente em nosso sentir, conforme se verá.

Trata-se aqui da substituição extrajudicial da vontade do contratante faltoso nos contratos de promessa de compra e venda, comumente chamada – de forma imprópria, parece-nos – de adjudicação compulsória, porque de adjudicação não se trata.

Distinção entre promessa e compromisso de compra e venda

A primeira importante questão a estudar é a diferença existente entre promessa e compromisso de compra e venda. Trata-se de duas expressões diversas para designar instituto idêntico? Ou se trata de institutos diversos, bem como diversas suas designações?

Há doutrinadores que não distinguem a promessa do compromisso, referindo-se sempre à expressão promessa de compra e venda, mesmo que vislumbrem diferentes espécies desse gênero.

Assim, por exemplo, Altino Portugal Soares Pereira, que vê na promessa de compra e venda espécie de contrato preliminar, diferenciando a promessa em retratável, a qual não conferiria direito à execução específica, e irretratável, a qual daria ensejo à execução específica.[76]

Nesse sentido também a lição de Pontes de Miranda, o qual se refere sempre à promessa de compra e venda como espécie de pré-contrato, embora atribua diversas espécies de eficácia a tal promessa.[77]

Todavia, há outros autores – os quais nos parecem corretos e precisos do ponto de vista técnico, de maneira que essa é a posição que adotaremos neste trabalho – que distinguem o compromisso de compra e venda da promessa de compra e venda, usando expressões diversas para designar institutos igualmente diversos.

Essa distinção fez-se cristalina na lição de Orlando Gomes, para quem, a promessa de compra e venda (*lato sensu*) é uma espécie de pré-contrato ou contrato preliminar.[78]

É um contrato que cria para ambas as partes uma obrigação de fazer um futuro contrato. Nesse caso, o cumprimento, o adimplemento do contrato-promessa, é a realização do futuro contrato; é uma nova manifestação de vontade futura; é o enlaçamento de manifestações de vontade futuras para a celebração de um novo contrato.

---

[76] PEREIRA, Altino Portugal Soares. *A promessa de compra e venda de imóveis no direito brasileiro*. 2. ed. Curitiba: Juruá, 1997. p. 21.
[77] PONTES DE MIRANDA, F. C. *Tratado de direito privado*. 3. ed. Rio de Janeiro: Borsoi, 1971. t. XIII. § 1.506-1.510.
[78] GOMES, Orlando. *Contratos*. 18. ed. Rio de Janeiro: Forense, 1999. p. 239.

Assim, a promessa de compra e venda será cumprida futuramente mediante um contrato de compra e venda.

Entretanto, dentro dessa promessa de compra e venda *lato sensu*, localiza o mestre baiano a promessa de compra e venda *stricto sensu*, que é o contrato-promessa, o contrato preliminar típico, em que haveria a criação de uma obrigação de fazer um futuro contrato, ou seja, o contrato pelo qual as partes se obrigam a, em um momento futuro, manifestar vontades que vão se entrelaçar e criar um novo contrato, em cumprimento às obrigações assumidas no pré-contrato.

Para Orlando Gomes, sob a ótica do Código de 1916, a promessa de compra e venda não conferiria direito à execução compulsória, e teria, implicitamente, a faculdade de arrependimento, visto que o cumprimento exigiria uma nova manifestação de vontade, a qual não poderia ser extraída compulsoriamente.[79]

Nessa situação, de promessa, alguém promete vender certo bem a outrem, que, por sua vez, promete comprá-lo, e, futuramente, celebrarão as partes o contrato de compra e venda, o qual será o cumprimento daquelas obrigações assumidas.

Essa seria a *promessa de compra e venda clássica*, cuja pouca segurança jurídica fez que se tornasse peça rara na realidade da vida.

Todavia, Orlando Gomes distinguiu o *compromisso de compra e venda*, como um contrato preliminar especial e diferenciado do contrato preliminar clássico da promessa de compra e venda, e no qual não haveria propriamente uma obrigação de manifestar uma futura vontade, mas tão somente de ratificar a vontade já manifestada.[80]

Na sua lição, todos "os elementos do contrato de compra e venda constam do compromisso assumido pelas partes, que, entretanto, por uma questão de oportunidade ou de conveniência, não efetuam imediatamente, pela forma prescrita em lei, o chamado definitivo, não tornam de logo efetiva a venda".[81]

De fato, a promessa de compra e venda e o compromisso de compra e venda não se confundem, porém o estado atual das ciências jurídicas permite já ir além do que foi Orlando Gomes e ver no compromisso não apenas um contrato-promessa, cujo adimplemento se dará por uma ratificação de vontade já manifestada, como também um contrato de transmissão, em que, por estarem presentes todos

---

[79] GOMES, Orlando. *Contratos*. 18. ed. Rio de Janeiro: Forense, 1999. p. 239-242. Parece-nos, ao contrário do que entendeu Orlando Gomes, que não havia, pela natureza do contrato, um direito de arrependimento, mas, sim, a impossibilidade de adimplemento compulsório, o que poderia levar à necessidade de resolução do inadimplemento em perdas e danos. O direito de arrependimento acabou sendo a regra no contrato por força da lei (art. 1.088 do CC de 1916), e não porque essa era a natureza jurídica sua.
[80] GOMES, Orlando. *Contratos*. 18. ed. Rio de Janeiro: Forense, 1999. p. 243.
[81] GOMES, Orlando. *Contratos*. 18. ed. Rio de Janeiro: Forense, 1999. p. 243.

os elementos do contrato de compra e venda, inclusive a vontade de transmitir,[82] mas cujo acordo de transmissão tem sua eficácia suspensa até que haja o pagamento do preço, de modo que basta o comprovante de quitação do preço para que possa haver a transmissão, sem necessidade de alguma ratificação de vontade.

O compromisso de compra e venda já tem todos os elementos do contrato de compra e venda, englobando também a vontade de transmitir a propriedade que é exarada no acordo de transmissão, de maneira que não se trata de um contrato preliminar típico, porque não se assume a obrigação de manifestar nova vontade.

É dizer: já se trata de um contrato translativo da propriedade, cujo acordo de transmissão se encontra com a eficácia suspensa até o adimplemento da obrigação do promissário comprador.

Visto que o compromisso de compra e venda já contém, obrigatoriamente, todos os elementos do contrato de compra e venda, inclusive, e principalmente, a vontade de transmitir a propriedade, a qual tem sua eficácia suspensa até o pagamento do preço, e ao ser irretratável como qualquer contrato sinalagmático no qual não se tenha estipulado direito de retrato, as partes não se obrigam a dar novo consentimento, mas unicamente a demonstrar a ocorrência do pagamento, a fim de liberar a irradiação da eficácia do acordo de transmissão.

Desse modo, as partes não se obrigam a manifestar nova vontade, celebrando novo contrato, como ocorre na promessa de compra e venda, mas obrigam-se tão só a demonstrar que houve o pagamento do preço.

Difere da venda porque compromissar a venda não é vender, uma vez que, no compromisso, está presente a vontade de transmitir após o pagamento do preço, ao passo que, na venda, a vontade é de transmitir já, independentemente de pagamento do preço, e embora possa haver condição resolutiva ou mesmo uma suspensiva.

Em ambos os casos, o tratamento jurídico de um contrato e de outro é diverso, de modo que não se confundem.

No compromisso de compra e venda, a vontade de transmitir é dada com a condição de ser previamente pago o preço. Até lá, o efeito do acordo de transmissão está suspenso.

Nessa esteira, o instrumento que cumprirá o compromisso não será propriamente um novo contrato, mas será simplesmente um meio de cumprimento da

---

[82] Tecnicamente, a vontade de transmitir não integra o elemento volitivo do contrato de compra e venda, que não tem tal efeito, mas, sim, é elemento do acordo de transmissão. Todavia, é possível, no Direito brasileiro, dizer, figurativamente, que o acordo de transmissão integra a compra e venda, uma vez que, como bem demonstrou Clóvis do Couto e Silva, a obrigação é voltada para o seu adimplemento, de modo que, ao manifestar a vontade de vender, se manifesta também a vontade de transmitir. Veja-se: SILVA, Clóvis do Couto e. *A obrigação como processo*. São Paulo: José Bushatsky, 1976. p. 56-66.

obrigação do compromitente vendedor, após pago o preço pelo compromissário comprador. Será uma forma de cumprimento, que representa a mera prova de pagamento do preço, a fim de liberar a eficácia do acordo de transmissão, para que a propriedade se transmita.

Não há aqui a necessidade de nova manifestação de vontade, de modo que não se requer novo contrato para que haja a transmissão da propriedade.

Reitere-se: no cumprimento do compromisso, não há uma nova manifestação de vontade; há, sim, a prova do cumprimento da obrigação do que se comprometeu a comprar, o que tem o condão de fazer com que o acordo de transmissão possa irradiar eficácia jurídica, a qual estava suspensa até o pagamento.

Pode-se dizer que o cumprimento de um contrato de compromisso de compra e venda não é propriamente um negócio jurídico, mas, sim, um ato-fato jurídico – que é aquele ato que entra no mundo jurídico como fato, no qual, embora decorra de um ato volitivo humano, a vontade existente não é relevante, por não integrar o suporte fático da norma jurídica; a vontade não é qualificada juridicamente.

Essa distinção é fundamental para que se possa traçar uma correta teoria a respeito do compromisso de compra e venda no direito brasileiro.

Na promessa de compra e venda, há uma promessa de celebração de um futuro contrato meramente; é um contrato preliminar puro; um contrato-promessa clássico, em que, embora estejam presentes os elementos objetivos essenciais do contrato definitivo (art. 462 do CC), o elemento subjetivo, volitivo, não está presente.

No compromisso de compra e venda, há já um negócio jurirreal[83] entabulado de maneira definitiva, com a vontade já manifestada, e não se faz necessária uma nova manifestação de vontade, mas, meramente, uma formalização de cumprimento, que demonstre a cessação da suspensão da eficácia do acordo de transmissão. Há já um negócio de transmissão.

Como pode o intérprete saber tratar-se de um ou de outro contrato? Por meio da forma como a manifestação de vontade deu-se no negócio jurídico, preenchendo o suporte fático abstrato de um ou de outro instituto.

Por fim, deve-se distinguir o contrato preliminar de compra e venda da promessa unilateral de vender ou de comprar, visto que esta produz obrigações somente para uma das partes, ao passo que aquele, por ser negócio jurídico preliminar, cria obrigações para ambas as partes.

---

[83] Negócios jurirreais são aqueles negócios que criam um direito formativo gerador de direito real. Veja-se, a respeito: PONTES DE MIRANDA, F. C. *Tratado de direito privado*. 3. ed. Rio de Janeiro: Borsoi, 1971. t. III. p. 281. MELLO, Marcos Bernardes de. *Teoria do fato jurídico*: plano da existência. 9. ed. São Paulo: Saraiva, 1999. p. 187-188.

Evolução jurídica do compromisso de compra e venda no período antecedente ao atual Código Civil

Os contratos-promessa, no direito brasileiro, vêm da nascente histórica da promessa de escritura, a qual, conforme demonstra Alcides Tomasetti Junior, da sua evolução a partir da Lei Justinianéia de 528, foi incorporada nas Ordenações do Reino de Portugal e, então, absorvida pela legislação brasileira.[84]

Nesse sentido, veja-se a disposição inserta no Título XIX do Quarto Livro das Ordenações Filipinas:

> Se algumas pessoas fizerem contracto de venda, ou de qualquer outra convença, e ficarem para fazer scriptura desse contracto, antes que se a tal scriptura faça, se póde arrepender e arredar da convença o que havia de fazer a scriptura. E isto haverá lugar, quando o contracto for tal, que segundo o Direito não possa valer sem scriptura, e que a scriptura seja de substancia do contracto.

Nas Ordenações do Reino de Portugal, havia a previsão dessa promessa de escritura, a qual poderia ser aposta em um contrato de compra e venda, por instrumento particular, embora fosse exigido o instrumento público, e que, portanto, tinha um vício de validade, o qual precisava ser sanado pela instrumentação adequada.

Havia a possibilidade de o contrato ser feito por um instrumento particular, com a promessa de se fazer a escritura depois, e essa promessa validaria o contrato. A escritura futura não seria, em si, o contrato de compra e venda, mas ela teria o condão de validar o contrato de compra e venda feito antes, por instrumento particular.

O mesmo professor Alcides Tomasetti Junior identifica aí a matriz histórica do art. 1.088 do Código Civil de 1916, que foi o ancoradouro de enorme polêmica no tratamento jurídico do compromisso de compra e venda e da promessa de compra e venda, até chegarmos à situação atual.

Tal artigo dizia que, quando o instrumento público fosse exigido como prova do contrato, qualquer das partes poderia arrepender-se antes de o assinar, ressarcindo à outra perdas e danos resultantes do arrependimento.

Assim, de acordo com o aludido artigo, se houvesse uma promessa de compra e venda, as partes poderiam se arrepender, caso essa promessa não fosse por instrumento público, até o momento da assinatura da competente escritura pública de compra e venda.

---

[84] RIBEIRO, Paulo Dias de Moura. *Compromisso de compra e venda*. São Paulo: Juarez de Oliveira, 2002. p. 16.

Mister se faz, nesse ponto, uma pequena análise desse art. 1.088, o qual é fundamental para entender a evolução do compromisso de compra e venda até chegar à legislação atual, para daí podermos perceber a existência de eventuais mudanças no tratamento da matéria.

Qual a interpretação que deveria ser dada ao conteúdo do art. 1.088 do Código de 1916?

Nesse tocante, preciosa a lição de Pontes de Miranda, que, no seu *Tratado de direito privado*, asseverava que um contrato de compra e venda que tivesse ofensa à forma deveria ser interpretado como uma promessa de compra e venda, e, se a promessa de compra e venda fosse efetivada por instrumento particular, poderia a parte arrepender-se até o cumprimento, isto é, até o momento da feitura da escritura pública. Se o pré-contrato houvesse sido lavrado por escritura pública, não haveria direito de arrependimento por não incidir o art. 1.088.[85]

Segundo tal entendimento – ainda válido –,[86] o contrato de compra e venda, com ofensa à forma solene prescrita em lei, deveria ser interpretado como sendo um contrato preliminar de compra e venda, o qual gerava a obrigação de fazer um contrato de compra e venda, com obediência às solenidades legais, evidentemente, e no qual havia direito de arrependimento até o momento da celebração da escritura pública que instrumentalizaria o contrato de compra e venda a ser realizado.

O contrato de compra e venda realizado por instrumento particular – o qual deveria ser interpretado como sendo um pré-contrato de compra e venda – e a promessa de compra e venda celebrada por instrumento particular poderiam, de acordo com o art. 1.088 do Código Beviláqua, até o momento da lavratura da escritura pública, ser não cumpridos, mediante exercício do direito de arrependimento.

O art. 1.088 do Código Civil de 1916, por força do direito de arrependimento que ele estabelecia, permitia que a parte, até o momento da assinatura da escritura, voltasse atrás e decidisse não mais adimplir o pré-contrato (por meio da celebração de outro contrato); permitia que a parte decidisse, em vez de adimplir o contrato, indenizar as perdas e danos que o inadimplemento gerasse, o que começou a gerar uma insegurança jurídica muito grande.

---

[85] PONTES DE MIRANDA, F. C. *Tratado de direito privado*. 3. ed. Rio de Janeiro: Borsoi, 1971. t. XIII. § 1.509.

[86] Não é o *nomen juris* que define o negócio jurídico, e sim o seu conteúdo, razão pela qual tal entendimento continua vigente mesmo hoje. Se, atualmente, uma pessoa celebrar um contrato de compra e venda por instrumento particular – situação que, diga-se, ocorre com certa frequência na vida negocial –, tal contrato deverá ser interpretado como um contrato preliminar de compra e venda; não será uma compra e venda nula, mas um pré-contrato de compra e venda, válido, desde que tenha os elementos suficientes para tal.

Em razão das mudanças sociais ocorridas, em especial o fenômeno de urbanização da sociedade brasileira, começou a haver a realização de negócios jurídicos imobiliários em escala massiva, de modo que o direito de arrependimento insculpido no art. 1.088 do CC revogado contrastava com essa nova realidade.

Diante dessa urbanização da sociedade brasileira, o implemento de negócios jurídicos imobiliários, num patamar de massificação, aliado ao direito de arrependimento que o contrato preliminar de compra e venda gerava, começou a causar uma insegurança jurídica muito grande, uma vez que permitia que os promissários compradores não tivessem o seu direito devidamente assegurado, pois o promitente vendedor poderia optar pelo não adimplemento até o momento da celebração da escritura pública, o que era, muitas vezes, vantajoso economicamente.

Diante desse problema causado pela dicotomia entre o direito de arrependimento previsto no art. 1.088 do Código Beviláqua e a necessidade de proteção e segurança aos adquirentes de imóveis, passou a haver uma releitura do aludido dispositivo legal.

Nesse sentido, passaram os Tribunais a definir que esse direito de arrependimento só poderia ser utilizado enquanto não houvesse início do cumprimento do contrato, ou seja, enquanto não houvesse início do pagamento do preço, pelo comprador. Se já houvesse início do pagamento do preço, não havia mais direito a arrependimento.[87]

Não obstante ter havido algum avanço em relação à proteção do direito dos adquirentes, sentia-se a necessidade de avançar mais.

A necessidade de dar segurança jurídica às situações negociais imobiliárias, bem como de coibir abusos, extirpando a possibilidade de um direito de arrependimento que não mais se coadunava com os clamores sociais, levou à necessidade da tipificação do compromisso de compra e venda, como uma espécie de contrato preliminar dotado de características próprias, distanciada da realidade do art. 1.088.

Note-se que, nessas decisões jurisprudenciais que interpretavam o art. 1.088 do Código de 1916 e vedavam o direito de arrependimento após o início do pagamento do preço, já havia, de certa maneira, um embrião da diferenciação entre promessa e compromisso de compra e venda, porque, com o início da execução do contrato, por meio do pagamento do preço, não haveria mais a possibilidade de exercer o direito de arrependimento, pois se entendeu que aí não há mais um simples contrato-promessa, mas já há algo mais. Podemos entender: já há um compromisso que não requer mais um contrato futuro, mas, sim, um ato-fato de cumprimento.

---

[87] Veja-se, a respeito: RIBEIRO, Paulo Dias de Moura. *Compromisso de compra e venda*. São Paulo: Juarez de Oliveira, 2002. p. 21-25.

A situação começou a tomar novos contornos diante da chegada do Decreto-lei 58/1937, alterado pelas Leis 649/1949 e 6.014/1973, e também, posteriormente, pela Lei 6.766/1979.

Qual a situação trazida por tais textos legais? O que diziam esses textos?

Vejamos.

Em primeiro lugar, o art. 5º do Decreto-lei 58/1937 dizia: "A averbação atribui ao compromissário direito real oponível à terceiros, quanto a alienação ou oneração posterior (...)".

O art. 16 do mesmo decreto-lei assim dispunha:

> Art. 16. Recusando-se os compromitentes a outorgar a escritura definitiva no caso do artigo 15, o compromissário poderá propor, para o cumprimento da obrigação, ação de adjudicação compulsória, que tomará o rito sumaríssimo.
> (...)
> § 2º Julgada procedente a ação a sentença, uma vez transitada em julgado, adjudicará o imóvel ao compromissário, valendo como título para transcrição.

O art. 22 do citado decreto-lei, por sua vez, determinava:

> Os contratos, sem cláusula de arrependimento, de compromisso de compra e venda e cessão de direito de imóveis não loteados, cujo preço tenha sido pago no ato de sua constituição ou deva sê-lo em uma ou mais prestações, desde que inscritos a qualquer tempo, atribuem aos compromissários direito real oponível a terceiros, e lhes confere o direito de adjudicação compulsória nos termos do artigo 16 deste Lei, 640 e 641 do Código de Processo Civil.

Por fim, a Lei 6.766/1979, no art. 25, estabeleceu: "São irretratáveis os compromissos de compra e venda, cessões e promessas de cessão, os que atribuam direito a adjudicação compulsória e, estando registrados, confiram direito real oponível a terceiros".

A partir desse momento legislativo, há uma tipificação do contrato de compromisso de compra e venda, nascendo de maneira positivada a distinção feita doutrinariamente por Orlando Gomes, no intuito de gerar segurança jurídica, obstando aquele direito de arrependimento do art. 1.088 do Código Civil de 1916, que gerava um direito desconectado das necessidades sociais para o promitente vendedor.

Direito decorrente do compromisso registrado: real ou pessoal?

Antes do Código Civil de 2002

Ocorreu que, a partir da positivação do contrato de compromisso de compra e venda, visto que os aludidos textos legais falavam em *compromisso de compra e venda inscrito*, em *averbação*, em gerar *direito real oponível a terceiros*, surgiu uma discussão a respeito (i) da natureza jurídica do direito decorrente do contrato de compromisso de compra e venda, após levado ao Registro de Imóveis – se direito real ou pessoal –, (ii) e dos requisitos para a ação de adjudicação compulsória.

Num primeiro momento, os Tribunais começaram a exigir o registro do contrato – registro aqui em sentido lato, englobando registro em sentido estrito e averbação – para que houvesse direito à adjudicação compulsória.

Se não houvesse registro, os Tribunais entenderam, em um primeiro momento, que não haveria direito à adjudicação compulsória, e o celeiro maior dessas decisões foi o STF, que chegou a lançar algumas súmulas (167, 168 e 413), que bem retratam esse período da jurisprudência.

Tal conclusão, no que se refere à exigência do registro, ainda que no curso da ação, a fim de possibilitar a adjudicação compulsória, deve-se ao entendimento material de que o registro do contrato gerava um direito real.

Diante da legislação que rezava que "o registro confere direito real oponível a terceiros", os Tribunais começaram a entender que o registro conferia direito real, e a adjudicação compulsória dependia da existência desse direito real. Daí a conclusão de que, para que pudesse haver adjudicação compulsória, haveria a necessidade de que existisse também o registro. Caso contrário, resolver-se-ia em perdas e danos, em razão do inadimplemento contratual.

Esse foi o raciocínio primeiro desenvolvido no STF.[88]

Iniciou-se, nesse ponto, uma discussão doutrinária, cujo foco era estabelecer se havia, ou não, um direito real derivado do contrato de compromisso de compra e venda registrado.

Não obstante a lei falar em *direito real oponível a terceiros*, começaram alguns doutrinadores, especialmente iluminados pela doutrina alienígena, a questionar se haveria efetivamente um direito real, ou se haveria um direito obrigacional com eficácia real.

Iniciada a discussão, alguns entenderam que se tratava de um direito real, diante da expressa disposição legal (Decreto-lei 58/1937 e Lei 6.766/1979), que se referia a um "direito real oponível a terceiros". Era um direito real, para boa parte da doutrina.[89]

---

[88] Veja-se, a respeito: RIBEIRO, Paulo Dias de Moura. *Compromisso de compra e venda*. São Paulo: Juarez de Oliveira, 2002. p. 37-45.

[89] Veja-se, *verbi gratia*, DINIZ, Maria Helena. *Tratado teórico e prático dos contratos*. São Paulo: Saraiva, 1993. v. 1. p. 256; PEREIRA, Altino Portugal Soares. *A promessa de compra e venda de imóveis no direito brasileiro*. 2. ed. Curitiba: Juruá, 1997. p. 66.

Por outro lado, outros doutrinadores – em posição que nos parece tratar-se da doutrina mais adequada do ponto de vista técnico-jurídico –, que contemplam a posição doutrinária que prevaleceu, na esteira das decisões que vieram depois, oriundas do STJ, passaram a defender a tese de que, em verdade, apesar do registro, não havia propriamente um direito real, mas, sim, um direito obrigacional de eficácia real.[90]

Para tal corrente doutrinária, o registro do compromisso de compra e venda não criaria um direito real; não haveria um direito real; haveria, sim, um direito pessoal, um direito obrigacional com eficácia real, porque o registro lhe conferiria eficácia *erga omnes*, quer dizer, haveria um direito pessoal que passaria a ser oponível a qualquer pessoa em virtude da publicidade registral, mas nem por isso ele se tornaria um direito real.

E tanto não era direito real, conforme lembra Agathe Elsa Schmidt da Silva, que a lei precisou dizer: "direito real oponível a terceiros".[91] Ora, uma das características inatas ao direito real não é justamente a oponibilidade a terceiros? Então, por que o legislador precisaria dizer: "direito real oponível a terceiros"? Porque não estava falando de um direito real, mas de um direito obrigacional com eficácia real.

Pontes de Miranda é bastante elucidativo na seguinte passagem do seu *Tratado de direito privado*: "A averbação, segundo o artigo 5º do Decreto-Lei 58, não é direito real, nem o produz. Apenas serve à proteção de *pretensão pessoal*, de modo que sirva de segurança da sua realização, no sentido da efetiva pretensão pessoal".[92]

E nos parece realmente que essa segunda corrente doutrinária tinha razão. Não se tratava de direito real, mas, sim, de direito obrigacional com eficácia real, o que veio a ser confirmado posteriormente pelas decisões do STJ.

A importância da distinção é fundamental para a fixação da eficácia jurídica decorrente do registro do contrato de compromisso de compra e venda.

Sendo direito real, o titular do direito teria um direito de aquisição sobre a coisa, com todas as características de um direito real, como o *jus persequendi*, por exemplo. Teria uma quase propriedade.

---

[90] Veja-se a esse respeito, exemplificativamente: SILVA, Clóvis do Couto e. *A obrigação como processo*. São Paulo: José Bushatsky, 1976. p. 159-164; SILVA, Agathe Elsa Schmidt da. *Compromisso de compra e venda no direito brasileiro*. 2. ed. São Paulo: Saraiva, 1989. p. 17-18; PONTES DE MIRANDA, F. C. *Tratado de direito privado*. 3. ed. Rio de Janeiro: Borsoi, 1971. t. XIII. § 1.468.

[91] SILVA, Agathe Elsa Schmidt da. *Compromisso de compra e venda no direito brasileiro*. 2. ed. São Paulo: Saraiva, 1989. p. 17.

[92] PONTES DE MIRANDA, F. C. *Tratado de direito privado*. 3. ed. Rio de Janeiro: Borsoi, 1971. t. XIII. § 1.468.

Se, ao contrário, estivéssemos diante de um direito obrigacional de eficácia real, tratar-se-ia de um direito de crédito, embora oponível pela publicidade registral, sem os atributos dos direitos reais sobre a coisa.

O seu descumprimento daria direito apenas à indenização, contra o contratante e contra o terceiro, se o direito estivesse registrado, salvo disposição expressa de lei que atribuísse algum efeito a mais.

Esse foi o panorama que se desenvolveu.

Num primeiro momento, o STF entendeu que se tratava de um direito real e que havia necessidade, portanto, do registro para a possibilidade da adjudicação compulsória.

A partir daí, num segundo momento, prevaleceu o entendimento jurisprudencial de que não havia propriamente um direito real, mas que havia uma eficácia real em um direito obrigacional, e, portanto, se o preço estava pago, havia direito à adjudicação compulsória, independentemente de haver registro.

É evidente que, como o fato de não haver registro tornava o contrato inoponível a terceiros, se o proprietário, ainda que tivesse compromissado à venda o imóvel, o vendesse a outrem, e este registrasse antes o seu negócio jurídico, não mais haveria possibilidade de adjudicação do imóvel para o compromissário comprador em razão de não ter registrado seu contrato, o qual, em virtude do não registro, não seria oponível ao terceiro comprador. Resolver-se-ia a situação pela teoria do inadimplemento contratual.

Parece correto esse entendimento da possibilidade de adjudicação compulsória independentemente de registro (desde que o promitente vendedor fosse o proprietário no Registro de Imóveis, e que o direito de propriedade não tenha sido adquirido por um terceiro de boa-fé, ao qual o direito pessoal de aquisição não seja oponível), pois, se havia um contrato de compromisso de compra e venda, se o preço está pago (e, portanto, pode-se exigir o cumprimento da prestação da outra parte), se não havia direito de arrependimento nesse contrato, o corolário natural dessa relação obrigacional era a possibilidade da execução específica e compulsória, independentemente de registro, uma vez que a execução específica da obrigação é possível no caso.

Em verdade, não havia que se abordar, para isso, a questão do direito real. O fato de não haver direito real não obstava a adjudicação compulsória se o direito não houvesse circulado, porque ela era calcada na execução específica da obrigação de fazer, independentemente da existência de um direito real.

Nesse rumo de entendimentos, fixaram os Tribunais, em especial o STJ, a posição no sentido de que não havia direito real no contrato de compromisso de compra e venda registrado, mas, sim, direito obrigacional com eficácia real, bem como que o não registro não impossibilitava a adjudicação compulsória.[93]

---

[93] Veja-se, a respeito, as decisões colacionadas em: RIBEIRO, Paulo Dias de Moura. *Compromisso de compra e venda*. São Paulo: Juarez de Oliveira, 2002. p. 63-78.

O compromisso de compra e venda gerava, segundo entendimento de então, uma obrigação de fazer a qual permitia uma execução específica e compulsória.

A execução, assim, era dessa obrigação de fazer, que era direito pessoal, que não era direito real, estivesse registrado ou não. A única distinção existente era a de que, estando registrado, o direito era oponível *erga omnes*, ao passo que, não estando registrado, não poderia ofender eventual direito de terceiro adquirente de boa-fé.

E o STJ realmente pacificou a questão, criando um panorama tranquilo, que era o que vigorava até a chegada do Código Civil de 2002.

Não mais se questionava a esse respeito: podia-se requerer adjudicação compulsória, sendo que o contrato não estava registrado? A resposta, uníssona, era positiva.

No que toca à promessa de compra e venda pura e simples, que é verdadeiro pré-contrato, entendia-se que não comportava execução específica de obrigação de fazer, por gerar uma obrigação de fazer um contrato futuro, de manifestar uma vontade nova e futura, e isso não podia ser feito coercitivamente. Ninguém poderia obrigar uma pessoa a emitir uma manifestação de vontade.

Entretanto, no compromisso de compra e venda, registrado ou não, era possível a execução compulsória, seja pela adjudicação compulsória do Decreto-lei 58/1937, seja pela execução da obrigação de fazer do Código de Processo Civil, porque não haveria uma nova manifestação de vontade futura; haveria uma mera ratificação daquela manifestação de vontade que foi dada no compromisso de compra e venda, e aí sim o Estado poderia substituir essa vontade, que não era nova, uma vez que já havia sido manifestada, e que, portanto, não era um negócio jurídico, mas, um mero ato-fato jurídico, uma mera forma de cumprimento.

Nesse caso, o Estado poderia, por meio da sentença, mediante o seu Poder Jurisdicional, substituir essa ratificação da vontade.

Nesse ponto, surgiu uma questão interessante.

O art. 22 do Decreto-lei 58/1937 referia-se a duas possibilidades de adjudicação compulsória: a do art. 16 do próprio Decreto-lei e a da execução específica da obrigação de fazer do CPC (arts. 639 a 641). Como contemporizar isso? Como concatenar essa norma? Tínhamos duas adjudicações compulsórias, ou uma só?

O Professor Arruda Alvim, quando Juiz do extinto 1º Tribunal de Alçada Civil do Estado de São Paulo, proferiu, na Apelação Cível 264.534, voto esclarecedor sobre esse tema.[94]

---

[94] RIBEIRO, Paulo Dias de Moura. *Compromisso de compra e venda*. São Paulo: Juarez de Oliveira, 2002. p. 47-58.

Asseverando tratar-se de um direito pessoal, com eficácia real no caso de haver inscrição registral, e não de um direito real, concluiu Arruda Alvim pela existência de duas modalidades de ação de adjudicação compulsória.

A primeira modalidade era a adjudicação compulsória para contrato inscrito, para contrato que foi registrado, para contrato que tem eficácia *erga omnes*, que era a adjudicação compulsória do art. 16 do Decreto-lei 58/1937. A outra era a adjudicação compulsória para contrato não inscrito, para contrato que não teve ingresso no Registro de Imóveis e que, portanto, não tinha eficácia *erga omnes*, que era a execução de obrigação de fazer dos arts. 639 a 641 do CPC, e que só iria ter êxito quando não afetasse direito de terceiro adquirente de boa-fé.

Tal solução, embora não seja pacífica,[95] parecia ser a mais adequada para permitir uma hermenêutica adequada do art. 22 do Decreto-lei 58/1937.

Segundo esse correto entendimento, tínhamos a situação em que, verdadeiramente, a adjudicação compulsória, no sentido de adjudicar compulsoriamente o bem, era só a do Decreto-lei 58/1937, quando havia eficácia *erga omnes*, pois somente aí haveria um *jus persequendi*, podendo o titular do direito de aquisição buscar o bem, adjudicá-lo, estivesse o bem com quem estivesse.

Nesse caso, tínhamos, de fato, ontognoseologicamente, uma adjudicação compulsória, o que não se poderia falar propriamente no caso segundo, porque não havia uma adjudicação efetiva, visto que havia um cumprimento de uma obrigação de fazer, se fosse possível, isto é, se não fosse afetado direito de terceiro adquirente de boa-fé, a quem não era oponível o contrato não registrado.

Enfim, esse é o panorama que tínhamos quando entrou em vigor o Código Civil de 2002, o qual trouxe alguns dispositivos sobre a matéria ora analisada, fazendo nascer a necessidade de uma análise cuidadosa de eventuais alterações a tal panorama.

No Código Civil e no Código de Processo Civil atuais

Diante dos novos dispositivos trazidos pelo Código Civil de 2002, em relação ao compromisso de compra e venda, cumpre perquirir como ficou a questão, a partir dali.

Teria o Código Civil brasileiro alterado o panorama que se tinha da adjudicação compulsória e do compromisso de compra e venda?

Vejamos as principais disposições do Código Civil relativamente à matéria em questão.

---

[95] Para Araken de Assis, por exemplo, há uma só ação de adjudicação compulsória (ASSIS, Araken de. *Comentários ao Código de Processo Civil*: arts. 566 a 645. Rio de Janeiro: Forense, 2003. v. VI. p. 434).

"Art. 463. Concluído o contrato preliminar, com observância do disposto no artigo antecedente, e desde que dele não conste cláusula de arrependimento, qualquer das partes terá o direito de exigir a celebração do definitivo, assinando prazo à outra para que o efetive (...)."

"Art. 464. Esgotado o prazo, poderá o juiz, a pedido do interessado, suprir a vontade da parte inadimplente, conferindo caráter definitivo ao contrato preliminar, salvo se a isto se opuser a natureza da obrigação."

"Art. 1.417. Mediante promessa de compra e venda, em que não se pactuou arrependimento, celebrada por instrumento público ou particular, e registrada no Cartório de Registro de Imóveis, adquire o promitente comprador direito real à aquisição do imóvel."

Por fim, o art. 1.225: "São direitos reais: (...) VII – o direito do promitente comprador do imóvel (...)."

Em razão dessas disposições legislativas insertas no Código Civil atual, é necessário levantar algumas questões, e, mais do que propriamente respondê-las de maneira definitiva, importante é que se comece a pensar nelas.

A primeira questão que salta aos olhos, diante da leitura dos aludidos dispositivos do vigente Código Civil, é a de saber se continua válida a distinção feita por Orlando Gomes, e com a qual se concordou no presente trabalho, a qual visualiza o pré-contrato de compra e venda como um gênero cujas espécies são a promessa de compra e venda e o compromisso de compra e venda.

A questão se impõe porque os artigos do código referem-se sempre à *promessa de compra e venda*, mesmo quando não haja possibilidade de arrependimento, ou quando haja registro do contrato. Diante disso, existiria somente uma promessa de compra e venda, sem que houvesse possibilidade de se estabelecer a distinção do compromisso de compra e venda?

Em nossa opinião, é possível, salutar, e correta, a manutenção da distinção estabelecida na doutrina entre promessa de compra e venda e compromisso de compra e venda, reconhecendo-se a distinção dos institutos.

A promessa pura de compra e venda, isto é, aquela em que se crie a obrigação de exarar uma nova manifestação de vontade futura, em um novo contrato, ainda é possível existir, como decorrência da autonomia da vontade das partes, bem como a possibilidade prevista no Código Civil de celebração de pré-contratos (art. 462 e ss.).

Nela, a vontade não é de transmitir após o pagamento do preço, mas de celebrar novo contrato, definitivo. Falta, ademais, o acordo de transmissão.

É a hipótese, por exemplo, de duas pessoas convencionarem que, futuramente, celebrarão contrato de compra e venda de determinado imóvel, por certo preço, porém, na data da celebração do contrato definitivo é que elas estipularão o prazo para a entrega do imóvel, a forma de pagamento do preço etc. Ou seja, há a criação da obrigação de celebrar um contrato futuro; há a necessidade de manifestar uma nova vontade futura, porque, embora estejam presentes no pré-contrato, os elementos essenciais do contrato definitivo, nos termos do que exige o art. 462 do CC, deixou-se que uma série de elementos negociais secundários ficasse para ser definida quando da celebração do contrato definitivo. É, nesse caso, promessa, não sujeita à adjudicação compulsória.

Na promessa, pode haver a estipulação contratual de um direito de retrato.

Por outro lado, o compromisso de compra e venda tem eficácia completamente diversa e tem também tratamento jurídico diferente.

É contrato que existirá quando todos os elementos volitivos necessários ao cumprimento do pré-contrato já estiverem nele contidos, de modo que seu adimplemento não exigirá uma nova manifestação de vontade, mas uma mera formalidade, e, no qual não há nem pode haver, direito de arrependimento.

No compromisso de compra e venda, há já um negócio translativo efetivamente entabulado, uma "quase compra e venda", já com início de execução, de pagamento do preço, e que não se cumpre por uma nova manifestação de vontade, mas por uma mera ratificação da vontade manifestada.

Na manifestação de vontade do compromisso de compra e venda, está já incluída a vontade de transmitir, cuja eficácia fica suspensa até que haja o pagamento do preço.

Com a prova de quitação do preço, passa a surtir efeito o acordo de transmissão, e tal formalidade é o que basta para transmitir a propriedade.

Não seria possível não ver os dois institutos, com cargas eficaciais diversas.

Em não sendo assim, haveria situações jurídicas insustentáveis.

Seria um contrassenso jurídico imaginar, por exemplo, que um direito gerado por uma obrigação de fazer pura, de um contrato-promessa puro e simples, gerasse um direito real, nos termos do art. 1.225 do CC, caso não se entendesse aplicar-se tal artigo somente ao compromisso.

Dessa forma, em nossa opinião, continua válida, sim, a diferenciação estabelecida, conforme já vimos, entre a promessa e o compromisso de compra e venda, de modo que os arts. 1.417 e 1.418 do CC estão se referindo ao compromisso de compra e venda, tecnicamente falando, enquanto o art. 462 e seguintes estão se referindo à promessa de compra e venda, e a outras tantas promessas quantas houver, qualquer promessa de um futuro contrato, como a promessa de permuta, por exemplo.

Uma segunda questão que o atual Código Civil trouxe novamente à tona é a que diz respeito a saber se o compromisso registrado sob sua égide gera direito real ou não.

Essa mesma discussão, como vimos, anteriormente ao Código Civil de 2002, teve solução pelo entendimento do direito obrigacional com eficácia real, afastando-se a tese do direito real.

Note-se que o Decreto-lei 58/1937, também falava, expressamente, em "direito real oponível a terceiros", e, lá, entenderam a doutrina e a jurisprudência majoritárias que não havia direito real.

Diante disso, cabe a pergunta: e agora, diante da previsão do direito do promitente comprador no rol dos direitos reais, contida no art. 1.225 do CC, será que vale a mesma regra, ou será que agora estamos diante de um direito real?

Parece-nos que agora não há como, nem por que, escapar do entendimento de que há um verdadeiro direito real, haja vista que, quando o Código Civil estabelece o rol taxativo dos direitos reais, ele, expressamente, inclui o direito do compromissário comprador, com o contrato registrado, no art. 1.225, VII; e, novamente, no art. 1.417, reitera o caráter real desse direito.

Assim, parece que, da forma que foi contemplado na legislação civil atual, estamos efetivamente diante de um direito real de aquisição, com todas as características que daí decorrem.

Não é, essencialmente, um direito real sobre coisa alheia. Embora possa nascer assim, uma vez que o preço vai sendo pago, isto é, uma vez que o compromissário comprador vai adimplindo sua obrigação, a coisa vai passando a ser própria, porque nenhuma das faculdades inerentes à propriedade remanesce com o compromitente vendedor.

Dessa feita, após o pagamento do preço, a rigor, não há possibilidade de a propriedade ser transmitida a alguém que não seja o titular do direito real de aquisição, e, ainda que se entenda haver tal possibilidade, isso em nada afeta o direito real de aquisição, por conta do *jus persequendi*.

A posse indireta, que permanece com o promitente vendedor, mesmo que transmita a direta para o promissário comprador, vai também se esvaindo na exata medida do pagamento do preço.

Eficácia do registro

Ao contrato preliminar típico, o contrato-promessa, seja de compra e venda, seja de outro contrato, aplica-se o art. 462 e seguintes do CC, de modo que poderá ele ser registrado se não contiver cláusula de arrependimento.[96]

O registro, nesse caso, gerará eficácia real a um direito que é – e continuará sendo após o registro – obrigacional.

---

[96] Em sentido contrário, entende o Conselho Superior da Magistratura de SP que somente o contrato de promessa de compra e venda, ou o de permuta, poderá ser registrado no Registro de Imóveis (Veja, exemplificativamente, o Acórdão: 1099413-38.2015.8.26.0100, localidade: São Paulo, data de julgamento: 06/10/2016, data *DJ*: 07/11/2016, relator: Des. Manoel de Queiroz Pereira Calças).

Tratando-se de direito obrigacional, que torna exigível da outra parte uma nova manifestação de vontade, a lei permitiu que se publicize o contrato a fim de tornar oponível contra todos tal direito, o que será relevante em caso de necessidade de substituição judicial da vontade da parte faltante, hipótese permitida no art. 464 do CC.

O registro, nesse caso, é declarativo, isto é, não cria o direito obrigacional, o qual deriva do contrato, mas lhe dá eficácia *erga omnes*.

No que diz respeito ao compromisso de compra e venda, ao contrário, o registro será constitutivo do direito real de aquisição.

É ao compromisso que se aplicam os arts. 1.225 e 1.417 do CC, de maneira que o seu registro é constitutivo do direito real que dele decorre.

O registro do compromisso faz nascer um direito sobre a coisa, com as consequências daí decorrentes, e não apenas o direito de exigir uma prestação de fazer, seja ela oponível a terceiros ou não.

Afinal, a natureza jurídica do direito real de aquisição é a de direito real sobre coisa própria.

Ele inicia como um direito real sobre coisa alheia, mas, à medida que o compromissário comprador vai adimplindo sua obrigação, vai adquirindo os atributos do direito de propriedade, de modo que o direito real de aquisição vai se transmutando em um direito real sobre coisa própria, na exata medida do adimplemento do pagamento do preço.

Nesse sentido, interessante lição nos traz José Osório de Azevedo Jr., para quem, "à medida que o crédito vai sendo recebido, aquele pouco que restava do direito de propriedade junto ao compromitente vendedor, isto é, aquela pequena parcela do poder de dispor, como que vai desaparecendo até se apagar de todo".[97]

Dadas as características de quase propriedade do direito real de aquisição, no qual, após o pagamento do preço, só resta com o titular do domínio o dever de praticar o ato-fato que formaliza a transmissão, não poderá mais haver transmissão voluntária do bem a quem não seja o titular do direito real de aquisição.[98]

---

[97] AZEVEDO JR., José Osório de. *Compromisso de compra e venda.* 5. ed. São Paulo: Malheiros Editores, 2006. p. 19.

[98] Em sentido contrário, entendendo sempre ser possível a transmissão do bem compromissado à venda, o Conselho superior da Magistratura de SP: CSMSP – Apelação Cível: 1040210-48.2015.8.26.0100, localidade: São Paulo, data de julgamento: 08/04/2016, data *DJ*: 30/05/2016, relator: Des. Manoel de Queiroz Pereira Calças. Melhor andou em nosso entender a MM. Juíza da 1ª Vara de Registros Públicos de São Paulo, que teve a decisão reformada, a qual havia entendido não ser possível a transmissão: 1VRPSP – Processo: 1040210-48.2015.8.26.0100, data de julgamento: 02/06/2015 data *DJ*: 12/06/2015.

Há um direito sobre a coisa que já é própria. Todos os atributos da propriedade já estão com o titular do direito real de aquisição. Com o titular formal da propriedade só remanesce o dever de transmiti-la ao titular do direito de aquisição, não por meio de nova manifestação de vontade, mas por meio de ato-fato que faz cessar a suspensão da eficácia do acordo de transmissão.

Há, a partir do pagamento do preço, uma espécie de congelamento dominial, visto que o proprietário perde o direito de dispor livremente,[99] eis que já manifestou a vontade de transmitir a propriedade para o titular do direito real de aquisição, e tal vontade passou a ter caráter de direito real, incidindo, assim, sobre a própria coisa.

Não há aqui a mesma situação que há quando o direito real é sobre coisa alheia, e que o titular do domínio pode dele dispor livremente, mas permanecerá o direito de buscar a coisa para o titular do direito real outro, o que ocorre, por exemplo, diante da existência de um direito de hipoteca, ou de usufruto.

No direito real de aquisição, o titular passa a ter um direito sobre coisa própria, e, portanto, o proprietário formal não poderá mais dispor do bem depois que o preço for pago.

Diante da existência de um direito pessoal, ainda que com eficácia real, como vimos, não haveria problemas à alienação ou à oneração posterior, com a ineficácia dessa alienação ou oneração quanto ao promitente comprador.

Porém, no compromisso, diante da existência de um direito real à aquisição, passa o titular desse direito a ter direito sobre a coisa, à aquisição da coisa, ficando vedadas posteriores alienações e onerações. A existência do direito real de aquisição, que surge com o registro do compromisso de compra e venda, obsta, após pagado o preço, a posterior alienação ou a oneração voluntárias do bem, exceto se para o próprio compromissário comprador.

Feito o registro do compromisso de compra e venda, e existindo notícia de que houve o pagamento, embora não apresentado ainda o instrumento de quitação, o Oficial do Registro deverá vedar registro posterior de alienação que não em cumprimento ao compromisso registrado.

Adjudicação compulsória

Tem-se entendido[100] que a promessa não permite adjudicação compulsória porque tem cláusula de arrependimento, ao passo que o compromisso permite a adjudicação, exceto no caso do art. 26, § 6º, da Lei 6.766/1979.

---

[99] No mesmo sentido: ALVIM, Agostinho. *Da compra e venda e da troca*. Rio de Janeiro: Forense, 1961. p. 268-269.
[100] Veja-se, por todos: MELO, Marco Aurélio Bezerra de. *Curso de direito civil*. São Paulo: Atlas, 2015. v. V. p. 411-421.

O assunto requer um aprofundamento.

Não caberá mesmo a ação de adjudicação para a promessa de compra e venda? Terá ela sempre o direito de retrato?

E o compromisso? Permitirá mesmo a ação de adjudicação compulsória, sendo a hipótese prevista na lei de parcelamento do solo urbano uma exceção? Ou será a previsão legal apenas uma positivação pontual de algo que é, por conta não da previsão legal, mas da própria natureza jurídica do instituto?

Na promessa

Vimos que a promessa de compra e venda se caracteriza não pela existência de um direito de arrependimento, mas por ser um contrato-promessa típico.

A promessa de compra e venda existe quando há realmente uma promessa de celebrar futuro contrato de compra e venda, haja, ou não, direito de retrato instituído contratualmente.

O que a caracteriza é a criação de uma obrigação de fazer futura, consistente na emissão de uma nova vontade, para a celebração de um novo contrato, o de compra e venda.

Não há, na promessa, por conseguinte, a vontade de transmitir a propriedade, de modo que ela, por si só, não pode transmiti-la.

Não importa, para a caracterização da promessa, se o pagamento foi à vista ou parcelado nem se há ou não direito de arrependimento. Em todos esses casos, haverá promessa de compra e venda se o contrato celebrado for o que obriga as partes a celebrar um contrato futuro, mediante nova e diversa manifestação de vontade.

Pode ocorrer promessa quando as partes, por exemplo, apesar de concordes sobre os elementos essenciais do futuro contrato, não acordaram, ainda, sobre algum elemento secundário que lhes seja importante, e o qual continuarão a discutir até o momento de celebrar o contrato de compra e venda.

Os elementos essenciais do contrato definitivo devem já estar presentes no contrato-promessa, consoante dispõe o art. 462 do CC, de modo que a divergência não poderia neles estar situada.

Todavia, apesar do dito no citado art. 462, nem todos os elementos essenciais estão presentes: o elemento volitivo não está, e não pode estar, senão estaremos diante de um contrato definitivo, e não de um contrato-promessa.

Explica-se: a vontade que está presente no contrato-promessa-padrão é a de criar a obrigação de fazer o futuro contrato definitivo, em que haverá uma nova manifestação de vontade, fundamentalmente diversa nas obrigações que ensejará. Não pode estar presente, no contrato-promessa, a vontade que estará presente no contrato definitivo, porque, se estiver, contrato definitivo será.

Ordinariamente, um contrato-promessa não permitiria a execução específica e forçada, por se tratar a manifestação de vontade de um ato personalíssimo, que não pode ser substituído nem coagido em sua essência.

Todavia, há uma tendência mundial de atribuir, legalmente, a ele o efeito de possibilitar a execução forçada,[101] caso não haja cláusula de arrependimento, o que foi acatado pelo nosso Código Civil, bem como pelo Código de Processo Civil.

De fato, os arts. 464 do Código Civil e 501 do Código de Processo Civil, permitem a execução da obrigação de fazer nos contratos-promessa, a fim de substituir judicialmente a vontade do contratante faltoso na celebração do contrato definitivo.

No caso do contrato de promessa de compra e venda, desde que não haja cláusula de arrependimento estipulada negocialmente, qualquer das partes, desde que adimplente, poderá exigir o cumprimento da obrigação, isto é, poderá exigir a celebração do contrato definitivo de compra e venda, nos termos do art. 463 do CC.

Ademais, se não houver o cumprimento gracioso da obrigação, poderá a parte buscar a tutela jurisdicional, caso em que o Juiz substituirá a vontade do contratante faltoso.

A sentença judicial terá o efeito de, ao substituir a vontade do contratante faltoso, compor o suporte fático do contrato definitivo, com os elementos essenciais já constantes no contrato-promessa.

Entenda-se bem: a sentença substituirá a vontade de uma das partes e terá o condão de preencher o suporte fático do tipo contratual definitivo, de modo que o produto final, que irá para o Registro de Imóveis mediante um título judicial, será o próprio contrato de compra e venda, com a vontade substituída judicialmente.

É o que dispõe o art. 501 do CPC.

Uma vez que a promessa de compra e venda tem os elementos essenciais do contrato de compra e venda, exceto no que toca ao elemento volitivo, que não é o de transmitir, seu adimplemento somente pode dar vazão a um contrato de compra e venda, de modo que, se alguma parte não manifestar a nova vontade, caberá, por força legal, e não pela própria natureza do contrato, a substituição judicial da vontade do contratante inadimplente, ocasião em que o título judicial (carta de sentença, por exemplo) será endereçado ao Registro de Imóveis como se a própria compra e venda fosse – e não com outro efeito, como o de ordem judicial, por exemplo.

O registro do contrato de promessa de compra e venda terá grande importância para a eficácia do direito, mas não para possibilitar, ou impedir, a ação de execução específica, vulgarmente dita de adjudicação compulsória – o que não é.

Havendo o registro, como vimos, o direito obrigacional decorrente do contrato-promessa ganhará eficácia real, passando a ser oponível *erga omnes*, de maneira que a alienação posterior da coisa não afetará o promissário comprador, isto é, se

---

[101] Veja-se, por exemplo, no ordenamento jurídico português: VARELA, Antunes. *Sobre o contrato-promessa*. 2. ed. Coimbra: Coimbra Editora, 1.989. p. 81 e ss.

houver contrato definitivo, seja voluntário, seja mediante título judicial, poderá ser registrado, apesar de algum registro dispositivo posterior.

Segundo Pontes de Miranda:

> (...) a averbação confere a *oponibilidade do negócio jurídico a terceiros quanto às alienações e onerações* posteriores. Noutros termos: a inalienabilidade e inonerabilidade relativas, pois o bem pode ser alienado e onerado; apenas essas alienações e onerações não podem ter efeitos em relação ao pré-contrato averbado.[102]

Não havendo o registro, o direito do promitente comprador não ultrapassará a relação contratual, de modo que somente terá eficácia contra a outra parte, mas não será oponível a terceiros.

Dessa forma, a ação de execução poderá ser intentada, mas o registro somente terá cabimento se o direito não tiver ingressado no tráfico jurídico, isto é, se o titular do direito de propriedade, no Registro de Imóveis, for a parte contratual faltosa, ré na ação.

No compromisso

O contrato de compromisso de compra e venda, conforme adrede analisado, difere substancialmente da promessa, visto que já contém não apenas os elementos objetivos essenciais do contrato de compra e venda mas também o elemento volitivo, isto é, contém já a mesma vontade de transmitir manifestada na compra e venda.

Difere da vontade de transmitir da compra e venda somente no fato de que, no compromisso, há a vontade de transmitir após o pagamento do preço, ao passo que, na venda propriamente dita, a vontade de transmitir é imediata e independe de ter havido, ou não, pagamento do preço.

Contudo, o que é essencial é que, no compromisso, já há a vontade de transmitir, embora condicionada ao pagamento do preço.

É dizer: cria-se a obrigação de transmitir, após pago o preço, e não a obrigação de manifestar nova vontade.

Assim, a execução específica do compromisso de compra e venda ocorre na esfera extrajudicial, com o seu registro no Registro de Imóveis.

Não será necessária ação judicial.

Mais do que isso, ordinariamente, não será possível a ação judicial, por falta de interesse processual de agir.

---

[102] PONTES DE MIRANDA, F. C. *Tratado de direito privado*. 3. ed. Rio de Janeiro: Borsoi, 1971. t. XIII. § 1.468.

É que, uma vez que já houve a vontade de transmitir, e, portanto, não há vontade a ser substituída judicialmente, bem como basta a prova da quitação do preço – que é, nesse caso, a prova da produção de efeitos da vontade de transmitir – para que se transmita a propriedade, não há interesse jurídico na atuação processual.

Somente caberia ação judicial na hipótese de o compromitente vendedor não emitir o comprovante de quitação do preço pago pelo compromissário comprador, caso em que tal pagamento deverá ser comprovado judicialmente, para que, em seguida, se proceda ao registro da transmissão da propriedade.

Nesse caso, parece-nos que a ação não é propriamente a de adjudicação compulsória, mas, sim, uma declaratória do pagamento, ao contrário do que reza o art. 1.418 do CC.

Portanto, a execução específica da obrigação de manifestar vontade apenas tem cabimento, porque somente é necessária, no contrato de promessa de compra e venda, e não no de compromisso, o qual tem, em regra, execução extrajudicial.

Nessa esteira, a previsão legal do art. 26, § 6º, da Lei 6.766/1979 não é, em absoluto, uma exceção para o contrato de compromisso de compra e venda de lotes, mas é, sim, a solução que decorre da sua própria natureza jurídica, aplicável a qualquer compromisso, seja de imóvel loteado ou não.

Significa ela apenas uma positivação, para os imóveis loteados, de uma realidade jurídica previamente existente, e talvez não bem compreendida.

A positivação, nesse caso, tem o mérito de pacificar as coisas e amainar a diversidade hermenêutica, mas não de inovar no tratamento jurídico do instituto.

É da natureza do contrato de compromisso de compra e venda transmitir a propriedade da coisa com o comprovante de quitação do preço, visto que é o pagamento do preço que faz que a vontade de transmitir, já manifestada, produza efeitos.

Assim, para um imóvel qualquer compromissado à venda, ainda que não seja um lote de parcelamento do solo, o registro do compromisso, acompanhado da prova de quitação, é o que basta para transmitir a propriedade. Isso não requer alteração legislativa. É da natureza do contrato.

O registro do compromisso, antes do pagamento do preço, gera o direito real de aquisição, a fim garantir o seu adimplemento e, portanto, a aquisição da coisa, para a qual bastará apresentar ao Registro, posteriormente, a prova da quitação e o pagamento do imposto de transmissão.

Dito de outro modo, o direito real de aquisição dá direito a adjudicar a coisa, mas não há necessidade de ação judicial para tanto. A ação, de direito material, se dará diretamente no Registro de Imóveis, salvo a hipótese de não haver o comprovante de quitação do preço, ocasião em que dito pagamento deverá ser declarado em juízo, para que o título judicial faça as vezes de quitação junto ao Registro Imobiliário.

Caso não se registre imediatamente o compromisso, não se terá criado o direito real de aquisição, permanecendo o direito do compromissário comprador na esfera obrigacional, e, se houver registro da transmissão para um terceiro, não mais será possível ao compromissário registrar seu título transmissivo, restando para si buscar a reparação do dano por meio de indenização.

Questão interessante é a de haver, no contrato de compromisso de compra e venda, uma cláusula de obrigação de dar escritura, isto é, cláusula que diga que, após o pagamento do preço, deverá o promitente vendedor dar escritura ao promissário comprador.

Qual o significado da cláusula em tal hipótese?

Parece-nos que a melhor solução seja a de se interpretar que as partes optaram por aceitar somente o instrumento de quitação por instrumento público notarial.

Não se a pode compreender como sendo a necessidade de celebrar um contrato de compra e venda por escritura pública, porque não cabe uma nova manifestação de vontade mediante a celebração de um contrato de compra e venda. A vontade de obrigar-se a transmitir e a de transmitir já foram manifestadas.

Ao mesmo tempo, a cláusula pode ser interpretada à luz do art. 109 do CC, de modo que a vontade das partes pode impor a solenidade notarial à outorga da quitação.

Assim deve ser entendida eventual escritura de compra e venda que seja feita em cumprimento a um compromisso de compra e venda: como prova de quitação. É nesse sentido que deve ser a interpretação do art. 1.418 do CC.

Forma do compromisso de compra e venda

Por fim, a última questão no que toca ao compromisso de compra e venda é a de saber qual é a forma que deve ele adotar. Trata-se de negócio solene, no qual é exigida a escritura pública?

Visto que o compromisso de compra e venda registrado gera direito real, cumpre questionar se, no caso de tratar-se de imóvel de valor superior a 30 vezes o maior salário mínimo vigente no País, deverá ele adotar a escritura pública, nos termos do art. 108 do CC.

Há um entendimento de que, nessa situação, o contrato de compromisso de compra e venda deveria ser instrumentalizado por escritura pública, uma vez que cria um direito real, após o registro, nos termos da regra do art. 108 do CC, a qual não teria sido excepcionada.

Esse entendimento, de que não haveria exceção à regra do art. 108, funda-se no fato de que, quando o art. 1.417 refere-se a que o compromisso de compra e venda pode adotar o instrumento público, ou particular – este, colocado no artigo entre vírgulas –, ele está querendo dizer que o ato será realizado por instrumento público, ou particular, quando a lei permitir o instrumento particular. Quando a lei disser que é obrigatório o instrumento público, terá que ser adotado o instrumento público, aplicando-se, então, a regra geral do art. 108, a qual ficaria confirmada, e não excepcionada, pelo art. 1.417.

Parece-nos adequado esse entendimento.

Todavia, prevaleceu o entendimento de que pode o compromisso de compra e venda ser lavrado por instrumento particular, independentemente do valor do imóvel, com base no art. 1.417 do CC, o qual, quando fala da possibilidade de utilização de instrumento público ou particular, está, em verdade, permitindo um ou outro, à escolha das partes contratantes.

Nesse sentido da possibilidade da lavratura do compromisso de compra e venda por instrumento particular, foi a decisão exarada pelo C. Conselho Superior da Magistratura do Estado de São Paulo, na Apelação Cível 311-6/1.[103]

A prevalecer esse posicionamento – o de que, quando se fala, no art. 1.417 do CC, "por instrumento público ou particular", está-se dizendo, exatamente, ou um, ou outro, à escolha das partes, não importa qual seja o valor do imóvel, consistindo, pois, em exceção ao art. 108 –, em nossa opinião, mister se faz a alteração legislativa.

Visto que o compromisso de compra e venda não requer um contrato de compra e venda para seu cumprimento, deve-se tutelar os importantes interesses que são tutelados mediante a atuação do Tabelião já na feitura do compromisso, de modo que deveria ser exigida para ele a escritura pública, tal qual na compra e venda.

Para a promessa de compra e venda, faz algum sentido dispensar-se a forma notarial, uma vez que não cria ela direito real, bem como não prescinde da confecção do contrato de compra e venda.

Mas o mesmo não se pode dizer a respeito do compromisso de compra e venda.

Adjudicação compulsória extrajudicial

Viu-se que é o contrato de promessa de compra e venda que está sujeito à adjudicação compulsória, consistente em ação para substituir a vontade do contratante faltoso, e que permitirá, por consequência, a adjudicação da coisa se tiver havido registro do contrato, a fim de tornar o direito oponível contra todos, e não o de compromisso de compra e venda, de modo que acerta o artigo, ora em comento, ao referir-se à promessa.

Até o advento desse novel artigo, o contratante preliminar prejudicado pela recusa do outro em prestar nova manifestação de vontade somente poderia socorrer-se da via jurisdicional. Agora, cria-se a possibilidade extrajudicial de solucionar o problema.

---

[103] *Revista de Direito Imobiliário*, São Paulo, n. 59, ano 28, p. 343-344, jul.-dez. 2005.

Havendo um contrato de promessa de compra e venda, com ou sem cessão ou promessa de cessão, e havendo um contratante faltoso por não manifestar a vontade do contrato definitivo, poderá o contratante prejudicado buscar, extrajudicialmente, a substituição da vontade faltante.

Trata-se de uma opção do credor a via extrajudicial, podendo optar, se assim, convier, pela via judicial, a qual, por conter a característica da coisa julgada, apresenta certas vantagens. A existência da nova via extrajudicial não afasta a via judicial, o que seria inconstitucional (art. 5º, XXXV, da CF).

A atribuição para presidir o procedimento extrajudicial de adjudicação compulsória é do Oficial de Registro de Imóveis, que tem atribuição territorial sobre o imóvel objeto da promessa de compra e venda. Trata-se de atribuição real, portanto.

O procedimento inicia-se por requerimento escrito de algum dos legitimados, salvo sendo dispensado o reconhecimento de firma se o requerimento for feito por instituições financeiras que atuem com crédito imobiliário, autorizadas a celebrar instrumentos particulares com caráter de escritura pública (art. 221, II, da LRP).

Recebido o requerimento, será ele protocolado, gerando-se prioridade em relação a títulos contraditórios, devendo haver, em seguida, autuação, visto que se trata de um processo administrativo.

A inadimplência em relação à manifestação de vontade pode ser tanto do promitente vendedor quanto do promitente comprador, de modo que ambos têm legitimidade ativa para requerer.

A legitimidade ativa depende da inexistência de cláusula de arrependimento prevista no contrato, o que é possível nos contratos de promessa de compra e venda, pois, se houver a estipulação de tal cláusula, será possível a extinção contratual unilateral, sem que a não realização do contrato definitivo implique inadimplemento contratual passível de execução específica.

Tem legitimidade ativa para propor o procedimento, na dicção do § 1º do art. 216-B ora em comento, a depender de quem seja o contratante faltoso, tanto o promitente comprador, ou seu cessionário, ou promitente cessionário, ou seus sucessores, quanto o promitente vendedor, ou seus sucessores.

Poderia surgir a dúvida a respeito de se deverá estar registrada a promessa de compra e venda, bem como suas cessões ou promessas de cessão, para que possa ser intentada a adjudicação compulsória extrajudicial.

Como é cediço, a adjudicação compulsória judicial não depende do registro dos contratos. Havendo ou não registro, será possível a adjudicação. Todavia, não havendo registro, e tendo o direito a ser adquirido ingressado no tráfico jurídico, tendo sido transmitido para um terceiro adquirente de boa-fé, não será possível o registro do título judicial, que substituiu a vontade do contratante faltoso. A matéria é objeto da Súmula 239 do STJ.

Todavia, em se tratando de adjudicação extrajudicial, proposta no registro imobiliário, em que o produto final pretende-se que seja um registro de transmissão dominial para o promitente comprador, faz que haja a necessidade de registro prévio do contrato de promessa de compra e venda e de eventuais cessões ou promessas de cessão?

Parece-nos que não; parece-nos que a regra da não necessidade do registro segue aqui intacta, com alguma aclimatação.

Entre os documentos a serem juntados ao requerimento inicial, estão os contratos possibilitadores da adjudicação, o que não faria sentido se a ideia fosse a de exigir o prévio registro, de modo que há aí a indicação de que é possível a adjudicação compulsória extrajudicial ainda que os contratos não estejam registrados.

Estando ou não os contratos registrados, será possível, em tese, a adjudicação compulsória extrajudicial.

O § 2º do art. 216-B ora em comento põe uma pá de cal na questão, ao asseverar que o "deferimento da adjudicação independe de prévio registro dos instrumentos de promessa de compra e venda ou de cessão".

Entretanto, em caso de não registro prévio, pode restar impossibilitada a adjudicação no caso concreto.

Havendo o registro prévio do contrato de promessa de compra e venda e de suas eventuais cessões ou promessas de cessão, ter-se-á um direito obrigacional com eficácia real, como se viu, de maneira que, ainda que o direito de propriedade tenha circulado, o direito de buscar a tutela específica em caso de inadimplemento é oponível *erga omnes*, podendo sempre ser atingido pela via extrajudicial.

Não havendo o prévio registro, porém, a eficácia do contrato é *inter partes*, de modo que, se o direito de propriedade houver circulado, e a aquisição se tenha dado a um terceiro de boa-fé, restará impossibilitado o registro da adjudicação, de forma que, sendo ela extrajudicial, deverá ser, de plano, rechaçada.

Dito de outra maneira, se ,pelos contratos apresentados (promessa e cessões), não registrados, o promitente vendedor não for exatamente o proprietário registral, deverá o Oficial recusar, de plano, o procedimento, por afronta à continuidade registral. Nesse caso, haverá necessidade de prévio registro do título aquisitivo para que passe a coincidir a figura do promitente vendedor com a do proprietário tabular.

O mesmo valerá em relação aos sucessores, se já tiver havido partilha dos direitos sobre o bem, ou do próprio bem, por morte do proprietário vendedor. Caso, entretanto, a partilha não tenha ainda sido feita, o inventariante representará o espólio, sem que haja qualquer necessidade de prévio registro, o mesmo valendo se a partilha houver, mas for dos direitos não registrados do promitente comprador.

Em qualquer caso, a legitimidade ativa deverá ser exercida por meio de advogado, por exigência legal. Embora a regra seja a de que qualquer pessoa interessada possa ter acesso ao Registro Imobiliário e requerer por si, a lei, excepcionalmente, exige que as partes legitimadas se façam representar por advogado. É o que ocorre nesse procedimento administrativo de adjudicação, a exemplo do que já ocorria na usucapião extrajudicial.

O pedido deverá narrar o ocorrido e solicitar o registro de transmissão da propriedade ao final, como corolário da vontade substituída extrajudicialmente, e deverá ser instruído com os documentos elencados nos incisos I a VI do § 1º.

Caso o pedido não esteja formalmente em ordem, ou falte algum dos documentos necessários para a instrumentalização dele, o Oficial fornecerá prazo para que seja sanado o problema.

O primeiro dos documentos é o instrumento de promessa de compra e venda, de cessão, promessa de cessão, ou de sucessão, quando for o caso.

Tais documentos devem ser apresentados nos casos em que não haja registro seu e haja possibilidade da adjudicação sem o prévio registro. Nas hipóteses em que haja registro voluntário ou necessário, não há sentido apresentar tais documentos, visto que já estão publicitados no Registro Imobiliário, e pode, com base nisso, o Registrador avaliar a possibilidade da adjudicação.

Já se viu que a ofensa à continuidade registral leva ao rechaço imediato do pedido, o mesmo ocorrendo se houver cláusula de arrependimento no contrato.

A procuração ao advogado também é documento que deve acompanhar o requerimento inicial, pois o requerente deve se fazer representar por advogado. Tal procuração deve conter poderes expressos e especiais para a adjudicação compulsória extrajudicial do imóvel adjudicando, não havendo necessidade de reconhecimento de firma.[104]

As certidões dos distribuidores forenses da comarca da situação do imóvel e do domicílio do requerente que demonstrem a inexistência de litígio envolvendo o contrato de promessa de compra e venda do imóvel objeto da adjudicação devem, da mesma forma, ser apresentadas juntamente com o requerimento inicial.

Devem ser apresentadas a certidões cíveis da Justiça Estadual, ou Federal – se alguma das partes para lá deslocar a competência –, a fim de demonstrar que não há litispendência a respeito do contrato que se busca executar forçosamente, o que afastaria a possibilidade da adjudicação extrajudicial. Se a questão está já submetida ao Poder Judiciário, porque, por exemplo, a parte faltosa discute judicialmente o contrato, por entender que há exigências ilegais, ou discute a

---

[104] Em relação à desnecessidade do reconhecimento de firma na procuração para o advogado, parece valer aqui o determinado pela CNJ para a usucapião extrajudicial, no Provimento 121/2021.

correção do cumprimento da prestação da outra parte, não há a possibilidade de adjudicar-se extrajudicialmente.

Se a ação existente for a de adjudicação compulsória, poderão as partes desistir da ação judicial e intentar o pedido na via extrajudicial, se assim preferirem.

De outra banda, eventuais ações meramente pessoais entre as partes, como alguma ação de indenização, descoladas do contrato de promessa de compra e venda, não terão o condão de obstar a possibilidade da adjudicação extrajudicial.

Há a necessidade também de que seja apresentada a guia paga do imposto de transmissão de bens imóveis, o ITBI, uma vez que o produto final da adjudicação, em caso de procedência, será a transmissão do bem imóvel para o promitente comprador.

Parece-nos que a solução adotada não é a melhor. Exigir o comprovante de pagamento do ITBI em momento inicial faz que haja o risco de ter que buscar a repetição do indébito em caso de improcedência do pedido. Melhor seria exigir o comprovante do pagamento do ITBI ao final, quando estaria decidido positivamente o pedido e o ato registral estaria apto.

Igualmente, deverá ser apresentada com o pedido ata notarial lavrada por tabelião de notas da qual constem a identificação do imóvel, o nome e a qualificação do promitente comprador ou de seus sucessores constantes do contrato de promessa, a prova do pagamento do respectivo preço e da caracterização do inadimplemento da obrigação de outorgar ou receber o título de propriedade.

Trata-se de importante prova qualificada pela fé pública notarial a assentar os elementos autorizadores da adjudicação compulsória. Em verdade, perece que o processo administrativo de adjudicação compulsória extrajudicial tem índole notarial, visto que se trata de constituir título registral, todavia, tendo-se adotado procedimento registral para ele, andou-se bem a exigir a ata notarial prevista no inciso III do art. 216-B da LRP.

Por fim, há a necessidade de se provar o inadimplemento. A prova do inadimplemento não é documento a ser juntado com a inicial, mas procedimento a ser adotado pelo Oficial após o pedido e os documentos estarem conformes, de modo que está mal posicionada a questão no inciso II do § 1º. Melhor seria que estivesse posicionada em um parágrafo autônomo do artigo.

O inadimplemento aqui consiste na ausência de manifestação de vontade à qual estava obrigada a parte em razão do contrato preliminar celebrado, sendo sua a prova difícil, por ser negativa, motivo pelo qual criou o legislado procedimento de notificação extrajudicial para caracterizar e comprovar a mora – e não constituí-la.

Estando em ordem o pedido, o Oficial notificará o devedor – que poderá ser tanto o promitente vendedor quanto o comprador – para que celebre o título de transmissão da propriedade no prazo de 15 dias, sob pena de, não o fazendo, o Oficial deferir a adjudicação e efetuar o registro da transmissão.

Dizer que o devedor será notificado significa dizer que será notificado pessoalmente, pelo próprio Oficial de Registro de Imóveis ou proposto seu, ou, a pedido deste, pelo Oficial de Registro de Títulos e Documentos ou preposto seu. Ambos poderão valer-se de correio, desde que seja a entrega em mãos próprias, com aviso de recebimento.

Uma vez que não há previsão legal, não há possibilidade de notificação por hora certa ou por edital. Não sendo possível a notificação pessoal, restará impossibilitada a via extrajudicial, devendo a adjudicação ser proposta na via judicial. Esse pode ser um sério entrave à utilizabilidade do instituto, mormente diante do fato de que não tem o Oficial de Registro o poder de polícia que tem o Juiz.

Deverão ser notificados todos os devedores que devam manifestar vontade, de modo que, tratando-se do promitente vendedor, deverá ser intimado também o cônjuge ou companheiro que deva consentir ou assentir com o contrato definitivo.

Notificado o devedor, no prazo de 15 dias poderá contatar o credor para celebrar o contrato definitivo, encerrando, assim, o procedimento extrajudicial; provar que já manifestou vontade em contrato definitivo já celebrado, hipótese em que restará prejudicado o pedido extrajudicial; silenciar, hipótese em que se presumirá o inadimplemento, sendo deferido o pedido do requerente; ou contestar o pedido.

Esta última hipótese há que ser bem entendida. Não há contraditório na esfera extrajudicial, de modo que não poderá o Oficial analisar questões de alta indagação, como alegações de inconstitucionalidade, ou de ilegalidade de cláusulas, ou de extinção do contrato por onerosidade excessiva etc. Tais questões deverão ser submetidas ao poder jurisdicional do Estado e lá serem discutidas, sob o manto do contraditório. Havendo questões desse tipo, de nada adiantará levá-las ao Oficial, que não poderá analisá-las, e deverá seguir com o procedimento. Qualquer suspensão ou extinção do procedimento, nesses casos, deverá ser judicialmente determinada.

As questões que podem ser levadas ao Oficial são questões singelas, decorrentes do próprio contrato ou de outro documento ocultado do registrador, como a hipótese de ser demonstrado que não há mora porque houve um aditivo em que o prazo de pagamento foi estendido, de maneira que não é ainda exigível a celebração do contrato definitivo. Em tal caso, decidirá o Oficial pelo encerramento do processo, indeferindo o pedido.

Outros documentos poderão ser exigidos, apesar de não constarem do rol do art. 251-A, por serem necessários para o registro da transmissão da propriedade em razão de outros textos de lei, e tais documentos deverão ser exigidos pelo Registrador Imobiliário.

São exemplos disso os documentos relativos aos imóveis rurais, tais como o CCIR (Certificado de Cadastro de Imóvel Rural) ou a prova de quitação do ITR referente aos últimos cinco exercícios fiscais.

Após a notificação, estando comprovado o inadimplemento, decidirá o Oficial pela procedência do pedido e exigirá o depósito dos emolumentos e fará o registro *stricto sensu* da transmissão da propriedade para o promitente comprador, que passará, então, com o registro, a ser titular do direito real de propriedade.

O § 2º do art. 216-B da LRP excepcionou, para a adjudicação compulsória extrajudicial, a necessidade de comprovação de regularidade fiscal do transiente, nos casos em que, pela legislação ordinária, fosse exigido. Na adjudicação compulsória extrajudicial, não será exigida a prova de tal regularidade.

O § 3º comete uma impropriedade ao estabelecer que o título para o registro será a respectiva promessa de compra e venda ou de cessão ou o instrumento que comprove a sucessão.

Título no sentido registral não haverá aqui, porque é ato registral decorrente de um processo registral, e não de um título registral.

A rigor, parece-nos que se trataria a substituição extrajudicial da vontade do contratante faltoso de formação de título registral, o que demandaria que o processo fosse notarial. Todavia, adotou o legislador um processo administrativo registral, que gera o registro diretamente, como produto imediato seu, sem a formação de título registral.

Dito de outra forma, haverá título material, mas não formal-registral.

O parágrafo utiliza o vocábulo *título* em seu sentido civil, como causa do registro, e esta não será o contrato de promessa ou de cessão, mas, sim, o contrato definitivo que adimple aquele e que contém em si o acordo de transmissão (coisa que a promessa não tem).

Há aqui um contrato definitivo, cujo acordo de vontades decorre da vontade manifestada pelo requerente e da vontade substituída do contratante faltoso, as quais poderão ser, por essa forma, manifestadas por força do permissivo legal.

Da mesma maneira que o título judicial na adjudicação compulsória judicial faz as vezes de compra e venda, porque há ali acordo de vontades em que uma delas é substituída pela decisão judicial, na adjudicação administrativa a decisão do registrador faz as vezes do contrato definitivo, substituindo a vontade do contratante faltoso, e jungindo-a à vontade do requerente, para ter-se aí o negócio definitivo, pela forma autorizada em lei nesse artigo, o qual poderá, então, ser registrado para transmitir a propriedade.

Art. 11. (...)
"Art. 221. (...)
§ 4º Quando for requerida a prática de ato com base em título físico que tenha sido registrado, digitalizado ou armazenado, inclusive em outra serventia, será dispensada a reapresentação e bastará referência a ele ou a apresentação de certidão."

 COMENTÁRIO

Por *Leonardo Brandelli*

O art. 221 da LRP trata dos títulos registrais, isto é, dos instrumentos que contêm os atos jurídicos a serem publicitados no Registro de Imóveis. Os títulos registrais são os suportes admitidos para que as situações jurídicas a serem publicizadas possam acessar o Registro Imobiliário.

O título registral é o título formal (instrumento) que permite o acesso registral do título material (causa da aquisição ou da mutação). É ele, o título registral, que é título formal, que possibilita a incoação do procedimento registral.

A MP nº 1.162/2023 alterou a redação do inc. II do art. 221 da LRP. A nova redação estabelece que não haverá necessidade de testemunhas e nem mesmo de reconhecimento de firmas nos instrumentos particulares oriundos de instituições financeiras que atuem com crédito imobiliário, autorizadas a celebrar instrumentos particulares com caráter de escritura pública, em substituição à redação anterior que dispensava o reconhecimento de firmas nos contratos de entidades vinculadas ao Sistema Financeiro da Habitação.

Tais títulos podem ser físicos ou eletrônicos.

O § 4º ora inserido estabelece que, se algum ato registral for requerido com base em um título registral físico que já tenha sido registrado ou, ainda que não o tenha sido, esteja ele digitalizado ou armazenado em alguma Serventia Registral, estará dispensada a reapresentação do título, podendo ser praticado o ato com base no documento já arquivado física ou digitalmente. Bastará para tanto que o apresentante indique a situação ao Oficial, fazendo referência do arquivo existente, ou que apresente certidão respectiva.

Quando o arquivo, físico ou eletrônico, estiver no próprio Registro Imobiliário em que se solicita o ato registral, não haverá sentido em apresentar-se certidão do próprio Oficial, bastando, nesse caso, que se indique quando foi já apresentado o título, a fim de que seja localizado e, assim, reutilizado para o novo ato registral. A indicação poderá ser por meio do número do protocolo em que foi já utilizado, ou por meio de eventual classificador em que esteja arquivado, ou simplesmente pelo fornecimento de dados do próprio título que permitam ao registrador localizá-lo na Serventia.

Não será exigível do Oficial que faça buscas não tendo elementos mínimos de localização segundo os critérios utilizados pelos livros e classificadores registrais, sendo ônus do requerente informar os dados necessários à localização do título.

Quando o ato estiver arquivado em outro Registro de Imóveis que não aquele em que se solicita o atual ato registral, deverá ser apresentada certidão do título arquivado para que o Registro que praticará o novo ato possa dele tomar conhecimento e também arquivá-lo.

Art. 11. (...)

"Art. 237-A. Após o registro do parcelamento do solo, na modalidade loteamento ou na modalidade desmembramento, e da incorporação imobiliária, de condomínio edilício ou de condomínio de lotes, até que tenha sido averbada a conclusão das obras de infraestrutura ou da construção, as averbações e os registros relativos à pessoa do loteador ou do incorporador ou referentes a quaisquer direitos reais, inclusive de garantias, cessões ou demais negócios jurídicos que envolvam o empreendimento e suas unidades, bem como a própria averbação da conclusão do empreendimento, serão realizados na matrícula de origem do imóvel a ele destinado e replicados, sem custo adicional, em cada uma das matrículas recipiendárias dos lotes ou das unidades autônomas eventualmente abertas.

§ 1º Para efeito de cobrança de custas e emolumentos, as averbações e os registros relativos ao mesmo ato jurídico ou negócio jurídico e realizados com base no *caput* deste artigo serão considerados ato de registro único, não importando a quantidade de lotes ou de unidades autônomas envolvidas ou de atos intermediários existentes.

(...)

§ 4º É facultada a abertura de matrícula para cada lote ou fração ideal que corresponderá a determinada unidade autônoma, após o registro do loteamento ou da incorporação imobiliária.

§ 5º Na hipótese do § 4º deste artigo, se a abertura da matrícula ocorrer no interesse do serviço, fica vedado o repasse das despesas dela decorrentes ao interessado, mas se a abertura da matrícula ocorrer por requerimento do interessado, o emolumento pelo ato praticado será devido por ele."

 COMENTÁRIO

Por *Leonardo Brandelli*

A redação do *caput* do art. 237-A da LRP trata da cobrança de emolumento registrais, e asseverava que:

> Após o registro do parcelamento do solo ou da incorporação imobiliária, até a emissão da carta de habite-se, as averbações e registros relativos à pessoa do incorporador ou referentes a direitos reais de garantias, cessões ou demais negócios jurídicos que envolvam o empreendimento serão realizados na matrícula de origem do imóvel e em cada uma das matrículas das unidades autônomas eventualmente abertas.

A redação era confusa e gerava uma série de dúvidas hermenêuticas, as quais pretendem ser dissipadas pela nova redação.

Confundiam-se, na redação anterior, termos técnicos do parcelamento do solo e da incorporação imobiliária, o que causava certa celeuma aplicativa, e o que agora é corrigido. Clareia-se, ademais, com a nova redação do *caput*, a extensão do dispositivo com a melhor descrição dos atos por ele abrangidos.

O § 4º agora inserido no art. 237-A da LRP permite a abertura de matrícula para as futuras unidades autônomas, após o registro da incorporação imobiliária e antes da instituição do condomínio edilício, informando o § 5º que, se a abertura se der no interesse do serviço, de ofício pelo Oficial, será vedada a cobrança de emolumentos, ao passo que, se ela se der a requerimento da parte interessada, a cobrança de emolumentos deverá ser feita.

A questão da possibilidade da abertura de matrículas para as futuras unidades autônomas depois do registro da incorporação imobiliária, mas antes da instituição condominial, sempre comportou divergência.

Havia o entendimento, de um lado, de que o registro da pré-horizontalidade pela incorporação imobiliária permite a abertura de matrículas para as futuras unidades.

Nesse sentido, no estado do Rio Grande do Sul, nos termos do art. 548 da Consolidação Normativa Notarial e Registral do Estado do Rio Grande do Sul, embora fosse vedado ao Registrador desdobrar de ofício da matrícula em tantas quantas forem as unidades autônomas integrantes do empreendimento, era já facultado ao incorporador, a qualquer tempo, requerer a abertura de tantas matrículas quantas sejam as unidades decorrentes do registro da incorporação realizada, entendida aí a descrição da futura unidade autônoma, hipótese em que deverá ser feita a ressalva de que se tratava de obra projetada e pendente de regularização registral no que tange à sua conclusão.

De outro lado, havia o entendimento, mais correto em nosso sentir, de que, uma vez que as unidades autônomas só nascem com a instituição condominial, não era possível a abertura de matrículas para as unidades antes do registro da instituição do condomínio.

É o que ocorria no estado de São Paulo, por exemplo, onde o item 221 do Capítulo XX das NSCGJSP, expressamente, determinava que, antes "de averbada a construção e registrada a instituição do condomínio, será irregular a abertura de matrículas para o registro de atos relativos a futuras unidades autônomas".

O mesmo item 221, porém, em seus subitens, permitia a abertura de fichas complementares, integrantes da "matrícula-mãe", para cada unidade, nas quais seriam registrados os atos pertinentes àquela unidade. Tal procedimento facilitava a visualização e o controle dos atos jurídicos referentes a cada futura unidade autônoma, sem que, para tanto, fosse necessário abrir matrícula antes da instituição condominial, em solução que nos parecia absolutamente adequada.

O novo § 4º filia a legislação federal àquele entendimento que já vigia, como vimos, no estado do RS, passando a permitir a abertura de matrícula das futuras unidades autônomas após o registro da incorporação imobiliária.

A abertura não é obrigatória, mas possível. Caso não haja a abertura das matrículas, em estados como o de SP, onde há regramento permitindo a abertura de fichas complementares, elas continuam sendo possíveis em nosso entendimento.

Conforme vimos anteriormente, nos comentários relativos aos artigos da Lei 4.591/1964, a incorporação imobiliária não é já o condomínio horizontal, mas um momento de pré-horizontalidade em que há um condomínio comum com conotações especiais, e isso em nada é alterado pela autorização legislativa de abertura de matrículas para as futuras unidades autônomas, as quais são futuras, inexistentes no presente até que haja a instituição condominial. Tem-se, no presente, apenas, uma porção de solo que será, futuramente, jungida a uma unidade autônoma que surgirá.

> **Art. 11.** (...)
> "Art. 246. Além dos casos expressamente indicados no inciso II do *caput* do art. 167 desta Lei, serão averbadas na matrícula as sub-rogações e outras ocorrências que, por qualquer modo, alterem o registro ou repercutam nos direitos relativos ao imóvel.
> (...)
> § 1º-A. No caso das averbações de que trata o § 1º deste artigo, o oficial poderá providenciar, preferencialmente por meio eletrônico, a requerimento e às custas do interessado, os documentos comprobatórios necessários perante as autoridades competentes."

 COMENTÁRIO

Por *Leonardo Brandelli*

O art. 246 da LRP é extremamente importante e a nova redação o torna mais apto aos seus intentos.

Consiste o *caput* do aludido art. 246 em uma cláusula geral de publicidade registral imobiliária, em uma porta aberta para que situações jurídicas que devam ser publicizadas e não encontrem previsão legal expressa possam acessar o sistema registral imobiliário.

As situações jurídicas publicizáveis no Registro Imobiliário são taxativas, devendo estar previstas em lei, porém o sistema é aberto, visto que a lei põe à disposição dele uma cláusula geral de publicidade, a qual, evidentemente, não permite que qualquer situação jurídica seja publicizada, mas permite que qualquer situação jurídica que deva ser publicizada o seja.

A nova redação do *caput* do art. 246 da LRP não importa propriamente uma inovação, mas uma redação mais adequada à correta interpretação do dispositivo, a qual, em nosso sentir, é a mesma que se tinha antes da novel redação, todavia, diante das interpretações dissonantes, parece, a nova redação tornará mais clara a interpretação legal.

A redação anterior rezava que "Além dos casos expressamente indicados no item II do artigo 167, serão averbados na matrícula as sub-rogações e outras ocorrências que, por qualquer modo, alterem o registro".

Parece-nos que a redação anterior já continha uma cláusula geral de publicidade registral imobiliária, apta a abarcar todas as situações jurídicas publicizáveis que não encontrassem previsão legal expressa para tanto.

A interpretação adequada para "ocorrências que, por qualquer modo, alterem o registro", a nosso ver, agasalhava a publicidade de quaisquer fatos jurídicos que afetassem, ou pudessem afetar, a situação jurídica publicizada, tanto do ponto de vista objetivo quanto do subjetivo.

A exigência era de que a alteração fosse do registro, o que significava dizer que alterasse a situação jurídica publicizada, e não o direito real ou obrigacional com efeito real publicizado, ou os elementos de especialidade objetiva e subjetiva, apenas.

Um fato jurídico que alterasse, de fato, a situação jurídica publicizada, ou que tivesse potencialidade jurídica para afetar a situação jurídica publicizada (ainda que não alterasse de imediato), poderia, assim, ser publicitado.

É dizer: não só um fato jurídico que alterasse efetivamente a situação jurídica publicizada, por exemplo, uma alteração subjetiva, como um casamento, ou uma alteração objetiva, como a indisponibilidade de um direito, poderia ser averbado, mas também um fato jurídico que tivesse apenas o potencial de alterar a situação jurídica publicizada, por exemplo, a existência de uma ação pessoal com potencial repercussão patrimonial ou alguma restrição decorrente do poder geral de cautela que tem o Juiz.

Em outras palavras, a cláusula geral de publicidade prevista no art. 246, *caput*, da LRP permitia a concentração na matrícula de todas as informações que pudessem/devessem produzir efeitos em relação a terceiros, fossem elas relativa a uma mutação jurirreal do imóvel ou não. Bastava a alteração, ainda que potencial, da situação jurídica publicizada.

Por tal razão, parece-nos que o art. 54 da Lei 13.097/2015 nada inovou, mas apenas ratificou.

A nova redação do *caput*, de toda a sorte, deixa a situação mais clara: ao estabelecer que podem ser averbadas "outras ocorrências que, por qualquer modo, alterem o registro ou repercutam nos direitos relativos ao imóvel", deixa mais claro que não se trata de publicizar apenas mutações jurirreais, mas quaisquer fatos jurídicos que alterem, ou que tenham potencialidade de alterar, a situação jurídica publicizada, seja do ponto de vista subjetivo da situação jurídica, seja do objetivo.

O sistema de publicidade registral imobiliário é completo e, por conta disso, pode adotar o princípio da fé pública registral, como de fato adota: não há situação jurídica imobiliária que deva produzir efeitos *erga omnes* que não possa ser publicizada; as que não encontrem previsão legal expressa encontrarão previsibilidade na cláusula geral do *caput* do art. 246 da LRP. Daí falar-se em concentração registral, de todas as informações relevantes para a situação jurídica publicizada. Tal relevância deve ser medida pela potencialidade que tem de afetar terceiros adquirentes de boa-fé; em caso positivo, será o caso de publicizar.

Entre as alterações possíveis das situações jurídicas publicizadas, estão as sub-rogações, cuja explicitação autônoma seria desnecessária.

A sub-rogação, como é sabido, poderá ser real ou pessoal. Sendo pessoal, poderá ser legal, se efetivada por pessoas juridicamente interessadas (art. 346 do CC), ou convencional, quando levada a termo por terceiros juridicamente não interessados (art. 347 do CC).

Ambas são averbáveis, todavia o art. 346 trata apenas da sub-rogação real e da pessoal legal, visto que as demais estão previstas no art. 167, II, 30 e 35, da LRP.

A sub-rogação real é aquela em que uma coisa se sub-roga em outra; em que uma coisa toma o lugar de outra como objeto de um direito.

Na sub-rogação real, o regime jurídico da coisa substituída permanece em relação à coisa que substitui. A qualidade jurídica da coisa substituída permanece na coisa que a substitui. Muda-se o objeto da relação jurídica, mas esta permanece, com as mesmas qualidades, de modo que passa a incidir sobre a nova coisa.

É a hipótese, por exemplo, da sub-rogação das cláusulas de inalienabilidade, impenhorabilidade e incomunicabilidade, nos termos do art. 1.911, parágrafo único, do CC, ou da sub-rogação do usufruto no produto da indenização em caso de perecimento da coisa, conforme dispõe o art. 1.407, § 1º, do CC.

A sub-rogação pessoal legal é aquela em que há a sub-rogação do crédito como decorrência direta da lei, sem que haja qualquer necessidade de existir um ato jurídico de sub-rogação.

Está ela prevista no art. 346 do CC, e em eventuais outros artigos específicos, como o *caput* do art. 31 da Lei 9.514/1997, ou o art. 1.368 do CC, o qual prevê situação de exceção, uma vez que institui hipótese de sub-rogação legal para o caso de terceiro não interessado. As demais hipóteses exigem terceiro interessado, sem o que a sub-rogação deverá ser convencional.

Assim, o credor que paga a dívida do devedor comum, ou o adquirente do imóvel hipotecado que paga ao credor hipotecário, bem como o terceiro que efetiva o pagamento para não ser privado de direito sobre imóvel, ou o terceiro interessado que paga a dívida pela qual era ou podia ser obrigado, no todo ou em parte, ficará legalmente sub-rogado nos direitos do credor, sem que haja necessidade de um negócio jurídico para tanto, e a sub-rogação, sendo o crédito garantido por direito real imobiliário, averbada na matrícula do imóvel.

A sub-rogação legal se realiza tão só pela força da lei e, por isso, tem sua aplicação taxativa. A sub-rogação opera-se, nesses casos, de pleno direito e sem a exigência de uma forma especial.[105]

Muda-se, nessa situação, o polo da relação jurídica, mas esta permanece, motivo pela qual o ato registral é o de averbação de sub-rogação, e jamais de averbação de cancelamento de garantia e instituição de novas garantias, o que somente poderia ocorrer se houvesse a extinção da obrigação originária e constituição de uma nova, autônoma.

As garantias constituídas para o reforço da obrigação permanecem hígidas, visto que são acessórias da obrigação garantida, que remanesce, apenas com outra titularidade, no polo ativo.

Por fim, o § 1º-A estabeleceu que, na hipótese das averbações de que trata o § 1º desse artigo, o oficial poderá providenciar, preferencialmente por meio eletrônico, a requerimento e às custas do interessado, os documentos comprobatórios necessários perante as autoridades competentes.

Assim, por exemplo, em caso em que haja alteração de nome em razão de divórcio, para efetivar a averbação devida, e evitar nota de exigências, poderá o Oficial requerer depósito prévio ao apresentante e providenciar a certidão necessária.

Embora o parágrafo refira-se somente aos documentos necessários às averbações previstas no § 1º do art. 246, parece-nos que qualquer documento complementar poderá ser providenciado por essa via.

> **Art. 11.** (...)
> "Art. 251-A. Em caso de falta de pagamento, o cancelamento do registro do compromisso de compra e venda de imóvel será efetuado em conformidade com o disposto neste artigo.
>
> § 1º A requerimento do promitente vendedor, o promitente comprador, ou seu representante legal ou procurador regularmente constituído, será intimado pessoalmente pelo oficial do competente registro de imóveis a satisfazer, no prazo de 30 (trinta) dias, a prestação ou as prestações vencidas e as que vencerem até a data de pagamento, os juros convencionais, a correção monetária, as penalidades e os demais encargos contratuais, os encargos legais, inclusive tributos, as contribuições condominiais ou despesas de conservação e manutenção em loteamentos de acesso controlado, imputáveis ao imóvel, além das despesas de cobrança, de intimação, bem como do registro do contrato, caso esse tenha sido efetuado a requerimento do promitente vendedor.

---

[105] SERPA LOPES, Miguel Maria de. *Curso de direito civil*. Rio de Janeiro: Livraria Freitas Bastos, 1955. v. II. p. 261.

§ 2º O oficial do registro de imóveis poderá delegar a diligência de intimação ao oficial do registro de títulos e documentos da comarca da situação do imóvel ou do domicílio de quem deva recebê-la.

§ 3º Aos procedimentos de intimação ou notificação efetuados pelos oficiais de registros públicos, aplicam-se, no que couber, os dispositivos referentes à citação e à intimação previstos na Lei nº 13.105, de 16 de março de 2015 (Código de Processo Civil).

§ 4º A mora poderá ser purgada mediante pagamento ao oficial do registro de imóveis, que dará quitação ao promitente comprador ou ao seu cessionário das quantias recebidas no prazo de 3 (três) dias e depositará esse valor na conta bancária informada pelo promitente vendedor no próprio requerimento ou, na falta dessa informação, o cientificará de que o numerário está à sua disposição.

§ 5º Se não ocorrer o pagamento, o oficial certificará o ocorrido e intimará o promitente vendedor a promover o recolhimento dos emolumentos para efetuar o cancelamento do registro.

§ 6º A certidão do cancelamento do registro do compromisso de compra e venda reputa-se como prova relevante ou determinante para concessão da medida liminar de reintegração de posse."

COMENTÁRIO

Por *Leonardo Brandelli*

O compromisso de compra e venda é contrato sinalagmático, ou bilateral, em que há obrigações recíprocas entre os contratantes,[106] o chamado sinalagma contratual.[107] Disso, deriva que vige, para ele, assim como para os demais contratos sinalagmáticos, a *exceptio non adimpleti contractus*, bem como a existência de uma condição resolutiva tácita ou legal (art. 474 do CC), além da possibilidade da inclusão de uma cláusula resolutiva expressa (art. 475 do CC).

Sendo sinalagmático o contrato, nenhum dos contratantes poderá exigir do outro cumprimento se não tiver adimplido com a sua obrigação. Sendo faltoso o vendedor ou o comprador, mas em relação à vontade que deve ser manifestada para celebração do contrato translativo, a transmissão da propriedade poderá ser efetivada sem a sua participação, nos termos dos comentários ao art. 216-B, *supra*;

---

[106] AZEVEDO, Álvaro Villaça. *Teoria geral dos contratos típicos e atípicos*. 2. ed. São Paulo: Atlas, 2004. p. 86.

[107] SILVA, Agathe Elsa Schmidt da. *Compromisso de compra e venda no direito brasileiro*. 2. ed. São Paulo: Saraiva, 1989. p. 19.

sendo o comprador faltoso em sua obrigação de pagar o preço, poderá o vendedor buscar, extrajudicialmente, o reconhecimento do inadimplemento e da resolução contratual com o consequente cancelamento do registro do contrato.

O *caput* do art. 251-A, ora em comento, fala que é possível o "cancelamento do registro" do compromisso de compra e venda registrado, todavia cumpre indagar se é apenas disso que se trata – o cancelamento do registro – de modo autônomo, ou se há também o reconhecimento da resolução contratual pelo inadimplemento, o que causaria o cancelamento do registro pela perda do seu suporte causal.

O mero cancelamento do registro, de modo autônomo, é possível, por exemplo, na hipótese do art. 250, I, da LRP, o que permite, em certos momentos, a cessação dos efeitos da publicidade – por meio desse cancelamento autônomo – sem que haja a cessação da causa que havia amparado o registro, a qual continua irradiando todos os efeitos jurídicos, inclusive o de proporcionar novo registro.

Aqui, na hipótese do novel art. 251-A, parece não se tratar de hipótese de cancelamento autônomo de registro, com a mantença do contrato de compromisso de compra e venda que dera causa ao registro. Pretende-se, aqui, cancelar o registro e resolver o contrato, de modo que se extinga não apenas a eficácia registral mas também a negocial, sem o que o vendedor não poderia negociar novamente o imóvel antes de buscar a resolução contratual (constitutiva ou declarativa, conforme fosse tácita ou expressa a cláusula resolutiva).

É dizer: caso houvesse o entendimento de que se trata o art. 251-A apenas de cancelar o registro, sem resolver o contrato, haveria a perda do direito real de aquisição, mas não haveria cessação dos efeitos do contrato, o qual continuaria gerando um direito obrigacional de aquisição.

Ocorre mais aqui: há o reconhecimento do inadimplemento contratual com a sua resolução, e o cancelamento é consequência desse reconhecimento, isto é, resolvido o contrato, cessa a causa de direito material que dava suporte ao registro, e, com isso, se autoriza o cancelamento deste.

Reconhece-se a resolução contratual pelo inadimplemento, e cancela-se o registro do contrato. É disso que se trata.

Trata-se aqui de um procedimento extrajudicial de resolução contratual, o qual, para sua existência, depende de permissivo legal.[108]

Entretanto, neste momento, surge outra questão: poderia ser reconhecida, extrajudiclamente, a resolução contratual decorrente de uma condição resolutiva tácita, ou apenas de uma expressa?

---

[108] AGUIAR JÚNIOR, Ruy Rosado de. *Extinção dos contratos por incumprimento do devedor*. 2. ed. Rio de Janeiro: Aide, 2003. p. 181.

A pergunta justifica-se porque o art. 474 do CC reza que a "cláusula resolutiva expressa opera de pleno direito; a tácita depende de interpelação judicial".

Diante da dicção da lei civil, sempre entendeu a doutrina que a cláusula resolutiva expressa gerava *ipso facto* a resolução contratual, como decorrência natural do inadimplemento, e que eventual decisão judicial seria apenas declaratória, o que permitiria, sem maiores complicações, a permissão legal para o seu reconhecimento extrajudicial, inclusive com a extensão para o reconhecimento extrajudicial das consequências disso, como o cancelamento do registro no Registro de Imóveis.

Assim, nenhuma dúvida parece haver no sentido de que o art. 251-A contempla a hipótese de reconhecimento extrajudicial da resolução contratual em razão da cláusula resolutiva expressa,[109] gerando, com isso, o cancelamento do registro do contrato resolvido.

Visto que tal resolução é decorrência automática do inadimplemento, criou-se um procedimento extrajudicial para demonstrá-lo e, com isso, declarar-se, extrajudicialmente, a resolução contratual autorizadora do cancelamento registral.

A perplexidade surge diante da resolução contratual decorrente de uma cláusula resolutiva tácita, a qual existe em todo contrato sinalagmático como decorrência da lei.

Sempre entendeu a doutrina que esta decorreria não do inadimplemento, mas da decisão judicial, de modo que a decisão judicial, aqui, seria constitutiva da resolução, e não apenas declaratória.[110]

Disso, cabe perguntar: o art. 251-A da LRP aplica-se apenas à resolução expressa, ou também à tácita?

O texto legal não exige a existência de cláusula resolutiva expressa para sua incidência, de modo que, parece-nos, se aplica tanto à cláusula expressa quanto à tácita. Em relação àquela, o procedimento registral será declarativo da resolução; quanto a esta, será constitutivo. Em ambos os casos, dada a existência da resolução contratual, ocasionará o cancelamento do registro do contrato de compromisso de compra e venda.

É relevante essa compreensão porque o efeito registral da declaração/constituição da resolução contratual é sempre único, qual seja, o de conduzir ao cancelamento do registro do compromisso. Todavia, há outros efeitos importantes que daí decorrem e terão desenvolvimento extrarregistral, tais como a incidência de

---

[109] Essa possibilidade sempre foi entendida possível, mediante previsão legal expressa. Veja-se: AGUIAR JÚNIOR, Ruy Rosado de. *Extinção dos contratos por incumprimento do devedor*. 2. ed. Rio de Janeiro: Aide, 2003. p. 58, 181 e ss.

[110] AGUIAR JÚNIOR, Ruy Rosado de. *Extinção dos contratos por incumprimento do devedor*. 2. ed. Rio de Janeiro: Aide, 2003. p. 58.

multa, juros, dever de indenizar etc., os quais têm direta relação com o momento de nascimento da resolução contratual.

Tem-se aqui, portanto, uma hipótese em que a constituição da resolução contratual, com a consequente extinção do contrato, se dá pela via extrajudicial, e não judicial, como sói acontecer. O inadimplemento contratual gera o direito potestativo de buscar a resolução contratual, e, nesse caso do compromisso de compra e venda de imóveis, o direito potestativo poderá ser exercido sem a judicialização.

Obviamente que a judicialização, apesar de não ser necessária, não está afastada. A qualquer momento, as partes podem se socorrer do Poder Judiciário, que está acima da esfera administrativa em que o procedimento do presente artigo se desenrola.

O procedimento previsto nesse artigo aplica-se ao compromisso de compra e venda apenas, porque a lei, expressamente, assim dispôs, de modo que não se aplica a outros contratos sinalagmáticos.

Aplica-se, entretanto, a qualquer contrato de compromisso de compra e venda, que tenha por objeto qualquer imóvel, não havendo alguma exigência de que se trate de lote de um loteamento ou de unidade autônoma de condomínio edilício, por exemplo.

Assim, o procedimento administrativo previsto nesse artigo tem o efeito de (i) constituir ou declarar a resolução contratual, conforme seja tácita ou expressa a cláusula resolutiva, e (ii) autorizar, como consequência da resolução, o cancelamento do registro do contrato ora extinto.

O procedimento inicia com o requerimento do vendedor ao Oficial de Registro de Imóveis que tenha atribuição territorial sobre o imóvel compromissado à venda, devendo conter a forma pública, ou particular com firma reconhecida nos termos do art. 221, II, da LRP, ou sem reconhecimento de firma se houver a incidência da exceção prevista no citado inciso. Não há necessidade de que o requerente seja representado por advogado, uma vez que a lei não fez tal exigência.

O requerimento será, então, protocolado, gerando prioridade em relação a títulos posteriores contraditórios, sendo, após, autuados os documentos, uma vez que se trata de um processo administrativo.

Embora o artigo fale apenas em requerimento do vendedor, evidentemente que seus sucessores, a título universal ou singular, têm também legitimidade para requerer nesse caso, de modo que, por exemplo, os herdeiros do vendedor, ou ainda o inventariante, provada essa condição por documentos suficientes, poderão iniciar o procedimento extrajudicial de resolução contratual.

Os documentos que demonstram a sucessão, parece, deverão ser registrados, antes ou concomitantemente com o pedido, quando forem passíveis de registro, a fim de que a resolução e o cancelamento, caso ocorram, beneficiem o requerente. Assim, se um cessionário requerer, deverá registrar o título aquisitivo, de modo que a propriedade plena a ele permaneça ao final. Pelo mesmo motivo, os herdeiros com partilha feita, devem registrar a partilha. Caso isso não ocorresse antes do procedimento, após, com a mudança da situação jurídica em relação ao direito titularizados, o registro não mais seria possível sem a retificação do título.

Se, diversamente, o proprietário vendedor tiver falecido e ainda não houver partilha, por exemplo, havendo inventariante, este fará o pedido, provando a sua condição, de modo que a propriedade plena voltará ao espólio, podendo ser partilhada, então, aos herdeiros. Nenhum registro haverá que se fazer previamente.

Visto que se busca, pelo procedimento extrajudicial, constituir ou declarar a resolução contratual e cancelar o registro, o procedimento somente poderá ser iniciado se houver o registro do contrato de compromisso de compra e venda. Se o contrato não estiver registrado, não haverá registro a cancelar, e o procedimento não poderá ser o extrajudicial, de modo que, havendo interesse do vendedor em constituir ou declarar a resolução contratual, deverá buscar tal intento em juízo.

No entanto, não havendo o registro, poderá o vendedor promovê-lo, para poder socorrer-se do procedimento extrajudicial.

O requerimento do vendedor deverá conter – ou caso não contenha, deverá ser acompanhado de documento que contenha – a indicação ao Oficial do valor não pago, bem como os valores que decorrem do não pagamento, previstos no § 1º do artigo ora em comento, como juros, correção monetária e despesas condominiais.

Trata-se a hipótese de mora *ex re*, de maneira que deve o credor indicar ao Oficial qual o valor que deixou de ser pago e quais encargos decorrem da mora, a fim de poder o Oficial intimar o devedor para que pague, sob pena de ver seu inadimplemento relativo (mora) transformado em inadimplemento absoluto, com a consequente constituição/declaração da resolução contratual e cancelamento do registro.

Assim, deverá o credor requerente indicar o valor das prestações vencidas no momento do requerimento, e as vincendas entre o momento do requerimento e o do termo final para pagamento após a intimação, bem como os valores correspondentes a juros, correção monetária, multa e outros encargos que eventualmente se apliquem ao caso em virtude de estipulação contratual ou de previsão legal, inclusive eventuais valores correspondentes a tributos, contribuições condominiais ou contribuições de conservação e manutenção de loteamentos fechados ou de acesso controlado, pertinentes ao imóvel compromissado à venda, além de despesas ocasionadas pela mora do devedor, como as de cobrança, de intimação ou de registro do contrato que tenha sido feito pelo credor, a fim de possibilitar o procedimento extrajudicial.

Pode se tratar, assim, de compromisso de compra e venda a prazo ou à vista, desde que tenha havido mora no pagamento de parte ou de todo o preço, se for à vista, ou de alguma ou algumas parcelas, sendo a prazo.

O Oficial de Registro não entrará no mérito do cálculo, limitando-se a intimar o devedor para pagamento do valor apresentado pelo credor, que tem a responsabilidade civil e penal pela precisão do cálculo. Assim, não concordando o devedor com o cálculo, não poderá argumentar com o Registrador, salvo se se tratar de algum erro evidente, ou de inclusão de valores evidentemente indevidos. A discussão sobre a correção, matemática ou jurídica, do cálculo deverá ser judicial, sob o manto do contraditório. O devedor tem duas opções: ou paga, ou discute em juízo, requerendo ao Juiz ordem para suspender ou cancelar o procedimento extrajudicial, uma vez que, salvo ordem judicial, não pode o Oficial sequer dar solução de continuidade ao procedimento.

Embora nada seja dito na lei, parece que poderá o devedor provar ao Oficial, por documento hábil apenas, que já pagou as parcelas que são cobradas, hipótese em que não deverá o Oficial dar seguimento ao processo, devendo as partes sanar eventual dissenso junto ao Poder Judiciário.

O devedor será intimado pessoalmente, por si, por seu representante legal, ou por seu procurador se for o caso, para efetuar a purgação da mora, e evitar sua transformação e inadimplemento absoluto, no prazo de 30 dias úteis, devendo o credor indicar o(s) endereço(s) onde deverá(ão) ser feita(s) a intimação(ões).

Sendo o caso de intimação por meio de representante ou de procurador, deverá o credor fornecer ao Oficial documento originário ou em cópia autêntica de representação ou de procuração com poderes suficientes.

Para fins de intimação, deverão ser utilizadas as regras da citação e da intimação previstas no CPC, no que couberem aos procedimentos extrajudiciais despidos de contraditório, de modo que, por exemplo, as regras para intimação por hora certa ou por edital são as lá constantes.

A intimação deverá ser feita pessoalmente pelo Oficial de Registro de Imóveis, por meio de preposto seu ou por correio mediante carta registrada, com entrega em mãos próprias e com aviso de recebimento, ou, se assim preferir o Registrador Imobiliário, por meio de Oficial de Registro de Títulos e Documentos da localidade onde se situe o imóvel, ou onde resida o devedor caso seja diverso do local do imóvel.

Purgada a mora ao Oficial de Registro de Imóveis no trintídio após a intimação, dará ele quitação ao devedor no prazo de 3 dias e depositará o valor para o credor na conta bancária indicada no requerimento, ou, caso não haja tal informação, cientificará o credor de que a quantia está à sua disposição. Não é obrigatório, assim, o fornecimento da informação a respeito da conta bancária do credor para depósito em caso de purgação da mora, mas é conveniente que o Oficial a solicite por ocasião do requerimento inicial, a fim de facilitar o procedimento de devolução dos valores recebidos.

Embora a lei faça parecer que o pagamento deva somente dar-se no registro imobiliário, questão importante é a de saber se o pagamento diretamente ao credor existirá juridicamente e produzirá efeitos, mantendo em vigor o contrato de compromisso de compra e venda, ou não.

Trata-se o pagamento de ato real, ato-fato jurídico, portanto, de modo que importa para o deslinde da questão saber se o pagamento no Registro Imobiliário integra o suporte fático da norma jurídica como elemento essencial ou não.

Pelo teor da norma, pode parecer, em princípio, que sim. Aparenta, por ela, que somente o pagamento no Registro Imobiliário, dentro do procedimento administrativo de resolução, é que teria o efeito de purgar a mora.

Todavia, interpretação diversa parece ser a mais adequada, uma vez que se trata de direito patrimonial de interesse exclusivo das partes, de maneira que, se, por um lado o procedimento resolutório, sem acordo, é peremptório, por outro, parece que a questão de fundo, ou seja, do pagamento ao credor, sobrepõe-se ao modo do pagamento, de forma que o pagamento no Registro não seria, assim, elemento essencial do suporte fático da norma jurídica.

Parece-nos, assim, que não há óbice a que tal pagamento seja feito diretamente ao credor, caso em que estaria também purgada a mora. Há a possibilidade de o pagamento ser feito ao Oficial de Registro, mas essa possibilidade não impede o pagamento direto ao credor nem o invalida, uma vez que é ato-fato, e, portanto, não há vontade qualificada juridicamente nem formalidade compulsória.

Em tal caso, deve o credor comunicar o ocorrido ao Oficial e requerer a desistência do procedimento iniciado, ficando-lhe vedado requerer o cancelamento do registro do compromisso de compra e venda, sendo-lhe vedado, ainda, utilizar o procedimento resolutório extrajudicial então em curso para cobrança de eventual não pagamento de parcela vencida posteriormente ao pagamento. Nessa hipótese, deve haver novo procedimento administrativo.

Responderá o credor que não fizer as corretas comunicações ao Oficial de Registro, para que as providências adequadas sejam tomadas com base em atos jurídicos passados extrarregistralmente, e, com isso, gerar algum prejuízo ao devedor. O Oficial seria induzido a erro na hipótese, já que o pagamento se deu extrarregistralmente, sujeitando o credor às responsabilidades civil e criminal.

O pagamento pode ser feito não apenas da forma estipulada contratualmente mas também por outra que a lei preveja e que o credor aceite. Pode, por exemplo, o devedor dar outro bem em pagamento, ou pagar mediante novação, por exemplo.

Purgada a mora, mantém-se hígido o contrato, o qual segue seu curso normal.

Caso não haja o pagamento no trintídio, não havendo, portanto, a purgação da mora, haverá, então, sua conversão em inadimplemento absoluto com a constituição/declaração da resolução contratual, certificando o Oficial o ocorrido para proceder-se à intimação do credor para que deposite o valor dos emolumentos do ato de averbação de cancelamento a fim de que este seja feito.

A lei não estipula um prazo máximo para o aguardo do depósito dos emolumentos, de modo que há que se estabelecer um prazo razoável, após o qual somente por novo procedimento poderá haver o cancelamento. Parece-nos que, passados 30 dias úteis da intimação, já seria o caso de entender que, tacitamente, está o credor assentido com a continuidade da prestação, abrindo mão de seu direito potestativo à resolução, de modo que deverá ser encerrado o procedimento. Todavia, a questão não parece poder ficar sujeita a toda sorte de interpretações, devendo ser regulamentada por texto normativo.

Antes do depósito, não haverá a realização da averbação. O depósito funciona, aqui, como uma espécie de requerimento tácito para o ato, em ratificação no sentido de não haver mais interesse na prestação em mora, a fim de convertê-la em inadimplemento absoluto ocasionador da resolução contratual constituída/declarada.

Até o momento em que o inadimplemento relativo (mora) for convertido em inadimplemento absoluto, em razão da perda do interesse do credor em receber a prestação evidenciado pelo depósito dos emolumentos para o cancelamento, parece-nos possível efetuar o pagamento diretamente ao credor, se este ainda lhe servir.

É que, em tal hipótese, não teria havido ainda a extinção do contrato pela resolução, apesar da constituição e não purgação da mora, de modo que ainda seria possível às partes manterem o contrato em vigor, por meio do adimplemento ainda, evitando a resolução contratual e o cancelamento do registro.

O inadimplemento poderá ser definitivo,[111] quando houver impossibilidade de cumprimento da obrigação, ou, havendo a possibilidade de cumprimento, este não mais tiver utilidade para o credor (art. 475 do CC). Em tais hipóteses, a purgação da mora não mais será possível.

Entretanto, se o inadimplemento não for definitivo, isto é, se ainda for possível efetuar a prestação, e ainda houver utilidade para o credor recebê-la, poderá haver a purgação da mora mediante o pagamento, por parte do devedor, da prestação devida, acrescida dos encargos e indenização dos prejuízos gerados, nos termos do art. 401, I, do CC.[112]

Em regra, a opção é do credor, e não do devedor. Não tendo havido a purgação da mora no trintídio legal, não tem mais o devedor o direito de efetuar o pagamento da prestação. Se o inadimplemento for relativo (não definitivo), nasce

---

[111] Ver: AGUIAR JÚNIOR, Ruy Rosado de. *Extinção dos contratos por incumprimento do devedor*. 2. ed. Rio de Janeiro: Aide, 2003. p. 94-95; ASSIS, Araken de. *Resolução do contrato por inadimplemento*. 2. ed. São Paulo: Ed. RT, 1994. p. 93 e ss.

[112] Ver, a respeito: AZEVEDO, Álvaro Villaça. *Teoria geral das obrigações*. 9. ed. São Paulo: Ed. RT, 2001. p. 227-228.

para o credor o direito potestativo de resolver o contrato, bem como o de aceitar o pagamento, salvo estipulação legal em sentido contrário.[113]

Daí a razão pela qual entendemos ser possível a purgação da mora até o depósito dos emolumentos para o cancelamento do registro do contrato.

O valor dos emolumentos da averbação de cancelamento não se confunde com o valor dos emolumentos pelo procedimento administrativo ou pelas intimações, devendo cada qual ser cobrado segundo a legislação pertinente.

A certificação do Oficial servirá, ademais, como prova para a concessão da liminar em ação reivindicatória da posse.

O § 6º do art. 251-A fala em reintegração de posse, todavia parece-nos ser caso de reivindicação, visto que se trata de ter a posse como decorrência de uma relação jurídica existente e privar-se dela em razão da perda da relação jurídica que a sustentava. A posse decorria do direito real de aquisição, o qual deixou de existir, e em virtude disso é que o proprietário pede a posse. A discussão aqui é de *jus possidendi*, e não de *jus possessionis*. Conforme leciona Francisco Eduardo Loureiro, a "ação reivindicatória, espécie de ação petitória, com fundamento no *jus possidendi*, é ajuizada pelo proprietário sem posse, contra o possuidor sem propriedade".[114] É ação petitória, e não possessória, caso da reintegratória.

É de se lembrar que a resolução contratual decorre do exercício de um direito potestativo do credor, sendo, ademais, uma questão patrimonial privada, sobre a qual, portanto, têm as partes livre poder de disposição. Assim, pode o credor, a qualquer momento, retirar sua vontade de resolver o contrato e de cancelar o direito real existente. Até o momento em que haja a averbação do cancelamento, poderá o credor desistir do procedimento e manter a situação. Após o cancelamento, somente por novo contrato e novo registro poderá ressurgir a situação jurídica extinta.

Art. 11. (...)

"Art. 290-A. (...)

IV – o registro do título de transferência do direito real de propriedade ou de outro direito ao beneficiário de projetos de assentamento rurais promovidos pelo Instituto Nacional de Colonização e Reforma Agrária (Incra) com base nas Leis nº 4.504, de 30 de novembro de 1964, e 8.629, de 25 de fevereiro de 1993, ou em outra lei posterior com finalidade similar."

---

[113] Ver AGUIAR JÚNIOR, Ruy Rosado de. *Extinção dos contratos por incumprimento do devedor*. 2. ed. Rio de Janeiro: Aide, 2003. p. 95 e ss.

[114] PELUSO, Cezar. *Código Civil comentado*. Barueri: Manole, 2007. p. 1.044.

COMENTÁRIO

Por *Leonardo Brandelli*

A Lei 14.382/2022 ampliou o rol de atos gratuitos a serem praticados pelo Oficial de Registro de Imóveis ao inserir, no art. 290-A da Lei 6.015/1973, o inciso IV, que prevê a gratuidade do registro dos atos registrais imobiliários de transferência do direito real de propriedade ou outro direito à pessoa beneficiária da promoção da reforma agrária, nos termos das Leis 4.504/1964 e 8.629/1993.

Parece-nos inconstitucional o dispositivo, uma vez que o Estado obriga um particular – ainda que exercendo uma função pública, mas em caráter privado – a trabalhar sem remuneração, arcando com os custos dessa atuação, em benefício de outrem, o que é frontalmente contrário aos valores constitucionais. Ninguém pode ser obrigado a trabalhar sem remuneração, bem como ser obrigado a pagar os custos desse trabalho em prol de terceiros, por mais nobres que sejam as intenções.

Pretendendo prestar algum serviço gratuito à população, o Estado deve subsidiá-lo, de modo que a inconstitucionalidade, aqui, pode ser afastada pela criação de um fundo de compensação aos Oficiais de Registro de Imóveis para os atos gratuitos, nos moldes do estabelecido para a regularização fundiária de interesse social, no art. 73 da Lei 13.465/2017.

Art. 12. A Lei nº 6.766, de 19 de dezembro de 1979, passa a vigorar com as seguintes alterações:
"Art. 18. (...)
IV – (...)
a) dos cartórios de protestos de títulos, em nome do loteador, pelo período de 5 (cinco) anos;
b) de ações cíveis relativas ao loteador, pelo período de 10 (dez) anos;
c) da situação jurídica atualizada do imóvel; e
d) de ações penais contra o loteador, pelo período de 10 (dez) anos;
(...)
§ 6º Na hipótese de o loteador ser companhia aberta, as certidões referidas na alínea c do inciso III e nas alíneas a, b e d do inciso IV do *caput* deste artigo poderão ser substituídas por exibição das informações trimestrais e demonstrações financeiras anuais constantes do sítio eletrônico da Comissão de Valores Mobiliários.
§ 7º Quando demonstrar de modo suficiente o estado do processo e a repercussão econômica do litígio, a certidão esclarecedora de ação cível ou penal poderá ser substituída por impressão do andamento do processo digital."

COMENTÁRIO

Por *Leonardo Brandelli*

A alteração levada a cabo pela Lei 14.382/2022 no art. 18 da Lei 6.766/1979 reduziu o prazo de abrangência das certidões de protesto que devem ser apresentadas pelo loteador para a realização do registro especial a que têm que se submeter os loteamentos e desmembramentos.

A alínea *a* do inciso IV do citado art. 18 foi alterada para reduzir de 10 (dez) para 5 (cinco) anos o prazo compreendido pelas certidões de protesto que devem ser apresentadas pelo loteador ao Oficial de Registro, lembrando-se de que tais certidões devem se referir a todos aqueles que, no prazo de 5 anos, tiverem sido titulares de direito real sobre o imóvel loteado, bem como devem ser expedidas na comarca de situação do imóvel e, se distintas, naquelas onde domiciliados o loteador e os antecessores abrangidos pelo quinquênio.[115]

A alteração havida na alínea *b* do aludido inciso IV trocou a expressão "ações pessoais" por "ações cíveis", em nada alterando o conteúdo do comando legal.

As ações cíveis são gênero[116] que engloba as ações reais (previstas no inciso III, *b*, do art. 18, no rol de certidões que devem ser negativas) e as ações pessoais (estas previstas no inciso IV, *b*, cuja positividade da certidão não necessariamente conduz à impossibilidade do registro).

Assim, a alínea *b* do inciso IV do art. 18 refere-se às ações pessoais cíveis, uma vez que as ações reais cíveis estão já contempladas na alínea *b* do inciso III, de modo que a dicção anterior do dispositivo legal, que identificava a espécie faltante, parecia mais adequada do que a atual, que designa o gênero.

Continua sendo necessária, para o registro do loteamento ou do desmembramento, a apresentação das certidões cíveis, da Justiça Federal e Estadual, que demonstrem não haver ações reais referentes ao imóvel parcelando (se as houver, impedido estará o registro), e que demonstrem a inexistência, ou a existência (nesse caso, deverá ser provado que as ações não têm potencial de prejudicar os adquirentes de lotes – § 2º do art. 18), de ações pessoais contra o loteador e todos aqueles que, no prazo de 10 anos, tiverem sido titulares de direito real sobre o imóvel loteado, as quais devem ser expedidas na comarca de situação do imóvel e, se distintas, naquelas onde domiciliados o loteador e os antecessores abrangidos pelo decênio.

---

[115] Art. 18, § 1º, da Lei 6.766/1979, e item 176 do Capítulo XX das NSCGJSP.
[116] Veja-se: AMADEI, Vicente Celeste; AMADEI, Vicente de Abreu. *Como lotear uma gleba*: o parcelamento do solo urbano em seus aspectos essenciais (loteamento e desmembramento). 4. ed. Campinas: Millennium, 2014. p. 303.

No que diz respeito à alteração promovida na alínea *c*, tem-se que a expressão "de ônus reais relativos ao imóvel" foi substituída pela expressão "da situação jurídica atualizada do imóvel". Troca-se ônus, em seu sentido lato, por *situação jurídica*, também em sentido estendido.

Ônus reais, em sentido lato, é designação pouco precisa – conforme notou Amadei[117] –, que pretende referir fenômeno também explicado pela expressão *situação jurídica*. *Stricto sensu*, ônus designa a situação jurídica em que alguém deve tomar certa ação para que possa obter certo resultado, como ocorre, por exemplo, com o ônus de registrar determinado negócio jurídico para poder obter eficácia *erga omnes*. Não há, no ônus, a vinculação com o direito de alguém, como ocorre com o dever ou a obrigação, os quais correspondem a um direito, exigível ou não. Todavia, *lato sensu*, costuma-se utilizar o termo "ônus" para designar toda situação que gere uma desvantagem para alguém, como o "devedor" de um direito real ou obrigacional, o afetado por alguma constrição judicial ou administrativa etc.[118]

Situação jurídica, por seu turno, é expressão também utilizada aqui em seu sentido lato, implicando mais, portanto, alteração da posição do observador do que uma maior precisão técnica. Pretende indicar o dever de avaliar a condição jurídica completa do imóvel, com todas as situações jurídicas subjetivas publicizadas. Logo, o termo *situação jurídica* é utilizado aqui em seu sentido amplo, e não estrito.[119]

---

[117] AMADEI, Vicente Celeste; AMADEI, Vicente de Abreu. *Como lotear uma gleba*: o parcelamento do solo urbano em seus aspectos essenciais (loteamento e desmembramento). 4. ed. Campinas: Millennium, 2014. p. 305.

[118] *Ônus*, aqui, em seu sentido *lato*, de qualquer interesse contrário que possa afetar o direito inscrito, seja um direito real de garantia, *v.g.*, seja uma constrição judicial, seja um direito obrigacional com eficácia real. Não se utiliza aqui o termo ônus em seu sentido estrito, de comportamento que uma pessoa pode ou não adotar, segundo sua livre escolha, mas que deve adotar se desejar atingir certa situação jurídica, mas cujo comportamento não é exigível por outrem, o que o difere da obrigação (trata-se, aqui, do *ônus jurídico*, obrigacional), ou de dever de prestar algo, vinculado a um direito real, que limita a sua fruição (*ônus reais*). Veja-se, a respeito: NORONHA, Fernando. *Direito das obrigações*. 2. ed. São Paulo: Saraiva, 2007. p. 68-298.

[119] Conforme Betti, "*Fatti giuridici* sono pertanto i fatti ai quali il diritto attribuisce *rilevanza giuridica* nel senso di *mutare* le situazione ad essi preesistenti e di configurare situazione nuove, cui corrispondono nuove qualificazioni giuridiche. (...) La valutazione di un fatto come fatto giuridico si esprime per l'appunto nel ricolegare alla situazione prevista in cui esso incide (fattispecie) una situazione giuridica nuova, che si riporta a quella preesistente eda essa si svolge" (BETTI, Emílio. *Teoria generale del negozio giuridico*. 1. ristampa corretta della II edizione. Napoli: Scientifiche Italiane, 2002. p. 9-10. (Collana Università di Camerino)). A nomenclatura situação jurídica é usada aqui em sua conotação ampla, como "a resultante universal da aplicação duma norma jurídica". Em sentido estrito, engloba tão somente as "situações jurídicas subjetivas (...) situações de pessoas" (ASCENSÃO, José de Oliveira. *Direito civil*: teoria geral. Coimbra: Coimbra Editora, 2002. v. III, p. 11).

Trata-se aqui da certidão expedida pelo Registro de Imóveis, a qual relata todas as situações jurídicas que digam respeito ao imóvel e são oponíveis *erga omnes*, em razão da publicidade registral.

Para que as situações jurídicas possam obter eficácia *erga omnes*, devem elas ser publicizadas registralmente, natural que o registro do parcelamento exija que todas elas sejam analisadas juridicamente, a fim de que se possa perceber se há, ou não, algum impedimento ao registro, seja por incompatibilidade do parcelamento com a situação jurídica publicizada, seja porque a situação jurídica publicizada põe em risco o direito dos futuros adquirentes de lotes.

O § 6º, agora inserido no art. 18 da Lei 6.766.79, é alteração importante que deverá contribuir para facilitar o registro dos parcelamentos urbanos nos casos em que o loteador ou algum de seus antecessores seja uma companhia aberta, sem prejuízo para os adquirentes de lotes.

Em tal hipótese, as certidões de ações penais com respeito ao crime contra o patrimônio e contra a Administração Pública, as certidões dos cartórios de protestos de títulos, em nome do loteador, pelo período de 5 (cinco) anos, as certidões de ações cíveis relativas ao loteador, pelo período de 10 (dez) anos, e as certidões de ações penais contra o loteador, pelo período de 10 (dez) anos, poderão ser substituídas pela exibição das informações trimestrais e demonstrações financeiras anuais constantes do sítio eletrônico da Comissão de Valores Mobiliários. As demais certidões constantes dos incisos III e IV do art. 18 citado deverão ser apresentadas.

Nos termos do art. 4º da Lei 6.404/1976, "a companhia é aberta ou fechada conforme os valores mobiliários de sua emissão estejam ou não admitidos à negociação no mercado de valores mobiliários".

Assim, uma companhia aberta é uma sociedade por ações, registrada na Comissão de Valores Mobiliários (CVM), com títulos (ações, debêntures, bônus de subscrição etc.) negociados publicamente no mercado mobiliário (bolsa de valores, mercado de balcão etc.) para a obtenção de recursos.

A abertura de capital de uma sociedade por ações exige o seu registro na CVM, que é uma "entidade autárquica em regime especial, vinculada ao Ministério da Fazenda, com personalidade jurídica e patrimônio próprios, dotada de autoridade administrativa independente, ausência de subordinação hierárquica, mandato fixo e estabilidade de seus dirigentes, e autonomia financeira e orçamentária" (art. 5º da Lei 6.385/1976), a quem compete estimular a formação de poupança e a sua aplicação em valores mobiliários; promover a expansão e o funcionamento eficiente e regular do mercado de ações; e estimular as aplicações permanentes em ações do capital social de companhias abertas sob controle de capitais privados nacionais (art. 4º, I e II, da Lei 6.385/1976); assegurar o funcionamento eficiente e regular dos mercados da bolsa e de balcão; assegurar a observância de práticas comerciais equitativas no mercado de valores mobiliários; e assegurar a observância, no mercado, das condições de utilização de crédito fixadas pelo Conselho Monetário Nacional (art. 4º, III, VII e VIII, da Lei 6.385/1976); proteger os titulares de valores mobiliários e os investidores do mercado contra emissões irregulares de valores mobiliários, atos ilegais de administradores e acionistas controladores das companhias abertas, ou de administradores de carteira de valores mobiliários, e o uso de informação relevante não divulgada no mercado de valores mobiliários; evitar ou coibir modalidades de fraude ou manipulação destinadas a criar condições artificiais de demanda, oferta ou preço dos valores mobiliários negociados no mercado (art. 4º, IV e V, da Lei 6.385/1976); assegurar o acesso do público a informações sobre os valores mobiliários negociados e as companhias que os tenham emitido, regulamentando a Lei e administrando o sistema de registro de emissores, de distribuição e de agentes regulados (arts. 4º, VI, e 8º, I e II, da Lei 6.385/1976); e fiscalizar permanentemente as atividades e os serviços do mercado de valores mobiliários, bem como a veiculação de informações relativas ao mercado, às pessoas que dele participam e aos valores nele negociados, e impor penalidades aos infratores das Leis 6.404/1976 e 6.385/1976, das normas da própria CVM ou de leis especiais cujo cumprimento lhe incumba fiscalizar (arts. 8º, III e V, e 11, da Lei 6.385/1976).

Uma companhia aberta tem, assim, todos os seus dados publicamente disponibilizados pela CVM, em seu sítio público, de modo que informações sobre a saúde financeira da empresa, bem como de seus passivos, inclusive os judiciais, podem ser facilmente acessadas pelos interessados, e, por tal razão, e com acerto, parece-nos, permitiu o legislador que essas informações sejam levadas ao Oficial de Registro para que, com base nelas, decida sobre a viabilidade do registro, em substituição às certidões dispensadas.

Por fim, o § 7º acrescentado ao art. 18 da Lei 6.766/1979 tornou lei federal previsão que já existia em normas administrativas estaduais.[120]

A existência de certidões judiciais positivas, nas hipóteses dos incisos III e IV do art. 18, pode implicar a necessidade de o Oficial aprofundar a análise a respeito das ações existentes a fim de verificar se têm elas potencial de afetar os adquirentes de lotes, e, para tanto, mister pode se fazer a apresentação de certidões complementares, as chamadas certidões "de objeto e pé", as quais contêm informações mais completas a respeito dos feitos judiciais.

As certidões complementares não serão exigidas se, pelas informações constantes das certidões iniciais, for já possível constar se tratar de ação que, pela sua própria natureza, não tem qualquer repercussão econômica, ou, de outra parte, relação com o imóvel objeto do loteamento.

---

[120] Veja-se, por exemplo, o item 178 do Capítulo XX das NSCGJSP.

Contudo, nos casos em que as certidões complementares sejam essenciais, elas poderão ser substituídas pela impressão do andamento do processo digital, disponível nos sítios eletrônicos dos Tribunais, desde que essa impressão demonstre e esclareça de modo suficiente os elementos necessários para dissipar as dúvidas do Oficial, tais como o estado do processo, a repercussão econômica, a relação com o imóvel parcelando etc.

> **Art. 12.** (...)
> "Art. 19. O oficial do registro de imóveis, após examinar a documentação e se encontrá-la em ordem, deverá encaminhar comunicação à Prefeitura e fará publicar, em resumo e com pequeno desenho de localização da área, edital do pedido de registro em 3 (três) dias consecutivos, o qual poderá ser impugnado no prazo de 15 (quinze) dias corridos, contado da data da última publicação."

COMENTÁRIO

Por *Leonardo Brandelli*

A alteração efetivada no art. 19 da Lei 6.766/1976 esclarece, para que não haja dúvidas, que o prazo para impugnação do pedido de registro do desmembramento ou do loteamento, após a publicação do edital, é de 15 dias corridos, e não úteis – como eventualmente se poderia entender em razão da contagem de prazo em dias úteis nos Registros Públicos.

Qualificada positivamente a documentação, o Oficial de Registro deverá comunicar o Município a respeito do registro a se realizar, bem como deverá publicar edital do pedido de registro, com resumo e pequeno desenho da área parcelanda, com o intuito de levar o pedido a conhecimento público e oportunizar eventual impugnação à pretensão de registro no prazo de 15 dias corridos da última publicação.

O edital será publicado por 3 dias consecutivos, e, partir da última publicação, contar-se-ão os 15 dias corridos para impugnação. Havendo-a:

> (...) o Oficial do Registro de Imóveis intimará o requerente e a Prefeitura Municipal, ou o Distrito Federal quando for o caso, para que sobre ela se manifestem no prazo de 5 cinco) dias, sob pena de arquivamento do processo. Com tais manifestações o processo será enviado ao juiz competente para decisão. (art. 19, § 1º, da Lei 6.766/1979)

Não havendo impugnação, o Oficial registrará o empreendimento.

Art. 13. A Lei nº 8.935, de 18 de novembro de 1994, passa a vigorar com as seguintes alterações:
"Art. 7º (...)
§ 1º (...)
§ 2º É vedada a exigência de testemunhas apenas em razão de o ato envolver pessoa com deficiência, salvo disposição em contrário.
§ 3º (Vetado).
§ 4º (Vetado).
§ 5º Os tabeliães de notas estão autorizados a prestar outros serviços remunerados, na forma prevista em convênio com órgãos públicos, entidades e empresas interessadas, respeitados os requisitos de forma previstos na Lei nº 10.406, de 10 de janeiro de 2002 (Código Civil)."

 COMENTÁRIO

Por *Leonardo Brandelli*

A Lei 14.382/2022 inseriu o § 2º no art. 7º da Lei 8.935/1994, estabelecendo a vedação da exigência de testemunhas instrumentais, para os atos notariais, em razão de o ato envolver pessoa com deficiência, salvo se houver lei dispondo em contrário.

O Estatuto da Pessoa com Deficiência (Lei 13.146/2015) alterou o regime das incapacidades civis (arts. 6º, 84 e 114), estabelecendo a regra da plena capacidade das pessoas com deficiência, pouco importando se esta é física ou mental. Essas pessoas são consideradas vulneráveis, mas não incapazes.

Assim, elas são capazes, exceto se não puderem exprimir sua vontade, hipótese em que serão relativamente incapazes para certos atos (art. 85 do Estatuto da Pessoa com Deficiência).

Diante desse contexto, não há sentido em alguma exigência da presença de testemunhas em ato notarial que decorra do fato de algum dos participantes ser pessoa com deficiência. Se a pessoa com deficiência é capaz, ainda que a tomada de decisão seja apoiada, e mesmo que seja relativamente incapaz e esteja acompanhado de seu assistente, e uma vez que o Notário é profissional do direito imparcial e dotado de fé pública, não há sentido na exigência de testemunhas pelo fato do comparecimento da pessoa com deficiência.

Haverá, ou não, necessidade de testemunhas instrumentais conforme haja, ou não, tal exigência para o ato, independentemente de quem seja participante dele.

Há tempos, não mais é exigível, como regra, a presença de testemunhas instrumentais em atos notariais, o que é absolutamente compatível com a fé pública notarial, de modo que tal desnecessidade aplica-se também aos atos notariais em que haja a participação de pessoa com deficiência.

Há casos, entretanto, em que há a participação necessária de terceiros no ato notarial, por exigência legal, independentemente de a parte ser ou não pessoa com deficiência, e, nesses casos, evidentemente que o fato de haver portador de deficiência não terá o condão de afastar a exigência legal. Vejamos alguns exemplos.

O ato notarial que contenha manifestação de vontade, necessariamente, deve conter a assinatura das partes que manifestaram sua vontade, bem como daqueles que, embora não sejam partes no negócio jurídico entabulado, tenham comparecido para anuir com alguma situação jurídica.

Não sabendo assinar, ou estando impossibilitado de fazê-lo, deverá assinar pelo comparecente alguma outra pessoa, a seu rogo. Terceira pessoa assinará o ato notarial, a rogo daquele comparecente que não pode fazê-lo, devendo o tabelião consignar todo o ocorrido no corpo do ato notarial (art. 215, § 2º, do CC). O comparecente, nesse caso, deixará, no livro de notas, sua impressão digital.

Note-se que não apenas os que não saibam assinar poderão praticar ato notarial, assinando alguém a seu rogo, mas também aqueles que estiverem impossibilitados de fazê-lo, ainda que transitoriamente, embora saibam assinar, como uma pessoa que, em um acidente, tenha fraturado os membros superiores.

Por não ser propriamente testemunha do ato, basta que a pessoa que assine a rogo seja juridicamente capaz e de confiança do comparecente que não assina, não incidindo, nesse caso, as vedações impostas às testemunhas de atos jurídicos, constantes do art. 228, IV e V, do CC.

O art. 215, § 5º, do CC prevê hipótese em que poderá ser necessária a presença de testemunha no ato notarial.

A identificação, a qualificação e a análise da capacidade das partes e comparecentes da escritura também são formalidades obrigatórias a serem observadas em um ato notarial.

No que toca à identificação do comparecente, pode o tabelião lográ-la mediante documento válido de identificação, ou por meio de certificação de que conhece o comparecente. O tabelião tem fé pública e pode atestar a identidade do comparecente por conhecê-lo, se esse for o caso.

Se o notário não conhecer o comparecente, e este não puder identificar-se mediante a apresentação de algum documento de identificação, poderá o tabelião aceitar que duas testemunhas, devidamente identificadas, compareçam ao ato notarial para identificar o comparecente que não pode identificar-se (art. 215, § 5º, do CC).

Também nos testamentos públicos, por exemplo, haverá a necessidade de testemunhas, seja o testador pessoa com deficiência ou não (art. 1.864 do CC).

A Lei 14.382/2022 inseriu ainda, no art. 7º da Lei 8.935/1994, o § 5º, que estabelece que: "Os tabeliães de notas estão autorizados a prestar outros serviços remunerados, na forma prevista em convênio com órgãos públicos, entidades e empresas interessadas, respeitados os requisitos de forma previstos na Lei 10.406, de 10 de janeiro de 2002 (Código Civil)".

Parece que, além dos atos previstos nos incisos I a V do art. 7º, de atribuição privativa dos Notários, poderão estes praticar outros atos que, por lei, não sejam de atribuição exclusiva de outro profissional, sendo por eles remunerados, e não apenas reembolsados, havendo necessidade de previsão legal dessa remuneração, nos termos do art. 236 da CF e da Lei 10.169/2000.

A autorização para a prática desses atos, os quais não estão tipificados em lei e, portanto, parece, podem assumir as mais diversas matizes, desde que não esbarrem em atribuição exclusiva de outro profissional, decorre, diz a lei, de convênio com órgão público, entidades e empresas, isto é, de convênio formalizado com pessoas jurídicas de direito público e de direito privado, excluindo-se, imediatamente, convênios com pessoas naturais.

Causa espécie, primeiramente, que um oficial público possa praticar atos não previstos em lei que talvez sequer estejam relacionados com a atividade-fim para a qual foi outorgada a delegação. Feriria isso o regime constitucional de delegação? Haveria uma limitação hermenêutica a apenas atos relacionados com a atividade-fim notarial? São questões que a jurisprudência deverá responder ao devido tempo, mas que se colocam de imediato.

Parece-nos, aprioristicamente, que a prática de atos baseados em convênios celebrados com fulcro na autorização legal, mas de atos que tenham relação com a atividade-fim notarial e que não sejam de atribuição exclusiva de outro profissional, não padeceriam de qualquer antijuridicidade.

Há autorização legal para a celebração de convênios, e se os atos a serem acrescentados ao rol de atividade do Tabelião guardarem relação com a atividade notarial, não nos parece que haja ofensa ao regime constitucional de delegação.

Assim, por exemplo, não poderia, parece-nos, os Notários celebrar um convênio com a Coca-Cola para a venda de seus produtos nos Tabelionatos do Brasil, mas seria possível que celebrassem convênio com a CDHU para que os contratos de alienação de unidades autônomas de empreendimentos de cunho social fossem celebrados nos Tabelionatos de Notas, por instrumento particular, com as formalidades previstas no Código Civil.

Tampouco poderiam ser cobrados mediante convênio atos que constituam atos preparatórios ou de concreção de atos notariais, como a remessa dos atos notariais ao Registro de Imóveis quando seja o caso.

Outra questão interessante que se coloca é a de quem teria legitimidade para celebrar os convênios com as pessoas coletivas de direito público e privado. Seria cada Notário, individualmente, ou suas associações de classe? Haveria necessidade de participação do órgão correcional?

Parece que a ideia da lei é a de celebração de convênio entre entidades, e não por cada Tabelião individualmente, de modo que deverá ele ser celebrado pelas associações de Notários estaduais ou federal.

Uma vez que a autorização legal está dada, não nos parece que haja necessidade de intervenção do órgão correcional estadual ou federal, conforme seja o caso, todavia, evidentemente, o objeto do convênio está sujeito à atividade correcional, que poderá entender, por exemplo, que extrapola o objeto possível, de modo que se torna conveniente a participação do órgão correcional já para a celebração.

O fato de o convênio criar uma atividade que até então não existia não transforma a natureza jurídica da remuneração: ela segue sendo emolumentos, com natureza jurídica tributária, com todas as consequências que daí decorrem, em especial, a necessidade de sua previsão legal para cobrança, de modo que, após celebrado o convênio, deverá haver a criação de lei que preveja a possibilidade da cobrança e estabeleça o seu valor.

Art. 13. (...)
"Art. 30. (...)
XIV – observar as normas técnicas estabelecidas pelo juízo competente; e
XV – admitir pagamento dos emolumentos, das custas e das despesas por meio eletrônico, a critério do usuário, inclusive mediante parcelamento."

COMENTÁRIO

Por *Leonardo Brandelli*

Houve, com a novel lei ora em comento, a inserção do inciso XV no art. 30 da Lei 8.935/1994, o qual trata dos deveres dos Notários e Oficiais de Registro.

Inclui-se, entre os deveres de Notários e Registradores, o de aceitar pagamentos dos emolumentos, custas e despesas por meios eletrônicos, inclusive mediante parcelamento.

Os emolumentos são a remuneração do Notário ou do Oficial de Registro; as custas são os valores recebidos por eles, mas que devem ser repassados a certas entidades, geralmente estatais ou fundos de compensação; as despesas são aquelas que são feitas em nome do usuário que são de responsabilidade deste, de modo que devem ser reembolsadas ao Notário ou ao Oficial de Registro.

O dispositivo contempla dois comandos: (i) a aceitação de pagamento por meios eletrônicos, e (ii) a oferta da possibilidade de parcelamento.

Não há especificação de qual seja o meio eletrônico que deva ser aceito, de modo que qualquer deles atende ao dispositivo – cartão de débito, crédito, pix etc. Não há necessidade de que se aceitem todos os meios disponíveis, bastando um.

O parcelamento é opção do usuário do serviço notarial ou registral e deve estar disponibilizado. Não há, todavia, obrigação de que o parcelamento seja fornecido pelo próprio Tabelião ou Registrador, bastando que seja disponibilizado, por exemplo, pela operadora de cartão, às expensas do usuário.

A obrigação de disponibilizar a possibilidade de parcelamento para o usuário é do Oficial/Notário, mas não o é a obrigação de financiar. O financiamento é atividade econômica própria, com dinâmica e regulação próprias, que tem riscos próprios e custos de juros, correção e eventuais cláusulas penais, os quais deveriam ser cobrados pelo Tabelião ou Oficial, caso a eles fosse imposto o dever de financiar, o que não é o caso.

O financiamento poderá ser ofertado pela operadora de cartão, por exemplo, ou outra entidade financeira, e os seus custos serão suportados pelo usuário que tomar o financiamento para pagar os emolumentos notariais ou registrais.

A possibilidade do financiamento não é automática, estando sempre sujeita à análise de crédito por parte do concedente, que poderá recusar a concessão do financiamento caso o tomador não preencha os requisitos necessários para tanto.

Trata-se o financiamento de atividade própria, com cálculos próprios de risco e de remuneração, e cujo exercício de modo profissional está exclusivamente a cargo de entidades financeiras (Lei 4.595/1964), de maneira que seria vedada a Notários e Registradores a sua prática.

Ademais, não seria razoável eventual entendimento de que houvesse o dever de financiar sem remuneração, uma vez que, com os emolumentos, o delegatário manterá o funcionamento da serventia notarial ou registral e pagará os impostos devidos, lembrando-se de que as custas serão repassadas às entidades estatais, e as despesas são reembolsos por gastos já efetuados pelo delegatário.

Art. 14. A Lei nº 10.406, de 10 de janeiro de 2002 (Código Civil), passa a vigorar com as seguintes alterações:

"Art. 48-A. As pessoas jurídicas de direito privado, sem prejuízo do previsto em legislação especial e em seus atos constitutivos, poderão realizar suas assembleias gerais por meio eletrônico, inclusive para os fins do disposto no art. 59 deste Código, respeitados os direitos previstos de participação e de manifestação."

COMENTÁRIO

Por *Christiano Cassettari*

Resquício da pandemia da covid-19, quando o mundo todo foi surpreendido com a recomendação médica de não sair de casa e não poder se aglomerar nos escritórios e em reuniões presenciais, a norma resolve o problema dos muitos atos e negócios jurídicos que precisavam ser realizados de forma virtual, diante da impossibilidade da reunião presencial, mas que não tinham previsão legislativa que os autorizasse.

Assim, a lei inclui, no Código Civil vigente, o art. 48-A, para determinar que *todas as pessoas jurídicas de direito privado* estão autorizadas a realizar suas assembleias gerais por meio eletrônico, respeitados os direitos de participação e manifestação, previstos na legislação.

Excepcionalmente, os atos constitutivos podem proibir as assembleias gerais de serem realizadas por meio eletrônico, desde que o façam expressamente. Antes, a situação era inversa, pois, para ocorrer eletronicamente, somente se houvesse permissão expressa. Hoje, temos o oposto, sendo sempre permitido, a menos que o ato constitutivo o proíba expressamente.

> **Art. 14.** (...)
> "Art. 206-A. A prescrição intercorrente observará o mesmo prazo de prescrição da pretensão, observadas as causas de impedimento, de suspensão e de interrupção da prescrição previstas neste Código e observado o disposto no art. 921 da Lei nº 13.105, de 16 de março de 2015 (Código de Processo Civil)."

 COMENTÁRIO

Por *Christiano Cassettari*

A Lei 14.382/2022 incluiu, na Parte Geral do Código Civil vigente, na parte que trata dos prazos prescricionais, o art. 206-A, que trata da prescrição intercorrente. A prescrição intercorrente é uma ferramenta jurídica que impede que o processo, judicial ou administrativo, se perpetue para a eternidade. Ela possui a finalidade de cumprir o princípio constitucional da razoável duração do processo, previsto no art. 6º do CPC vigente. Assim, questionam-se duas coisas:

(i) Não deveria tal dispositivo ter sido incluído no Código de Processo Civil, que já possui diversas normas sobre prescrição, em vez do Código Civil, ainda que o instituto seja de direito material?

(ii) Essa norma seria uma espécie de "jabuticaba", aos ser inserida numa lei complexa, cujo objetivo é regular o sistema registral brasileiro?

Para que não fiquemos com essa ideia apontada no item anterior, é melhor acreditarmos que o instituto será aplicado aos processos administrativos que ocorrem dentro de uma serventia extrajudicial, como nos casos das retificações e usucapião, por exemplo, que deverão se submeter a tais regras, para que, a título de exemplo, qualquer reclamação sobre um registro ou ato feito com alguma informação errada seja de, no máximo de 3 (três) anos, nos moldes da regra contida no art. 22 da Lei 8.935/1994.

> **Art. 14.** (...)
> "Art. 1.142. (...)
> § 1º O estabelecimento não se confunde com o local onde se exerce a atividade empresarial, que poderá ser físico ou virtual.
> § 2º Quando o local onde se exerce a atividade empresarial for virtual, o endereço informado para fins de registro poderá ser, conforme o caso, o endereço do empresário individual ou o de um dos sócios da sociedade empresária.
> § 3º Quando o local onde se exerce a atividade empresarial for físico, a fixação do horário de funcionamento competirá ao Município, observada a regra geral prevista no inciso II do *caput* do art. 3º da Lei nº 13.874, de 20 de setembro de 2019."

COMENTÁRIO

Por *Christiano Cassettari*

A Lei 14.382/2022 incluiu, no Livro do Direito de Empresa, na Parte Especial do Código Civil vigente, três parágrafos ao art. 1.142.

O § 1º estabelece a distinção entre local onde se exerce a atividade empresarial e o estabelecimento, em decorrência de existir muita confusão na prática. São locais diferentes e não podem ser confundidos.

O *caput* do artigo conceitua estabelecimento como sendo o complexo de bens organizado, para exercício da empresa, por empresário, ou por sociedade empresária.

A atividade empresarial pode ser exercida dentro do estabelecimento ou fora dele, inclusive no "mundo virtual", fato esse que o legislador quis deixar bem claro.

Desse modo, o § 2º estabelece que, sendo virtual o local em que se exerce a atividade empresarial, para fins de registro, o endereço indicado pode ser o do empresário individual ou de um dos sócios da sociedade empresária.

Em mais uma "jabuticaba" na lei que modificou os registros públicos, o § 3º estabelece que, sendo físico o local em que a atividade empresarial é exercida, a fixação do horário de funcionamento competirá ao município.

Art. 14. (...)
"Art. 1.160. A sociedade anônima opera sob denominação integrada pelas expressões 'sociedade anônima' ou 'companhia', por extenso ou abreviadamente, facultada a designação do objeto social."

 COMENTÁRIO

Por *Christiano Cassettari*

A Lei 14.382/2022 alterou a redação do art. 1.160 do CC. Para compreendermos melhor as mudanças, vejamos a tabela a seguir:

Redação nova do artigo	Redação antiga do artigo
Art. 1.160. A sociedade anônima opera sob denominação integrada pelas expressões "sociedade anônima" ou "companhia", por extenso ou abreviadamente, facultada a designação do objeto social.	Art. 1.160. A sociedade anônima opera sob denominação ~~designativa do objeto social~~, integrada pelas expressões "sociedade anônima" ou "companhia", por extenso ou abreviadamente. ~~Parágrafo único. Pode constar da denominação o nome do fundador, acionista, ou pessoa que haja concorrido para o bom êxito da formação da empresa.~~

A ideia do dispositivo é deixar facultativa, e não obrigatória, a designação do objeto social na denominação da sociedade anônima. Por isso, a reformulação da redação, nos termos indicados na tabela anterior, que indica, inclusive, a revogação ao parágrafo único do dispositivo, que permitia constar, na denominação, o nome do fundador ou acionista, ou, ainda, pessoa que tenha concorrido para o bom êxito da empresa.

Art. 14. (...)
"Art. 1.161. A sociedade em comandita por ações pode, em lugar de firma, adotar denominação aditada da expressão 'comandita por ações', facultada a designação do objeto social."

 COMENTÁRIO

Por *Christiano Cassettari*

A Lei 14.382/2022 alterou a redação do art. 1.161 do CC. Para compreendermos melhor as mudanças, vejamos a tabela a seguir:

Redação nova do artigo	Redação antiga do artigo
Art. 1.161. A sociedade em comandita por ações pode, em lugar de firma, adotar denominação aditada da expressão "comandita por ações", facultada a designação do objeto social.	Art. 1.161. A sociedade em comandita por ações pode, em lugar de firma, adotar denominação ~~designativa do objeto social~~, aditada da expressão "comandita por ações"

A ideia do dispositivo é deixar facultativa, e não obrigatória, a designação do objeto social na denominação dada na constituição de uma sociedade em comandita por ações, permitindo que, em lugar de firma, seja adotada denominação aditada da expressão "comandita por ações". Por isso a reformulação da redação, nos termos indicados na tabela anterior.

Art. 14. (...)
"Art. 1.358-A. (...)
§ 2º Aplica-se, no que couber, ao condomínio de lotes:
I – o disposto sobre condomínio edilício neste Capítulo, respeitada a legislação urbanística; e
II – o regime jurídico das incorporações imobiliárias de que trata o Capítulo I do Título II da Lei nº 4.591, de 16 de dezembro de 1964, equiparando-se o empreendedor ao incorporador quanto aos aspectos civis e registrários."

 COMENTÁRIO

Por *Leonardo Brandelli*

O art. 1.358-A do CC, inserido pela Lei 13.456/2017, inseriu, no ordenamento jurídico, a possibilidade de instituição de um condomínio edilício de lotes.

Em algumas unidades da Federação, antes mesmo da existência do citado art. 1.358-A, existia já o entendimento acerca da possibilidade jurídica de um empreendimento com supedâneo nos arts. 8º da Lei 4.591/1964 e 3º do Dec.-lei 271/1967. Havia uma equiparação das obras de infraestrutura do loteamento à construção exigida no art. 8º da Lei 4.591/1964, para o condomínio edilício.

Foi, todavia, com a inserção do art. 1.358-A do CC que se extirpou o dissenso doutrinário e jurisprudencial, e passou-se a admitir, de maneira pacífica, a existência de um condomínio de lotes no ordenamento jurídico, em que os lotes são as unidades autônomas.

O § 2º do artigo ora em comento, em sua redação original, estipulava somente que "aplica-se, no que couber, ao condomínio de lotes o disposto sobre condomínio edilício neste Capítulo, respeitada a legislação urbanística", o que levou alguns a defender a aplicação da Lei 6.766/1979, mormente em razão do conteúdo do art. 2º, § 7º, daquele texto legal.

A nova redação do § 2º deixa mais claro o fato de que se trata de um condomínio edilício, em que a unidade autônoma é a porção de solo, e que, portanto, se aplicam as regras atinentes aos condomínios edilícios, e não as atinentes ao parcelamento do solo.

Consiste o condomínio de lotes em um tercium genus entre o condomínio edilício puro e o loteamento. Trata-se de uma espécie de condomínio edilício em que as unidades autônomas são porções de solo de propriedade privativa, e não construções.

A unidade autônoma é o lote, a porção de solo de propriedade privativa do condômino. Áreas de uso comum serão as vias de comunicação (as quais são privadas, não consistindo em vias públicas), muros, guaritas, obras de infraestrutura (iluminação, tubulação de água potável, pluvial, de esgoto etc.), equipamentos comunitários etc.

Em um terreno maior, passa a haver porções de terreno de propriedade privativa (as unidades autônomas) e porções de área comum (vias de circulação, praças etc.).

Veja-se que, ao contrário do que possa parecer, unidades autônomas sem construção não são propriamente uma novidade no ordenamento jurídico, visto que já existiam, antes do condomínio de lotes. É o caso das vagas de garagem que são unidades autônomas sem construção, ou apenas construção do piso, e, muitas vezes, são áreas externas ao prédio existente, nas quais poderá ser feita construção (ex.: depósito), inclusive diferentes entre si, se a convenção permitir, sem necessidade de alterar os cálculos do condomínio.

O chamado condomínio de lotes é espécie de condomínio edilício, ao qual se aplicam a Lei 4.591/1964 e o Código Civil, e não a Lei 6.766/1979. Trata-se de condomínio horizontal, em que a unidade autônoma consiste em uma porção de solo, a qual, apesar de ter sido chamada de *lote*, não se confunde com o lote de um loteamento ou desmembramento. Ambos são lotes no sentido de serem porções de solo de propriedade exclusiva, mas cada qual com seu regramento legal próprio.

O fato de a Lei 6.766/1979 prever o condomínio de lotes em seu texto (art. 2º, § 7º) não altera o ora exposto, mas o confirma, uma vez que o citado texto apenas distinguiu o condomínio de lotes do loteamento, estabelecendo que é condomínio.

Trata-se de espécie de condomínio edilício, e como tal, sujeito ao registro de incorporação imobiliária, o que é agora explicitado pelo inciso II do § 2º do art. 1.358-A do CC.

O registro da incorporação imobiliária é necessário para que possa o empreendedor vender unidades (lotes) antes ou durante implantação, sob pena de responder civil e criminalmente, aplicando-se os arts. 28 e seguintes da Lei 4.591/1964.

O registro da incorporação imobiliária na matrícula do imóvel, tal qual em qualquer condomínio edilício, exigirá a apresentação dos documentos previstos no art. 32 da Lei 4.591/1964, no que for aplicável, sendo as futuras unidades autônomas os "lotes", isto é, as porções de solo objeto de propriedade exclusiva.

A obrigação do incorporador será a de executar a implantação da infraestrutura, e não a de construir prédios de habitação, de modo que a construção de que fala o art. 28 da Lei 4.591/1964 é a referente às obras de infraestrutura.

Trata-se de uma incorporação imobiliária ordinária, que conduz ao futuro condomínio edilício, incidindo, normalmente, o regramento incorporativo, de modo que, por exemplo, o prazo para concretização da incorporação (180 dias) vigerá, bem como poderá o incorporador valer-se da carência e da desistência (arts. 33 e 34).

Sendo espécie de condomínio edilício, está sujeito o condomínio de lotes ao registro de instituição de condomínio edilício, o qual poderá ser direto se não houver venda antes ou durante realização do empreendimento.

Somente pode ser feito o registro da instituição do condomínio após a conclusão das obras de infraestrutura, as quais devem ser averbadas com apresentação de documento municipal certificando a conclusão, e CND do INSS.

As futuras construções serão averbadas na matrícula de cada unidade autônoma e não estão limitadas a certa área ou a certo projeto. São livres, dentro das regras urbanísticas e condominiais estabelecidas. É que, uma vez que a unidade autônoma é a porção de solo, e não a acessão, a construção, ou reforma, não altera os cálculos do condomínio nem a fração ideal, os quais levam em conta a área da unidade, que é o "lote".

Art. 14. (...)
"Art. 1.510-E. (...)
II – se a construção-base for reconstruída no prazo de 5 (cinco) anos."

COMENTÁRIO

Por *Leonardo Brandelli*

A alteração promovida no art. 1.510-E do CC corrige erro de redação, não gerando nenhuma alteração no regramento da matéria.

O art. 1.510-E trata da extinção do direito real de laje, tendo sido inserido pela Lei 13.465/2017, e a sua redação original era a seguinte:

A ruína da construção-base implica extinção do direito real de laje, salvo:

I – se este tiver sido instituído sobre o subsolo;

II – se a construção-base não for reconstruída no prazo de cinco anos.

Parágrafo único. O disposto neste artigo não afasta o direito a eventual reparação civil contra o culpado pela ruína.

Evidentemente, havia, no inciso II, um erro de redação, visto que rezava que o direito de laje seria extinto em caso de ruína da construção-base, salvo se ela não fosse reconstruída no prazo de cinco anos, quando, obviamente, o que se queria dizer é que seria o direito extinto, exceto se a construção-base fosse reconstruída no prazo de cinco anos. É isso que se corrige agora.

Havendo a ruína da construção-base, haverá a extinção do direito real de laje, exceto se, no prazo decadencial de cinco anos, for ela reconstruída, hipótese em que se mantém o direito de laje, não sendo, portanto, extinto.

O art. 62 do Decreto 9.310/2018, que regulamentou a Lei 13.465/2017, havia feito já a correção da impropriedade, todavia o erro permanecia no Código Civil até a presente correção implementada pela Lei 14.382/2022.

> **Art. 15.** A Lei nº 11.977, de 7 de julho de 2009, passa a vigorar com as seguintes alterações:
> "Art. 37. Os serviços de registros públicos de que trata a Lei nº 6.015, de 31 de dezembro de 1973 (Lei de Registros Públicos) promoverão a implantação e o funcionamento adequado do Sistema Eletrônico dos Registros Públicos (Serp), nos termos da Medida Provisória nº 1.085, de 27 de dezembro de 2021."
> Art. 38. Os documentos eletrônicos apresentados aos serviços de registros públicos ou por eles expedidos deverão atender aos requisitos estabelecidos pela Corregedoria Nacional de Justiça do Conselho Nacional de Justiça, com a utilização de assinatura eletrônica avançada ou qualificada, conforme definido no art. 4º da Lei nº 14.063, de 23 de setembro de 2020.
> § 1º Os serviços de registros públicos disponibilizarão serviços de recepção de títulos e de fornecimento de informações e certidões em meio eletrônico.
> § 2º Ato da Corregedoria Nacional de Justiça do Conselho Nacional de Justiça poderá estabelecer hipóteses de admissão de assinatura avançada em atos que envolvam imóveis."

 COMENTÁRIO

Por *Christiano Cassettari*

O art. 15 da Lei 14.382/2022 altera os arts. 37 e 38 da Lei 11.977, de 7 de julho de 2009, que trata do Programa Minha Casa, Minha Vida – PMCMV e a regularização fundiária de assentamentos localizados em áreas urbanas, para adequá-los às demais normas que também foram modificadas pela criação do Serp, pois essa central influencia todo o sistema, e muitas regras precisam ser repetidas em outras leis, para revogar artigos contrários e adequar a regra às especificidades de cada lei, a fim de termos um sistema harmônico.

Assim, a nova redação que o art. 37 da Lei 11.977/2009 ganhou é idêntica à descrita no art. 4º da lei ora comentada (Lei 14.382/2022), para determinar aos Oficiais de Registros Públicos (de todas as especialidades envolvidas na central) que promovam a implantação e o funcionamento adequando ao Serp, disponibilizando informações de seus acervos.

Já a nova redação que o art. 38 da Lei 11.977/2009 ganhou é muito similar à do anterior da citada norma, pois lembra seus fundamentos, e à regra descrita no art. 17 da Lei 6.015/1973, alterado e atualizado com a regra do art. 11 dessa lei ora comentada (Lei 14.382/2022), pois estabelece que o trânsito de informações e documentos dentro da central deve ser realizado com base em assinatura eletrônica avançada ou qualificada e ter os parâmetros de segurança estabelecidos pelo CNJ, para que seja possível receber e enviar documentos eletrônicos na central, motivo pelo qual teremos que aguardar a regulamentação dessa norma, que será feita administrativamente por Ato da Corregedoria Nacional de Justiça do Conselho Nacional de Justiça.

> **Art. 16.** O art. 54 da Lei nº 13.097, de 19 de janeiro de 2015, passa a vigorar com as seguintes alterações, numerado o parágrafo único como § 1º:
> "Art. 54. (...)
> II – averbação, por solicitação do interessado, de constrição judicial, de que a execução foi admitida pelo juiz ou de fase de cumprimento de sentença, procedendo-se nos termos previstos no art. 828 da Lei nº 13.105, de 16 de março de 2015 (Código de Processo Civil);
> (...)
> IV – averbação, mediante decisão judicial, da existência de outro tipo de ação cujos resultados ou responsabilidade patrimonial possam reduzir seu proprietário à insolvência, nos termos do inciso IV do *caput* do art. 792 da Lei nº 13.105, de 16 de março de 2015 (Código de Processo Civil).
> § 1º Não poderão ser opostas situações jurídicas não constantes da matrícula no registro de imóveis, inclusive para fins de evicção, ao terceiro de boa-fé que adquirir ou receber em garantia direitos reais sobre o imóvel, ressalvados o disposto nos arts. 129 e 130 da Lei nº 11.101, de 9 de fevereiro de 2005, e as hipóteses de aquisição e extinção da propriedade que independam de registro de título de imóvel.
> § 2º Para a validade ou eficácia dos negócios jurídicos a que se refere o *caput* deste artigo ou para a caracterização da boa-fé do terceiro adquirente de imóvel ou beneficiário de direito real, não serão exigidas:

I – a obtenção prévia de quaisquer documentos ou certidões além daqueles requeridos nos termos do § 2º do art. 1º da Lei nº 7.433, de 18 de dezembro de 1985; e

II – a apresentação de certidões forenses ou de distribuidores judiciais."

COMENTÁRIO

Por *Leonardo Brandelli*

O direito registral imobiliário brasileiro adota o princípio da fé pública registral, como decorrência da aplicação do princípio da tutela da aparência jurídica.[121]

A solução sistêmica derivada da lei de registros públicos e da Constituição Federal parecia-nos adequada e suficiente para a correta adoção da fé pública registral em sua plenitude, todavia, ao legislador pareceu importante tratar do tema em novo texto legal fornecido pela Lei 13.097/2015, o qual, pretendendo reforçar a aplicação da fé pública registral e da chamada concentração registral, por ora assim o fez, mas, em algum momento, parece ter conteúdo pernicioso para tal intento.

A publicidade registral imobiliária é espécie de publicidade jurídica, e disso decorre a fundamentação essencial para a compreensão dos seus efeitos.

Sempre que determinada situação jurídica tiver a potencialidade de afetar a esfera jurídica de terceiros que não a integraram, haverá a necessidade de publicizar essa situação jurídica,[122] para que ditos terceiros possam conhecê-la e, por conseguinte, ser irradiados pela sua eficácia.[123]

A eficácia *erga omnes* não pode decorrer da vontade das partes integrantes da relação jurídica sem que os terceiros a ela tenham acesso.[124] Ninguém pode ser obrigado a respeitar aquilo que não lhe foi dado a conhecer.

---

[121] Para aprofundar, veja-se: BRANDELLI, Leonardo. *Registro de imóveis*: eficácia material. Rio de Janeiro: Forense, 2016.

[122] A função da publicidade é a de "tornar conhecidas certas situações jurídicas, precipuamente quando se refletem nos interêsses de terceiros. (...) Relações jurídicas existem que exigem ser respeitadas por terceiros, sendo imperiosa a necessidade da criação de um órgão, de um sistema capaz de possibilitar êsse conhecimento *erga omnes*" (SERPA LOPES, Miguel Maria de. *Tratado dos registros públicos*. 6. ed. Brasília: Brasília Jurídica, 1996. p. 7-8).

[123] Veja-se respeito: MAYNZ, Charles. *Cours de Droit romain*. Paris: A. Durand & Pedone-LAuriel, 1891. t. I. p. 726; CORNEJO, Américo Atílio. *Curso de Derechos reales*: parte general. Salta: Salta Virtudes, 2005. p. 189.

[124] BEVILÁQUA, Clóvis. *Código Civil dos Estados Unidos do Brasil*. Rio de Janeiro: Rio de Janeiro, s/d. v. I. 7. tir. p. 1.013.

Os direitos, as pretensões, assim como as ações e exceções de Direito material, existem no mundo jurídico após juridicizados pela incidência da norma jurídica e são notados pela sua aparência. Entretanto, conforme salientado, há situações jurídicas que aparentam *ser*, e *não são*, bem como há situações jurídicas que *são* sem *aparentarem ser*. Cabe ao Direito minimizar essa discrepância, o que ele faz por meio da publicidade.[125]

A necessidade de tornar cognoscíveis as relações jurídicas que produzam, ou devam produzir, efeitos perante terceiros – seja de caráter real, seja de caráter pessoal – é uma realidade jurídica que sempre esteve presente ao longo da evolução do Direito.

Desse essencial princípio jurídico, decorre que, sempre que determinado direito – real ou obrigacional – deva ser oponível *erga omnes*, necessariamente deverá ele ser publicizado para que atinja tal intento.[126] Sem a publicidade, o direito não ultrapassará os limites da eficácia *inter partes*.[127]

Se a "produção de certa consequência jurídica não for, nem puder ser, conhecida pelas pessoas sobre as quais a sua repercussão é possível ou constitui uma eventualidade, tudo deve se passar, para essas mesmas pessoas, como se dita consequência se não tivesse produzido".[128]

Não há – ou não deve haver – direitos oponíveis a terceiros que não participaram da relação jurídica que fez nascer a situação de direito, sem que esta seja dada a conhecer àqueles. Não há direitos reais ou pessoais com eficácia real[129] sem publicidade.

---

[125] A "aparência do fato e do efeito, ou só de efeito, pode ser falsa: não existiu o fato, ou não se judicizou (...), ou não se produziu o efeito, a despeito da aparência. (...) às vezes há o ser que não aparece, e há o que aparece sem ser. A técnica jurídica tenta, com afinco, obviar a esse desajuste entre a realidade jurídica e a aparência" (PONTES DE MIRANDA, F. C. *Tratado de Direito privado*. 3. ed. Rio de Janeiro: Borsoi, 1971. t. XI. § 1.221. p. 233).

[126] É o princípio da publicidade a que se refere Witz, o qual, se descumprido, pode levar a uma situação de aparência em que a boa-fé do adquirente será tutelada (WITZ, Claude. *Droit privé allemand*: actes juridiques, droits subjectifs: BGB, parte générale: loi sur les conditions générales d'affaires. Paris: Litec, 1992. p. 120).

[127] Nesse sentido, observa José Tavares que é "intuitiva a necessidade reclamada pela ordem jurídica de dar publicidade aos actos susceptíveis de produzir efeitos para com terceiros, sob pena de tais efeitos não se considerarem produzidos, enquanto não forem cumpridas as formalidades destinadas a levá-los ao conhecimento de todos os interessados" (TAVARES, José apud GONZÁLEZ, José Alberto. *A realidade registral predial para terceiros*. Lisboa: Quid Juris, 2006. p. 17).

[128] GONZÁLEZ, José Alberto. *A realidade registral predial para terceiros*. Lisboa: Quid Juris, 2006. p. 17.

[129] Não apenas os direitos reais podem ser absolutos por serem oponíveis *erga omnes*, mas também certos direitos pessoais com eficácia real, como certos direitos de preempção,

A quebra de tal norma implicaria solução não razoável e afetaria a estabilidade e a segurança das situações jurídicas, excedendo os limites do tolerável em uma sociedade minimamente organizada.[130] Seria catastrófico para a previsibilidade, a estabilidade e a fluidez das relações sociais.

O instituto da publicidade torna determinada situação acessível a toda a coletividade, significando isso dizer que confere ele cognoscibilidade da situação publicizada, isto é, torna-a passível de ser conhecida por aqueles que assim desejarem, não significando, entretanto, que produza ele conhecimento, de fato, efetivo, que passa a ser desnecessário – e juridicamente presumido. O efeito do conhecimento efetivo dependerá de uma atuação positiva de vontade do destinatário da publicidade, o qual é, em princípio, indeterminado.

Da cognoscibilidade decorre a *oponibilidade* – produção de efeitos da situação jurídica publicizada em relação a terceiros que dela não participaram, arguível pelas partes em relação aos terceiros –, bem como a *utilizabilidade* ou a *invocabilidade* – possibilidade de os terceiros invocarem contra as próprias partes o objeto da publicidade.[131]

Tem-se, pois, que o efeito geral mínimo da publicidade é o de tornar certa situação jurídica oponível a terceiros que não participaram da relação jurídica que

---

por exemplo. Obrigações com eficácia real são aquelas obrigações que, sem perder o seu caráter pessoal, isto é, sem se converter em direitos reais, têm, entretanto, absolutividade, têm eficácia *erga omnes*. São, no dizer de Noronha, *direitos mistos*, em que predominam os elementos obrigacionais (NORONHA, Fernando. *Direito das obrigações*. 2. ed. São Paulo: Saraiva, 2007. p. 303). O Direito "permite a atribuição de 'eficácia real' a determinados direitos de crédito, que se tornam oponíveis a terceiros mediante a inscrição no registro" (COSTA, Mário Júlio de Almeida. *Direito das obrigações*. 8. ed. rev. e aum. Coimbra: Almedina, 2000. p. 110). Lembra Varela que a relatividade do Direito obrigacional não obsta *"a)* a que a lei considere excepcionalmente oponíveis a terceiros algumas relações que, na sua essência, são autênticas *relações obrigacionais. b)* a que a relação de crédito, na sua *titularidade*, constitua um valor *absoluto*, como tal oponível a terceiros" (VARELA, João de Matos Antunes. *Das obrigações em geral*. 9. ed. Coimbra: Almedina, 1996. v. I. p. 178-179). Não se deve confundir a *obrigação com eficácia real* com a *obrigação real* ou *propter rem* – aquelas que são acessórias a um direito real, isto é, que se impõem a quem seja titular de um direito real –, tampouco com a *eficácia real* dos contratos – o efeito que possa ter o contrato de criar, por si só, um direito real, em sistemas de causalidade absoluta, como na França (veja-se, a respeito: NORONHA, Fernando. *Direito das obrigações*. 2. ed. São Paulo: Saraiva, 2007. p. 295-308). Sobre as obrigações reais, afirma Almeida Costa que são "ligadas a direitos reais, de maneira que a pessoa do devedor se individualiza pela titularidade do direito real" (COSTA, Mário Júlio de Almeida. *Direito das obrigações*. 8. ed. rev. e aum. Coimbra: Almedina, 2000. p. 110).

[130] GONZÁLEZ, José Alberto. *A realidade registral predial para terceiros*. Lisboa: Quid Juris, 2006. p. 75.

[131] Veja-se, a respeito: PEDRÓN, Antonio Pau. *La publicidad registral*. Madrid: Fundacion Beneficentia Et Peritia Iuris, 2001. p. 325 e ss.

a criou, como decorrência da cognoscibilidade produzida, embora possa algum meio publicitário ir além, agregando outros efeitos, *v.g.*, o efeito saneante.

O efeito mínimo gerado pela publicidade registral, o qual decorre mesmo da sua própria natureza e características, é o da eficácia *ultra partes*.

Nesse sentido, tem-se, no Registro de Imóveis, uma instituição específica e especializada para dar publicidade eficiente a determinadas situações jurídicas sobre imóveis, que devam ser oponíveis a terceiros,[132] sendo reconhecida atualmente, em todo o mundo, como o mais eficaz instrumento de publicidade.[133]

O direito imobiliário publicizado – ainda que indiretamente, uma vez que o que se publiciza, geralmente, é o fato jurídico do qual decorre o direito –, primeiro, presume-se (de modo relativo, no direito brasileiro, como regra) pertencer àquele que consta na publicização como seu titular, com o conteúdo lá constante, e, segundo, passa a ser oponível *erga omnes*, de modo que o seu titular possa exercer plenamente todas as faculdades jurídicas que o Direito lhe confere, opondo-o a terceiros.

Assim, todas as situações jurídicas imobiliárias com vocação para irradiação de efeitos para além das partes integrantes da relação jurídica podem – e devem – ser publicizadas no Registro Imobiliário para que possam irradiar efeitos *ultra partes*. Nesse sentido, a Lei 6.015/1973 estabelece tal possibilidade (seja por meio de previsões expressas, como as do art. 167, seja por meio de uma cláusula geral, como a do art. 246) juntamente com previsões em leis extravagantes como o CPC, por exemplo, às quais juntou-se a Lei 13.097/2015, a qual veio a ratificar, no inciso II do art. 54, possibilidade já prevista na legislação processual e, no inciso IV, veio a explicitar possibilidade também já existente como decorrência sistêmica registral jungida ao poder geral de cautela de que é dotado o Juiz.

Como se disse, todas as situações jurídicas imobiliárias que pretendam ter eficácia *ultra partes* devem ser publicizadas registralmente, sem o que não serão oponíveis a terceiros adquirentes de boa-fé. Sem a oponibilidade, o terceiro de boa-fé será tutelado e não poderá ser surpreendido por situação jurídica a que não conhecia nem tinha o dever legal de conhecer.

É comum a proteção do terceiro adquirente de boa-fé, apesar da presunção *juris tantum* gerada pelo registro, com vistas à segurança jurídica dinâmica, efeito resultante da aparência jurídica derivada da publicidade.

---

[132] Segundo Berdejo, "La publicidad registral (...) versa fundamentalmente sobre las mutaciones de los derechos absolutos (...)" (BERDEJO, José Luis Lacruz. *Derecho inmobiliario registral*. Barcelona: Bosch, 1959. p. 4).

[133] A publicidade registral imobiliária é adotada hoje em mais de 185 países, incluindo-se todos os países democráticos que tenham um mínimo de organização institucional. Todos os países desenvolvidos possuem um sistema registral imobiliário (disponível em: <http://espanol.doingbusiness.org/data/exploretopics/registering-property>. Acesso em: 23/02/2013).

A eventual desconformidade da publicidade com a realidade jurídica gera uma aparência jurídica (irreal, juridicamente falando), que será protegida pelo ordenamento jurídico em razão da publicidade, diante da necessidade de tutela do aspecto dinâmico dos direitos subjetivos.

Quando há a aquisição do direito por um terceiro de boa-fé, o ordenamento jurídico faz ser real, para o terceiro, o que não era (e continua não sendo para as próprias partes, bem como para terceiros de má-fé).

Por haver uma presunção relativa em relação ao publicizado (efeito da publicidade jurídica), se houver algum descompasso entre o que foi publicizado e o que há juridicamente na realidade, poderá esse descompasso ser corrigido enquanto o direito aparente não ingressar no tráfico jurídico. A partir desse momento, entretanto, para o terceiro adquirente de boa-fé, passará a haver uma presunção absoluta (efeito da tutela da aparência jurídica), sendo ele protegido em sua aquisição.

Vê-se, pois, que a tutela da dinâmica dos direitos subjetivos não é propriamente conferida pela publicidade, mas, em razão dela, pela tutela da aparência, que determinará a proteção da confiança no direito publicizado.

A cognoscibilidade, gerada pela publicidade registral imobiliária, de uma situação jurídica que *não* é – porque contém um vício de existência, validade ou eficácia não perceptível – põe, no tráfico jurídico, o direito decorrente dessa situação, que, a partir daí, em nome da segurança do tráfico, precisa ser tutelado pelo instituto da aparência, por conta da publicidade havida, e não propriamente pela publicidade, que tutela as situações publicizadas – juridicamente.

A proteção do terceiro dá-se, dessa forma, não pela publicidade, mas pela tutela da aparência, por causa da publicidade enganosa que gerou a aparência jurídica.[134]

Visto que a publicidade registral gera uma presunção – embora relativa – de que o conteúdo do registro é correto, em decorrência da qualificação registral, bem como da característica da fé pública registral, gerando oponibilidade e invocabilidade em relação a terceiros, enquanto seu conteúdo não for retificado, estão os terceiros autorizados pelo ordenamento jurídico a confiar no conteúdo da publicidade. Se, portanto, ela não corresponder à realidade jurídica, irá gerar uma aparência jurídica, que, se tiver levado algum terceiro a despender recursos por nela confiar, deverá ser tutelada.

Ademais, uma vez que a oponibilidade decorre da publicidade registral, e não de outro fato, basta conhecimento dessa publicidade para que o terceiro tome ciência das situações jurídicas que lhe são oponíveis, sendo, assim, desnecessária,

---

[134] Leciona Almeida que a boa-fé do terceiro que confia na aparência dada pelo registro, no caso de o publicizado não corresponder à realidade, deve ser protegida (ALMEIDA, Carlos Ferreira de. *Publicidade e teoria dos registros*. Coimbra: Almedina, 1966. p. 278).

para a caracterização da boa-fé desse terceiro, a busca por certidões de feitos ajuizados, protestos, ou outras quaisquer, consoante preconizado no art. 54, § 2º, da Lei 13.097/2015.

Mais difícil, por parecer uma quebra sistêmica, é a previsão da parte final do § 1º do art. 54 da citada lei, cuja redação é a seguinte:

> Não poderão ser opostas situações jurídicas não constantes da matrícula no registro de imóveis, inclusive para fins de evicção, ao terceiro de boa-fé que adquirir ou receber em garantia direitos reais sobre o imóvel, ressalvados o disposto nos arts. 129 e 130 da Lei nº 11.101, de 9 de fevereiro de 2005, e as hipóteses de aquisição e extinção da propriedade que independam de registro de título de imóvel.

A parte inicial do parágrafo apenas explicita a fé pública registral imobiliária, exarada, como se viu, antes de uma previsão legal expressa, de uma hermenêutica sistêmica acerca da publicidade registral e da tutela da aparência jurídica.

Todavia, a parte final do parágrafo parece romper com a fé pública registral, admitindo oponibilidade fora do sistema formal de publicidade, a fim de tornar quase letra morta o § 2º, pois, se o parágrafo significar que há exceções à regra da oponibilidade decorrente da publicidade registral, então a certidão registral não será suficiente, porque as informações processuais (a respeito de eventual recuperação judicial ou falência, ou de aquisições extrarregistrais) de crédito (protestos, tributos, ações trabalhistas etc.) importam, assim como importa a vistoria a respeito da posse do imóvel, sem o que não se caracterizaria a boa-fé, apesar do que reza o aludido § 2º.

Não nos parece, contudo, que a melhor interpretação seja essa. Há que se buscar uma hermenêutica sistemática e coerente, adequada ao respeito aos institutos estabelecidos.

Mesmo nas hipóteses em que a aquisição ou a extinção do direito real ocorra fora do Registro Imobiliário, é a publicidade registral que promove a sua oponibilidade, de modo que, até nessas situações, somente poderão elas serem oponíveis a terceiros, antes da sua publicidade, em casos em que ou haja o seu conhecimento concreto pelo terceiro, ou haja o afastamento da boa-fé por outra circunstância, como ter havido aquisição do bem, pelo terceiro, por algum valor sabidamente bastante mais baixo do que o valor de mercado.

É dizer: em relação às aquisições extrarregistrais de direitos reais imobiliários, somente haverá a incidência da parte final do § 1º quando estiver afastada a boa-fé do terceiro adquirente, ou pelo conhecimento efetivo – apesar da falta de cognoscibilidade em virtude da não publicidade – ou por outra razão, sem o que deverá prevalecer a oponibilidade registral (art. 252 da LRP) que levou o terceiro à situação de boa-fé, sob pena de quebra do sistema de proteção do tráfico jurídico.

Mesmo no caso da usucapião imobiliária, em que a publicidade possessória – conjugada ou não com outros elementos, *v.g.*, o justo título – leva à aquisição da propriedade imóvel, ela não é suficiente para tornar referida aquisição oponível a terceiros, dependendo essa oponibilidade *erga omnes*, bem como a disponibilidade como direito de propriedade, de sua publicidade registral (arts. 167 e 169 da LRP).

Na aquisição da propriedade imobiliária pela usucapião ou pelo direito sucessório, a publicidade registral é declarativa, e não constitutiva como sói ser.

A publicidade registral imobiliária em relação aos direitos reais, no Direito brasileiro, possui, em rigor, eficácia constitutiva,[135] isto é, tem o efeito de fazer nascer certo direito como decorrência da publicidade de determinado fato jurídico que lhe sirva de causa.[136]

Para ilustrar, cite-se o caso de doação de um imóvel de A para B, em que o momento do registro no Registro Imobiliário significa o instante da execução do negócio de transmissão, cuja eficácia contratual supera a esfera obrigacional e ingressa na esfera dos direitos reais, constituindo-se, por meio desse registro, o direito de propriedade para B. Antes do registro, há mera obrigação de transmitir a propriedade e vontade de transmiti-la – uma vez que, no Direito brasileiro, como observado, a manifestação volitiva obrigacional contém também, ainda que de forma não expressa, a manifestação de vontade do negócio jurirreal de transmissão, pois a obrigação é um processo voltado para o adimplemento. Nesse caso, a propriedade continua tendo A por titular.

Excepcionalmente em matéria de direitos reais imobiliários, entretanto, o direito é constituído fora do registro, porém, nesses casos, é o registro que confere eficácia contra todos, bem como disposição como direito real. Embora o direito já exista, é o registro que irá lhe conferir oponibilidade a terceiros e disponibilidade; antes do registro, haverá apenas eficácia *inter partes*.

Antes do registro, há inoponibilidade, como decorrência dos arts. 167, I, 28 e 24, 169 e 252 da LRP.

Apesar de, nesses casos, o registro não ser constitutivo do direito adquirido, ele é declarativo, tendo o efeito de oponibilizar a situação jurídica adquirida *erga omnes*, eficácia que inexiste até então, de modo que o que não é oponível não pode prevalecer sobre o que é oponível.

O registro consistirá não em constituição do direito de propriedade do imóvel usucapido para aquele que o usucapiu, pois esse direito já foi adquirido, mas, sim,

---

[135] Art. 1.227 do CC.
[136] Veja-se, a respeito da separação relativa (vinculação relativa da causa) entre o plano obrigacional e o real: SILVA, Clóvis do Couto e. *A obrigação como processo*. São Paulo: José Bushatsky, 1976. p. 52 e ss.

em publicizar referido direito de propriedade, conferindo-lhe efeitos *erga omnes* como direito de propriedade imobiliário, bem como disponibilidade como um direito de propriedade imobiliário.

Pode-se dizer, eufemisticamente, que, para terceiros, o direito adquirido somente nascerá com o registro, uma vez que, nesse momento, nascerá a oponibilidade *erga omnes*, e não antes. O que havia antes não era oponível a terceiros, que devem ser protegidos, salvo se lhes faltar a boa-fé, ou porque conheciam a aquisição prévia por outros meios que não o registral, ou porque a boa-fé é afastada por outra causa, por exemplo, a aquisição graciosa do bem.

O mesmo se dá com o direito de propriedade adquirido em decorrência do direito sucessório, por força do *droit de saisine*.

Note-se que as aquisições extrarregistrais encontram todos os meios possíveis de publicidade registral, com o fim de oponibilizar o direito que se acredita ter adquirido extrarregistralmente, não apenas após confirmada a aquisição (art. 167, I, 24, 25, 28, da LRP) mas também durante eventual curso de reconhecimento (arts. 167, I, 21, II, 12, e 246 da LRP e art. 54 da Lei 13.097/2015).

No que diz respeito às situações decorrentes dos arts. 129 e 130 da Lei de Recuperação e Falências, há que se analisar cada uma especificamente.

Em relação ao art. 130, o qual dispõe que "são revogáveis os atos praticados com a intenção de prejudicar credores, provando-se o conluio fraudulento entre o devedor e o terceiro que com ele contratar e o efetivo prejuízo sofrido pela massa falida", evidentemente não há tutela do terceiro registral adquirente porque a incidência do artigo exige já o afastamento da boa-fé do adquirente.

Há aqui uma aplicação do sistema de tutela do adquirente, o qual não é protegido no caso porque lhe falta a boa-fé.

No que toca ao art. 129, a questão é mais complexa e deve ser analisada em cada uma de suas possibilidades de incidência. São as seguintes as disposições do aludido artigo, quanto ao Registro de Imóveis:

> São ineficazes em relação à massa falida, tenha ou não o contratante conhecimento do estado de crise econômico-financeira do devedor, seja ou não intenção deste fraudar credores:
>
> (...)
>
> III – a constituição de direito real de garantia, inclusive a retenção, dentro do termo legal, tratando-se de dívida contraída anteriormente; se os bens dados em hipoteca forem objeto de outras posteriores, a massa falida receberá a parte que devia caber ao credor da hipoteca revogada;
>
> IV – a prática de atos a título gratuito, desde 2 (dois) anos antes da decretação da falência;
>
> V – a renúncia à herança ou ao legado, até 2 (dois) anos antes da decretação da falência; (...)

VII – os registros de direitos reais e de transferência de propriedade entre vivos, por título oneroso ou gratuito, ou a averbação relativa a imóveis realizados após a decretação da falência, salvo se tiver havido prenotação anterior.

Em primeiro lugar, o inciso VII, juntamente com o art. 215 da LRP, veda a prática de ato registral – nulificando-o, caso seja feito – de títulos de disposição protocolados após a decretação da falência, a qual será comunicada pelo Juiz ao Oficial de Registro (art. 99, X, da LF).

Aqui não se trata de questão de oponibilidade/inoponibilidade, visto que não há título registrado, mas a registrar, de modo que se trata de mera impossibilidade de registrar sem autorização judicial título que se pretende, não havendo que se falar em terceiro registral e de sua tutela, de modo que essa previsão em nada excepciona o sistema de proteção ora analisado.

O mesmo se diga em relação ao eventual cancelamento de atos registrais em razão dos incisos IV e V *supra*: não ofende o sistema de proteção ao terceiro registral de boa-fé, decorrente da publicidade registral, porque se trata de atos gratuitos, para os quais é afastada a boa-fé registral.[137]

Não há aqui uma quebra do sistema de proteção instituído, de modo que, a rigor, sequer deveria estar arrolado como exceção à regra. Trata-se de incidência da regra, segundo a qual não se tutelará o terceiro registral se não estiver de boa-fé, sendo a aquisição gratuita uma das hipóteses em que a boa-fé é afastada.

Exceção verdadeira à proteção do terceiro registral é somente aquela inserta no inciso III *supra*, isto é, a da ineficácia da garantia real instituída dentro do termo legal[138] da falência para garantir dívida anterior ao termo legal.

Aqui haverá um conflito entre um terceiro adquirente de boa-fé do direito de garantia e o eventual cancelamento posterior do ato por questões não publicizadas registralmente e, portanto, não oponíveis a terceiros, mas enquadradas no tipo lega do art. 129, III, da LF.

Aqui a lei parece clara em determinar a prevalência da LF em relação à proteção registral, de modo que há uma exceção, verdadeiramente, ao sistema de tutela do terceiro registral adquirente de boa-fé.

Tal possibilidade constituiu espécie de *hidden charge*,[139] a qual faz que a pessoa que recebe uma garantia real de uma pessoa jurídica não possa se contentar com

---

[137] Veja-se, a respeito: BRANDELLI, Leonardo. *Registro de imóveis: eficácia material*. Rio de Janeiro: Forense, 2016.
[138] Art. 99, II, da LF.
[139] Todas as situações jurídicas imobiliárias oponíveis a terceiros devem ser publicizadas, com raras exceções de oponibilidades que decorrem da lei, e que devem ser mantidas ao mínimo possível. São os *overriding interests*, do Direito inglês, de que trata S. Rowton Simpson, sobre

as informações registrais, devendo ampliar sua análise para informações extrarregistrais a respeito de uma possível iminente falência do devedor, hipótese que poderá levar à perda da garantia real.

Art. 17. O § 1º do art. 76 da Lei nº 13.465, de 11 de julho de 2017, passa a vigorar com a seguinte redação:
"Art. 76. (...)
§ 1º O procedimento administrativo e os atos de registro decorrentes da Reurb serão feitos por meio eletrônico, nos termos dos arts. 37 a 41 da Lei nº 11.977, de 7 de julho de 2009."

COMENTÁRIO

Por *Leonardo Brandelli*

A nova redação repete a redação original, dada pela própria Lei 13.465/2017.

Uma vez que os arts. 37 a 41 da Lei 11.977/2009 instituíram o Sistema Eletrônico dos Registros Públicos (Serp), agora tratado nos arts. 3º a 9º da Lei

---

os quais adverte que "are a blemish on the principle that the register should be complete, and they should be kept to a minimum. Though some overriding interests are inevitable in any system, others are debatable" (SIMPSON, S. Rowton. *Land law and registration*. Cambridge: Cambridge University Press, 1976. Book 1. p. 16-19). Os *overriding interests* são "A right in land which binds a purchaser of registered land, despite not being protected on the register of title" (THOMPSON, Mark P. *Modern land law*. 4. ed. Oxford: Oxford University Press, 2009. p. XLVIII). Ainda, conforme Simpson, "Certain rights and liabilities affecting land which it is not practicable to register but which, though not registered, must nevertheless retain their validity" (SIMPSON, S. Rowton. *Land law and registration*. Cambridge: Cambridge University Press, 1976. Book 1. p. 18). Embora essas cargas ocultas decorram sempre da lei, ainda que indiretamente, Simpson afirma que podem decorrer elas, imediatamente, de dois tipos de situação: "(1) *Rights which may be ascertained by inspection of the property or by enquiry of the occupier (...). (2) Liabilities arising under statute (...)*" (SIMPSON, S. Rowton. *Land law and registration*. Cambridge: Cambridge University Press, 1976. Book 1. p. 18, grifo do original). Complementa o autor asseverando que todas as ocorrências que afetam uma situação jurídica imobiliária devem constar no registro imobiliário, a fim de que possam ser prontamente verificadas mediante uma certidão. Conforme alerta o *Alde Group Seminar*, as chamadas *hidden charges* existem em todos os sistemas registrais europeus, embora deva pretender-se aboli-las em nome da segurança do tráfico (ALDE GROUP SEMINAR. European property law rights and wrongs. *European Land Registry Association – ELRA Annual Publication* [S.l.], n. 4, p. 100-103, 2011). As situações jurídicas imobiliárias oponíveis a terceiros e não publicizadas no registro imobiliário não são aceitas pacificamente em um sistema de registro de direitos, eis que maculam o sistema e a segurança do tráfico.

14.382/2022, entre os quais se encontra o Sistema de Registro Eletrônico de Imóveis (SREI) nos termos do art. 76 da Lei 13.465/2017, natural que se pretenda digitalizar todos os procedimentos registrais, não apenas os relativos aos registros de títulos mas também aqueles que dizem respeito aos processos administrativos registrais, incluindo-se a regularização fundiária.

Igualmente, os processos de regularização fundiária deverão ser levados a cabo em meio eletrônico, e não físico, devendo haver a possibilidade de apresentação do pedido e de encaminhamento de documentos pela via eletrônica, bem como o andamento processual e a prática final de eventuais atos registrais devem ser conduzidos em ambiente do Serp.

A nova realidade registral é a eletrônica, ambiente em que devem ser produzidos, processados e executados todos os pedidos de atuação do Oficial de Registro, tolerando-se a forma física apenas durante o momento de transição de um sistema para outro.

CAPÍTULO IV
Disposições Transitórias e Finais

Art. 18. A data final do cronograma previsto no inciso II do *caput* do art. 7º desta Lei não poderá ultrapassar 31 de janeiro de 2023.

COMENTÁRIO

Por *Christiano Cassettari*

Como visto anteriormente, os sistemas eletrônicos integrados ao Serp serão por tipo de registro público ou de serviço prestado. Uma vez que existe a necessidade da adesão de todos os estados a essa central, que possui cunho nacional, as diferenças regionais terão que ser levadas em consideração para se conseguir o objetivo da norma. Por esse motivo, caberá à Corregedoria Nacional de Justiça do Conselho Nacional de Justiça disciplinar o disposto nos arts. 37 a 41 e 45 da Lei 11.977, de 7 de julho de 2009, e o disposto nessa lei, em vários aspectos, sobretudo quanto ao cronograma de implantação do Serp e do registro público eletrônico dos atos jurídicos em todo o País, que poderá considerar as diferenças regionais e as características de cada registro público. O art. 18 estabelece que o prazo máximo para tudo isso ocorrer é 31 de janeiro de 2023, para que não se perca de vista o êxito desejado, prazo esse que reputamos ser totalmente insuficiente, diante da complexidade das regras criadas, o que nos faz esperar – e crer – que ele será prorrogado, para que as coisas possam ser feitas sem atropelo.

Art. 19. O disposto no art. 206-A da Lei n° 6.015, de 31 de dezembro de 1973 (Lei de Registros Públicos), deverá ser implementado, em todo o território nacional, no prazo de 150 (cento e cinquenta) dias, contado da data de entrada em vigor desta Lei.

 COMENTÁRIO

Por *Leonardo Brandelli*

O presente artigo estabelece uma *vacatio legis* de 150 dias para a entrada em vigor da nova sistemática de cobrança dos emolumentos no Registro de Imóveis, regulamentada no art. 206-A da LRP, a cujos comentários se remete o leitor.

Art. 20. Ficam revogados:
I – a alínea o do *caput* do art. 32 da Lei n° 4.591, de 16 de dezembro de 1964;

 COMENTÁRIO

Por *Christiano Cassettari*

O art. 32 da Lei de Condomínios e Incorporações (Lei 4.591/1964) trata dos documentos que devem instruir o memorial de incorporação a ser encaminhado para registro no Registro Imobiliário. A revogação da alínea eliminou o requisito atestado de idoneidade financeira, fornecido por estabelecimento de crédito que opere no País há mais de cinco anos.

Art. 20. (...)
II – o art. 12 da Lei n° 4.864, de 29 de novembro de 1965;

 COMENTÁRIO

Por *Christiano Cassettari*

Foi revogado o art. 12 da Lei de Estímulo à Indústria da Construção Civil (Lei 4.864/1965), que elevava para 180 (cento e oitenta) dias o prazo de validade de registro da incorporação a que se refere o art. 33 da Lei 4.591, de 16 de dezembro de 1964.

Art. 20. (...)
III – os seguintes dispositivos da Lei nº 6.015, de 31 de dezembro de 1973 (Lei de Registros Públicos):
a) §§ 3º, 4º, 5º e 6º do art. 57;

 COMENTÁRIO

Por *Christiano Cassettari*

A Lei 14.382/2022 criou o § 3º-A no art. 57 da LRP, estabelecendo regra nova sobre a retomada do nome anterior do companheiro ou da companheira em razão do fim da união estável. Por esse motivo, revogou o § 3º que existia anteriormente nesse dispositivo, com a seguinte redação:

> § 3º O juiz competente somente processará o pedido, se tiver expressa concordância do companheiro, e se da vida em comum houverem decorrido, no mínimo, 5 (cinco) anos ou existirem filhos da união. (Incluído pela Lei nº 6.216, de 1975)

Foram revogados também os §§ 4º, 5º e 6º, que tratavam de assuntos não mais vigentes, em decorrência das modificações de outras leis, e que tinham as seguintes redações:

> (...)
> § 4º O pedido de averbação só terá curso, quando desquitado o companheiro, se a ex-esposa houver sido condenada ou tiver renunciado ao uso dos apelidos do marido, ainda que dele receba pensão alimentícia. (Incluído pela Lei nº 6.216, de 1975)
> § 5º O aditamento regulado nesta Lei será cancelado a requerimento de uma das partes, ouvida a outra. (Incluído pela Lei nº 6.216, de 1975)
> § 6º Tanto o aditamento quanto o cancelamento da averbação previstos neste artigo serão processados em segredo de justiça. (Incluído pela Lei nº 6.216, de 1975)

Art. 20. (...)
b) §§ 2º, 3º e 4º do art. 67;

 COMENTÁRIO

Por *Christiano Cassettari*

Foram revogados os §§ 2º, 3º e 4º do art. 67 da LRP, artigo esse que trata das regras do processo de habilitação do casamento, em razão do art. 11 da Lei 14.382/2022, conforme comentários feitos anteriormente, para eliminar a fixação dos editais de proclamas na sede da serventia, pois eles devem ser publicados eletronicamente apenas, bem como dispensou seu encaminhamento ao Ministério Público como regra, já que isso se dará excepcionalmente, e mudou o prazo dos editais de proclamas, que antes era de 15 dias e agora passou a ser de 5 dias, período esse que impede a continuidade da habilitação, pois se aguarda oposição de impedimentos ou causas suspensivas por alguém.

Art. 20. (...)
c) § 1º do art. 69;

 COMENTÁRIO

Por *Christiano Cassettari*

Foi revogado o § 1º do art. 69 da LRP, que permitia a dispensa da publicação dos editais de proclamas no casamento quando um dos nubentes tinha praticado crimes contra os costumes contra o outro (em especial o estupro), em razão de o Código Penal não prever mais a possibilidade de o casamento com o estuprador ser uma das causas de extinção da punibilidade, fazendo que esse dispositivo não tivesse mais o menor cabimento de estar no sistema.

Art. 20. (...)
d) inciso IV do *caput* do art. 127;

 COMENTÁRIO

Por *Christiano Cassettari*

Foi revogado o inciso IV do art. 127 da LRP, que permitia ser registrado, no Cartório de Títulos e Documentos, o contrato de penhor de animais não compreendido nas disposições do art. 10 da Lei 492/1937, para ter eficácia *erga omnes*.

Art. 20. (...)
e) item 2º do *caput* do art. 129;

COMENTÁRIO

Por *Christiano Cassettari*

Foi revogado o item 2º do *caput* do art. 129 da LRP, que determinava a necessidade do registro no Cartório de Títulos e Documentos para produzir efeitos, perante terceiros, dos documentos decorrentes de depósitos, ou cauções, feitos em garantia de cumprimento de obrigações contratuais, ainda que em separado dos respectivos instrumentos.

Art. 20. (...)
f) art. 141;

COMENTÁRIO

Por *Christiano Cassettari*

Foi revogado o art. 141 da LRP, que permitia, sem prejuízo do disposto no art. 161 da mesma lei, que o Oficial do Cartório de Registro de Títulos e Documentos, de forma facultativa, efetuasse o registro por meio de microfilmagem, desde que, por lançamentos remissivos, com menção ao protocolo, ao nome dos contratantes, à data e à natureza dos documentos apresentados, sendo os microfilmes havidos como partes integrantes dos livros de registro, nos seus termos de abertura e encerramento.

Art. 20. (...)
g) art. 144;

COMENTÁRIO

Por *Christiano Cassettari*

Foi revogado o art. 144 (*caput* e parágrafo único) da LRP. O dispositivo estabelecia que o registro de contratos de penhor, caução e parceria seria feito com declaração do nome, profissão e domicílio do credor e do devedor, valor da dívida, juros, penas, vencimento e especificações dos objetos apenhados, pessoa em poder de quem ficam, espécie do título, condições do contrato, data e número de ordem, e que, nos contratos de parceria, eram considerados credor o parceiro proprietário e devedor o parceiro cultivador ou criador.

Art. 20. (...)
h) art. 145;

 COMENTÁRIO

Por *Christiano Cassettari*

Foi revogado o art. 145 da LRP, que permitia a qualquer dos interessados levar a registro os contratos de penhor ou caução.

Art. 20. (...)
i) art. 158;

 COMENTÁRIO

Por *Christiano Cassettari*

Foi revogado o art. 158 da LRP, que exigia o reconhecimento de firma dos outorgantes nas procurações apresentadas no Cartório de Registro de Títulos e Documentos.

Art. 20. (...)
j) §§ 1º e 2º do art. 161;

 COMENTÁRIO

Por *Christiano Cassettari*

Foram revogados os §§ 1º e 2º do art. 161 da LRP, artigo esse que trata das certidões emitidas pelo Cartório de Registro de Títulos e Documentos. O § 1º permitia que o apresentante do título para registro integral poderia também deixá-lo arquivado em cartório ou a sua fotocópia, autenticada pelo oficial, circunstâncias que seriam declaradas no registro e nas certidões. Já o § 2º permitia que, havendo acúmulo de trabalho, um dos suboficiais poderia ser autorizado pelo Juiz, a pedido do oficial e sob sua responsabilidade, a lavrar e subscrever certidão.

Art. 20. (...)
k) inciso III do *caput* do art. 169;

Por *Christiano Cassettari*

O inciso III do art. 169 da LRP estabelecia que o registro dos contratos de locação de prédios, nos quais tenha sido consignada cláusula de vigência no caso de alienação da coisa locada (previsto no nº 3 do inciso I do art. 167), e a averbação do contrato de locação, para os fins de exercício de direito de preferência (prevista no nº 16 do inciso II do art. 167) seriam efetuados no cartório onde o imóvel esteja matriculado mediante apresentação de qualquer das vias do contrato, assinado pelas partes e subscrito por duas testemunhas, bastando a coincidência entre o nome de um dos proprietários e o locador. O ato agora deve ser praticado no cartório da situação do imóvel, que nem sempre se é o mesmo donde o bem está registrado, conforme explicado anteriormente.

Art. 20. (...)
l) incisos I, II, III e IV do *caput* do art. 198;

Por *Christiano Cassettari*

Foram revogados os incisos I, II, III e IV do art. 198 da LRP, que estabelece sobre o que poderá ser feito se for dada nota de devolução pelo Oficial Registrador Imobiliário do título prenotado, com nota de exigência.

Art. 20. (...)
IV – (vetado);
V – a Lei nº 9.042, de 9 de maio de 1995;

COMENTÁRIO

Por *Christiano Cassettari*

A Lei 9.042, de 9 de maio de 1995, foi revogada integralmente, pois ela possuía apenas um único artigo, que alterou a redação do art. 121 da LRP. Como a Lei 14.382/2022 modificou a redação desse artigo da LRP, para evitar qualquer tipo de conflito, a citada norma teve que ser revogada, para que não permanecesse o conteúdo antigo em nenhuma norma do sistema.

Art. 20. (...)
VI – da Lei nº 10.406, de 10 de janeiro de 2002 (Código Civil):
a) o inciso VI do *caput* do art. 44;

 COMENTÁRIO

Por *Christiano Cassettari*

Foi revogado o inciso VI do art. 44 do Código Civil de 2002, para retirar do rol de pessoa jurídica de direito privado a Eireli (Empresa Individual de Responsabilidade Limitada).

Art. 20. (...)
b) o Título I-A do Livro II da Parte Especial;

COMENTÁRIO

Por *Christiano Cassettari*

Como foi revogado o inciso VI do art. 44 do Código Civil de 2002, para retirar do rol de pessoa jurídica de direito privado a Eireli, foi necessário revogar também o art. 980-A do citado código, único artigo do Título I-A do Livro II da Parte EspArt. 20. (...)ecial, que normatizava as regras da Eireli.

Art. 20. (...)
c) o art. 1.494;

COMENTÁRIO

Por *Christiano Cassettari*

Foi revogado o art. 1.494 do Código Civil de 2002, que tratava sobre o registro da hipoteca e estabelecia que não seriam registradas, no mesmo dia, duas hipotecas, ou uma hipoteca e outro direito real, sobre o mesmo imóvel, em favor de pessoas diversas, salvo se as escrituras, do mesmo dia, indicassem a hora em que foram lavradas.

Art. 20. (...)
VII – o art. 2º da Lei nº 12.441, de 11 de julho de 2011, na parte em que altera, da Lei nº 10.406, de 10 de janeiro de 2002 (Código Civil):
a) o inciso VI do *caput* do art. 44; e
b) o Título I-A do Livro II da Parte Especial;

 COMENTÁRIO

Por *Christiano Cassettari*

Como foi revogado o inciso VI do art. 44 do Código Civil de 2002, para retirar do rol de pessoa jurídica de direito privado a Eireli e também o art. 980-A do citado código, único artigo do Título I-A do Livro II da Parte Especial, que normatizava as regras da Eireli, foi necessário revogar o art. 2º da Lei 12.441, de 11 de julho de 2011, pois foi ele que introduziu os citados dispositivos revogados no Código Civil.

Art. 20. (...)
VIII – o art. 32 da Lei nº 12.810, de 15 de maio de 2013; e

 COMENTÁRIO

Por *Christiano Cassettari*

O art. 32 da Lei 12.810, de 15 de maio de 2013, foi revogado, pois ele alterou o nº 30 do inciso II do art. 167 da LRP, que teve essa redação alterada pela Lei 14.382/2022. A citada norma teve que ser revogada para que não permanecesse o conteúdo antigo em nenhuma norma do sistema, evitando, assim, qualquer tipo de conflito.

Art. 20. (...)
IX – o art. 43 da Lei nº 14.195, de 26 de agosto de 2021.

 COMENTÁRIO

Por *Christiano Cassettari*

Como foi o art. 43 da Lei 14.195, de 26 de agosto de 2021, que tinha dado a redação vigente dos arts. 48-A, 206-A, 1.142, 1.160 e 1.161, todos do CC, e a Lei 14.382/2022 alterou o conteúdo de todos esses dispositivos, para evitar qualquer tipo de conflito, o citado dispositivo teve que ser revogado, para que não permanecesse o conteúdo antigo em nenhuma norma do sistema.

Art. 21. Esta Lei entra em vigor:
I – em 1º de janeiro de 2024, quanto ao art. 11, na parte em que altera o art. 130 da Lei nº 6.015, de 31 de dezembro de 1973 (Lei de Registros Públicos); e
II – na data de sua publicação, quanto aos demais dispositivos.

 COMENTÁRIO

Por *Christiano Cassettari*

Todos os artigos da Lei 14.382/2022 entrarão em vigor na data da sua publicação (28/06/2022), exceto o art. 11 dessa lei, que alterou o art. 130 da Lei de Registros Públicos, que entrará em vigor apenas em 01/01/2024.

Brasília, 27 de junho de 2022; 201º da Independência e 134º da República.

Jair Messias Bolsonaro

Paulo Guedes

Mario Fernandes

Bruno Bianco Leal